Georg Cremer

Armut in Deutschland

Wer ist arm?

Was läuft schief?

Wie können wir handeln?

C.H.Beck

Originalausgabe
© Verlag C.H.Beck, München 2016
Satz, Druck und Bindung: Druckerei C.H.Beck, Nördlingen
Umschlagentwurf: Geviert, Grafik & Typografie, Andrea Hollerieth,
unter Verwendung eines Motivs von Shutterstock
Printed in Germany
ISBN 978 3 406 69922 1
www.chbeck.de

Inhalt

1.
Warum dieses Buch? Vorwort

Die derzeitige Armutsdebatte in Deutschland nützt den Armen nicht. Stets, wenn die Bundesregierung einen neuen Armuts- und Reichtumsbericht vorlegt, reagieren Medien, Sozialverbände und die Politiker der jeweiligen Opposition mit ritueller, aber folgenloser Empörung. So war es 2008, so war es 2013, und so wird es aller Voraussicht nach auch 2017 sein. Diejenigen, die die Auseinandersetzung zur Armut in Deutschland befeuern wollen, greifen zu immer drastischeren Aussagen und Bildern: «Die Schere geht immer weiter auseinander», «Die Armen werden immer ärmer», «Noch nie war die Armut in Deutschland so hoch wie heute», «Deutschland ist ein tiefzerklüftetes Land», geprägt von «regionaler Verelendung».

Doch die Superlative der Skandalisierung rütteln nicht auf, sondern stumpfen ab. Viele Bürger empfinden eine irritierende Diskrepanz zu den Verhältnissen in einem der reichsten Länder der Erde – einem Land, das aufgrund seiner wirtschaftlichen Prosperität, deutlich gesunkener Arbeitslosigkeit und eines ausgebauten Systems sozialer Sicherung international hoch anerkannt ist. Kann es wirklich sein, dass die Verhältnisse bei uns so schlimm sind, schlimmer als früher?

Schrille Übertreibung spielt auch denjenigen in die Hände, die den deutschen Sozialstaat ohnehin für aufgeblasen halten. Denn wer Zweifel hegt, ob denn alles stimmen kann, was in dieser aufgeregten Debatte behauptet wird, dem kann schließlich leichter eingeredet werden, es gäbe keinen Handlungsbedarf.

Doch das ist ein Trugschluss. Armut ist ein drängendes Problem in Deutschland. Dabei ist, unabhängig davon wie wir Armut oder Armutsrisiko messen, die Situation vergleichsweise stabil. Entgegen einer weitverbreiteten Wahrnehmung steigen wir nicht kontinuierlich nach unten ab. Nur: Weil etwas nicht schlimmer wird, heißt das noch lange nicht, dass wir nicht handeln müssen.

Dieses Buch will einen kleinen Beitrag dazu leisten, dass wir zukünftig anders über Armut und Armutsbekämpfung sprechen – konkreter, sachlicher und vor allem handlungsbezogen und im Dialog mit einer Politik, die komplexe Wirklichkeit immer nur schrittweise verändern kann.

Das kann nicht gelingen ohne die Bereitschaft zum Detail. Was genau ist gemeint, wenn berichtet wird, 15,4% der Bevölkerung in Deutschland, also etwa 12 Millionen Menschen, seien arm? Die Obdachlosen, mit denen Berichte zur Armut häufig bebildert werden, sind jedenfalls die kleinste Gruppe unter den Armen. Die gängigen Statistiken erfassen sie nicht einmal. Entsprechend den Normen der Europäischen Union umfasst die Gruppe der Armen – genauer: derjenigen im Armutsrisiko – alle, die mit weniger als 60% des mittleren Einkommens auskommen müssen. Die Hauptrisikogruppen sind langzeitarbeitslose Menschen, Alleinerziehende sowie Niedrigeinkommensbezieher, meist mit Verantwortung für eine Familie. Wer in seiner beruflich aktiven Zeit arm ist, ist es meist auch im Alter. Das zeigt bereits, wo wir handeln müssen. Unter den statistisch erfassten Armen sind aber auch viele Auszubildende und Studierende, die momentan zwar wenig Geld, aber nicht wirklich ein Problem haben. Nur wer versteht, was gemeint ist, wenn wir in Deutschland von Armut sprechen, kann zwischen seriöser Analyse und scheinwissenschaftlich verpacktem Unfug unterscheiden.

Wer arm ist, hat in Deutschland Anspruch auf eine Unterstützung, die nicht allein die physische Existenz, sondern auch ein gewisses Maß an gesellschaftlicher Teilhabe sichert. Unsere Verfassung garantiert das Grundrecht auf Gewährleistung eines menschenwürdigen Existenzminimums. Dazu gehört auch die gesellschaftliche Teilhabe. Dies hat das Bundesverfassungsgericht in wünschenswerter Klarheit festgestellt. Die Grundsicherung für Arbeitsuchende («Hartz IV») ist das bei weitem wichtigste Grundsicherungssystem. Hartz IV ist unverzichtbar und hat dennoch einen sehr schlechten Ruf. Wir sollten das Grundsicherungssystem aber nicht diskreditieren, sondern dahingehend weiterentwickeln, dass es Teilhabe besser sichern kann. Auch dazu enthält dieses Buch Vorschläge. Folgte ihnen die Politik, würde die Zahl der Hartz-IV-Empfänger allerdings ansteigen. Doch nicht etwa, weil soziale Kälte zunähme, sondern weil mehr Menschen besser unterstützt würden. Denn unsere Sozialdaten haben ein Janusgesicht: Sie messen soziale Probleme anhand der Hilfen, die der Sozialstaat bereitstellt.

Das Buch versucht einen nüchternen Blick auf die Problemzonen der Armutspolitik. Welche Auswirkungen hatte die Einführung von Hartz IV? Schrumpft die Mitte wirklich? Wer wird betroffen sein, wenn Altersarmut zunimmt und was kann man dagegen tun? Warum leben Arme deutlich kürzer, obwohl auch sie Zugang zu einer guten medizinischen Versorgung haben? Welche Potentiale verschenkt unser Bildungssystem? Müssen wir davor resignieren, dass es trotz guter Beschäftigungslage so viele Langzeitarbeitslose gibt, die dauerhaft außen vor bleiben? Können die Räder unseres Hilfesystems besser ineinandergreifen, um Jugendliche aus prekären Milieus zu einem eigenverantworteten Leben zu befähigen? Wird mit der Aufnahme vieler Flüchtlinge die Armut zunehmen? Wie können wir politisch handeln?

Die Rhetorik des Skandals bietet keine Orientierung darüber, wohin, ganz konkret, die nächsten Schritte zu gehen sind, um Armut wirksam zu bekämpfen. Soweit kommt die öffentliche Debatte meist nicht. Statt Solidarität zu befördern, verfestigt sie die Angst in der Mitte der Gesellschaft, die sich ohnehin bereits im Abstieg wähnt. Angst untergräbt die Bereitschaft zur Solidarität. Das schadet den Armen, denn gegen den Widerstand der Mitte ist Menschen am Rande der Gesellschaft nicht wirksam zu helfen. Wer unbedacht oder aus strategischem Kalkül die Angst in der Mitte anheizt, nutzt populistischen Parteien. Wie hoch hier die Risiken sind, zeigen die Ergebnisse der letzten Wahlen überdeutlich. Es ist kein Zufall, dass populistische Parteien die Fassade einer sozialen Agenda aufbauen, ohne damit allerdings eine praktikable Sozialpolitik zu verbinden.

Grundsicherung allein reicht nicht aus, um soziale Gerechtigkeit herzustellen, selbst wenn diese großzügiger bemessen wäre als heute. Dieses Buch ist dem Prinzip der Befähigungsgerechtigkeit verpflichtet: Damit Menschen ein gelingendes Leben führen können, müssen sie ihre Fähigkeiten entfalten können. Hier leistet unser Sozialstaat nicht genug und seine Akteure stehen sich oft selbst im Weg. Das Problem unseres Sozialstaats ist nicht, dass er zu wenig Hilfe böte, sondern dass er viele Potentiale, Notlagen zu vermeiden, ungenutzt lässt.

Damit Befähigung gelingen kann, braucht es eine Politik der zähen reformerischen Arbeit, die das Mögliche in Angriff nimmt: eine Politik, die sich der komplexen Wirklichkeit stellt, sich ihrer Chancen und auch Grenzen bewusst ist, Versuch und Irrtum nicht scheut und bereit ist, aus Fehlern zu lernen. Karl Popper, einer der führenden Philosophen des 20. Jahrhunderts, hat hierfür den Begriff des «Stückwerks» geprägt. Eine Politik des Stückwerks kann durchaus zur Erreichung großer Ziele beitragen, wenn sie diese hartnäckig, jedoch immer Schritt für Schritt, verfolgt. Auch die Überwindung der Armut ist ein großes Ziel. Sich auf Popper zurückzubesinnen, würde der deutschen Armutspolitik gut anstehen. Damit Reformen eine Chance haben, brauchen wir eine Armutsdebatte, die die Realitäten nüchtern in den Blick nimmt und nach Lösungen sucht. Nur dann nutzt sie den Armen. Hier kann jeder Verantwortung übernehmen, der um die Ausrichtung der Sozialpolitik mitstreitet, auch wenn er kein politisches Amt innehat.

2.
Was bedeutet Armut in Deutschland?

Der Vergleich mit der Dritten Welt führt in die Irre

Was bedeutet Armut in Deutschland? Ist es überhaupt sinnvoll, von Armut zu sprechen angesichts wirtschaftlicher und sozialer Verhältnisse, die Welten entfernt liegen von dem Leben in Hunger und Elend, dem ein Teil der Weltbevölkerung weiterhin ausgesetzt ist? Gemessen am Armutsbegriff der Vereinten Nationen gibt es keine Armut in Deutschland. In der Terminologie der Vereinten Nationen sowie der Weltbank, welche die wirtschaftliche Lage von Haushalten in nahezu allen Entwicklungsländern erforschen ließ, lebt in extremer Armut, wer sein Leben mit weniger als 1,25 US-Dollar pro Tag fristen muss. Dieser Wert ist abgeleitet aus den nationalen Armutsschwellen der ärmsten Entwicklungsländer.[1] Wer unter diesem Niveau lebt, gilt auch in den ärmsten Ländern der Erde als arm. Arm zu sein bedeutet dort, unter Bedingungen zu leben, in denen die physische Existenz bedroht ist. Da in politischen Debatten immer wieder der Eindruck vermittelt wird, die Armut nehme weltweit zu, sei hier darauf hingewiesen: Die so gemessene Armut ist seit 1990 deutlich zurückgegangen. Der Anteil der Bevölkerung in extremer Armut in den Entwicklungsländern ist von 1990 bis 2015 von 47% auf 14% gesunken.[2] Es gibt also weltweit Fortschritte, wenn auch gemessen an einer bescheidenen Zielmarke. Die boomende wirtschaftliche Entwicklung in China und Indien hat dazu beigetragen, die extreme Armut dort zurückzudrängen. Aber auch heute leben mehr als 800 Millionen Menschen in extremer Armut. Abgekoppelt von jeder Besserung der Lebensverhältnisse sind vor allem die Menschen, die in Ländern mit Bürgerkrieg und massiver politischer Gewalt leben.[3]

In der deutschen Armutsdebatte gibt es immer wieder Versuche, unter Verweis auf extreme Armut in Entwicklungsländern die Kategorie «Armut» für Lebenslagen in prosperierenden Industrieländern grundsätzlich zurückzuweisen. Das hieße aber, Armut ohne jeglichen Bezug zum Wohlstandsniveau einer Gesellschaft definieren zu wollen. Oberhalb dessen, was zum unmittelbaren Erhalt der physischen Existenz auf unterstem Niveau erforderlich ist, lässt sich das, was als Minimum für den Lebensunterhalt angesehen wird, nicht ohne Bezug zu den Verhältnissen der jeweiligen Gesellschaft definieren.

Das betonte bereits der Gründungsvater der modernen Volkswirtschaftslehre, der schottische Moralphilosoph Adam Smith, in seinem Hauptwerk «Der Wohlstand der Nationen». Das Werk erschien erstmals 1776, zur Zeit der frühen Industrialisierung in England, die von materieller Entbehrung geprägt war. Es wäre damals weit naheliegender gewesen als heute, Armut als Mangel allein an existenznotwendigen Gütern zu fassen. «Unter lebenswichtigen Gütern», so Smith, «verstehe ich nicht nur solche, die unerlässlich zum Erhalt des Lebens sind, sondern auch Dinge, ohne die achtbaren Leuten, selbst der untersten Schicht, ein Auskommen nach den Gewohnheiten des Landes nicht zugemutet werden sollte. Ein Leinenhemd ist beispielsweise, genau genommen, nicht unbedingt zum Leben notwendig. Griechen und Römer lebten, wie ich glaube, sehr bequem und behaglich, obwohl sie Leinen noch nicht kannten. Doch heutzutage würde sich weithin in Europa jeder achtbare Tagelöhner schämen, wenn er in der Öffentlichkeit ohne Leinenhemd erscheinen müsste. Denn eine solche Armut würde als schimpflich gelten … Ebenso gehören heute in England Lederschuhe aus Lebensgewohnheit unbedingt zur notwendigen Ausstattung. Selbst die ärmste Person, ob Mann oder Frau, würde sich aus Selbstachtung scheuen, sich in der Öffentlichkeit ohne Schuhe zu zeigen.»[4] Armut ist somit bereits Smith zufolge nicht ohne Bezug zu den «Gewohnheiten des Landes» zu erfassen, in dem der arme Mensch lebt. Um nicht als arm zu gelten, muss eine Person über die Güter verfügen können, die in dieser Gesellschaft erforderlich sind, um Beschämung zu vermeiden und die Selbstachtung zu wahren.

Etwas mehr als hundert Jahre nach Smith unternahm Alfred Marshall, einer der führenden Ökonomen seiner Zeit und der akademische Lehrer von John M. Keynes, den Versuch, eine für seine Zeit gültige Armutsgrenze zu bestimmen. In seinem für die Entwicklung der Volkswirtschaftslehre höchst einflussreichen Werk «Principles of Economics» beschreibt er «den notwendige(n) Existenzbedarf eines gewöhnlichen Landarbeiters oder ungelernten städtischen Taglöhners und seiner Familie» im damaligen England. Er besteht «aus einer guten Wohnung mit mehreren Zimmern, aus warmer Bekleidung mit etwas Wechsel in Unterkleidern, frischem Wasser, reichlicher Getreidenahrung, mäßig viel Milch, Fleisch, ein wenig Tee etc. und etwas Bildung und Erholung; schließlich ist erforderlich, daß die Arbeit seiner Frau genügend Zeit lässt, um ihr die ordentliche Erfüllung ihrer Pflichten als Mutter und Gattin zu ermöglichen».[5] Marshall sucht hier ein Existenzminimum zu beschreiben, bei dessen Unterschreitung die Leistungsfähigkeit von Arbeitern in derselben Weise leidet «wie die eines Pferdes, das nicht sorgfältig gepflegt wird, oder einer Dampfmaschine, welche ungenügend gespeist wird». Aber er bezieht sich eindeutig auf das Wohlfahrtsniveau, das am Ende des 19. Jahrhunderts bereits erreicht war. Tee war zu Zeiten von Adam Smith noch ein Konsumgut für gehobene Kreise. Auch erfasst Marshall mit «etwas Bildung und Erholung» bereits Bedürfnisse, die nicht der physischen Existenzsicherung dienen, sondern, in heutiger Begrifflichkeit, auf gesellschaftliche Teilhabe zielen.

Wenn aber bereits in der Frühzeit der Industrialisierung und im ausgehenden 19. Jahrhundert die Armutsgrenze Teilhabe berücksichtigte, wäre es reichlich absurd, in unserer heutigen Gesellschaft, die einen ungleich höheren Wohlstand erreicht hat, Armut ausschließlich als Unterschreitung eines wie auch immer definierten physischen Existenzminimums zu fassen. Entsprechend hat der Europäische Rat 1985 Armut in Bezug zu den jeweiligen gesellschaftlichen Verhältnissen definiert: «Verarmte Personen [sind] Einzelpersonen, Familien und Personengruppen, die über so geringe (materielle, kulturelle und soziale) Mittel verfügen, dass sie von der Lebensweise ausgeschlossen sind, die in dem Mitgliedsstaat, in dem sie leben, als Minimum annehmbar ist.»[6]

Diese Definition entspricht nicht zwingend der heutigen statistischen Konvention relativer Armut. Gemäß dieser wird jeder als arm (oder als im Armutsrisiko lebend) erfasst, der über weniger als 60% des mittleren Einkommens verfügt. Eine Folge dieser Konvention ist, dass, solange die relative Verteilung der Einkommen unverändert bleibt, sich auch der Anteil der Armen nicht verändert – unabhängig vom Wohlstand einer Gesellschaft. Denn dann bleibt der Anteil der Bevölkerung konstant, dessen Einkommen unter der mit dem Wohlstand steigenden Armutsgrenze liegt. Damit löst sich der Armutsbegriff von den gängigen Vorstellungen, die mit einem Leben in Armut verbunden sind. Die meisten Menschen dürften es für absurd halten, auf der Grundlage eines rigiden relativen Armutskonzepts zu behaupten, die Armut in Deutschland heute sei genauso hoch oder gar höher als in den Jahren unmittelbar nach dem Krieg, als viele Menschen Hunger litten und in Notquartieren wohnten. Ein hoher Anteil der Bürger litt in diesen Jahren Mangel am Nötigsten,[7] darunter sicherlich auch Menschen, deren Einkommen oberhalb der 60%-Grenze lag. Nach einem rigiden Verständnis von relativer Armut wären diese Menschen jedoch damals nicht arm gewesen, obwohl sie ihre Grundbedürfnisse nicht decken konnten.

Der indisch-amerikanische Ökonom und Nobelpreisträger Amartya Sen hat darauf hingewiesen, dass unsere Vorstellung von Armut im Kern darauf angewiesen ist, sich auf ein absolutes Niveau zu beziehen. Armut könne nicht allein relativ bestimmt werden, wenn Armut und Ungleichheit nicht in eins gesetzt werden sollen. Laut Sen definiert eine rigide relative Sicht Armut in einer Weise, dass diese in Marktökonomien, die durch ein gewisses Maß an Ungleichheit geprägt sind, auch bei wachsendem Wohlstand nicht überwunden werden kann. Ob Personen als arm anzusehen seien, könne also nicht allein von ihrer relativen Position in der Einkommensverteilung abhängen. Es brauche auch eine Vorstellung darüber, was als Minimum in dieser Gesellschaft akzeptiert sei. Unsere Vorstellungen über dieses Minimum verändern sich laut Sen in Anpassung an die sich verändernden gesellschaftlichen Verhältnisse. Mit wachsendem Wohlstand wird die Ziellatte höhergelegt. Ein solches, im Kern absolutes (wenn auch im Zeitverlauf nicht konstantes) Verständnis von Armut unterscheidet zwischen Armut und Ungleichheit. Das bedeutet aber, so Sen, nicht, gegenüber dem Problem der Ungleichheit indifferent zu sein.[8] Armutsbekämpfung ist nur eines unter den Zielen der Sozialpolitik, wenn auch eines, dem hohe Priorität eingeräumt werden sollte. Ungleichheit auf ein sozial verträgliches Maß einzugrenzen, ist ein eigenständiges Ziel mit einer eigenständigen Berechtigung.

Wenn mit der Entwicklung des gesellschaftlichen Wohlstands die Vorstellungen darüber angepasst werden, was jedem Bürger als Minimum zustehen sollte, so gelten Menschen mit einer bestimmten Ausstattung an Ressourcen heute als arm, die eine Generation früher nicht als arm gegolten hätten. Dagegen wird immer wieder eingewandt, dass die Besserstellung anderer nicht diejenigen ärmer macht, die auf ihrer bisherigen Ressourcenausstattung verbleiben. Dieser Einwand blendet jedoch aus, dass sich die Gesellschaft verändert, wenn es vielen besser geht, aber ein Teil der Bürger zurückbleibt. Die Beziehung zwischen Ressourcen und Armut ist, wie Amartya Sen hervorhebt, veränderlich und stark von der sozialen Umwelt abhängig. Auch wenn das verfügbare Einkommen eines Menschen und die Ressourcen, die es ihm verschafft, im Zuge der Veränderungen gleich bleiben, können seine Verwirklichungschancen stark eingeschränkt werden. Denn Einkommen und Ressourcen sind in erster Linie Mittel, um Verwirklichungschancen zu sichern. Armut bedeutet einen Mangel an fundamentalen Verwirklichungschancen.[9]

Solange beispielsweise nur wenige Menschen über einen Kühlschrank verfügen, ist die breite Masse der Bevölkerung darauf angewiesen, regelmäßig und ortsnah Lebensmittel einkaufen zu können. Der Lebensmittelhandel ist hierauf eingestellt. Verfügen aber die meisten Menschen über Kühlschrank und Tiefkühltruhe, so nimmt der Lebensmittelhandel keine Rücksicht mehr auf Menschen, die Nahrungsmittel nicht konservieren können. Nicht der fehlende Kühlschrank, sondern der sehr erschwerte Zugang zu frischen Lebensmitteln drückt in diesem Fall die Armut aus. Ähnlich wird, wer kein Auto hat, nicht schlagartig dadurch arm, dass seine Nachbarn sich nach und nach Autos anschaffen. Wenn aber infolge dieser Entwicklung der öffentliche Nahverkehr reduziert wird oder in dünn besiedelten ländlichen Räumen nahezu zum Erliegen kommt, so ist er in seiner Mobilität und damit in einer wesentlichen Dimension seiner Verwirklichungschancen eingeschränkt. Diese Einschränkung kann so stark sein, dass wir sie als eine Dimension von Armut anerkennen müssen.

Welche Ressourcen notwendig sind, um Teilhabe zu sichern, ist historisch wandelbar: So war ein Fernsehgerät in den frühen Nachkriegsjahren, wenn nicht ein Luxusgut, so doch ein Gut, das bessergestellten Haushalten vorbehalten war. Heute prägt das Fernsehen die Massenkommunikation. Keinen Fernseher zu haben, hieße heute, von großen Teilen der gesellschaftlichen Kommunikation ausgeschlossen zu sein. Kinder, die im Gegensatz zur überwiegenden Mehrheit ihrer Klassenkameraden bei allem, was die Alltagskommunikation prägt, nicht mitreden können, hätten sogar Schwierigkeiten, dem Schulunterricht zu folgen.[10] Auch PC und Internetzugang gehören inzwischen zu den Voraussetzungen eines erfolgreichen Schulbesuchs und sind so prägend für die Alltagskommunikation, dass ihr Fehlen einen gravierenden Mangel an Verwirklichungschancen darstellt.

Für Adam Smith gehörten zu den lebenswichtigen Gütern auch jene, die erforderlich waren, um Beschämung zu vermeiden. Auch hier verändert sich mit den gesellschaftlichen Verhältnissen die Beziehung zwischen Ressourcen und Armut. «Übliche Verhaltensmuster in einer Gemeinschaft», so Amartya Sen, «können sich auch beträchtlich auf den Bedarf an Einkommen auswirken, das zur Sicherung bestimmter elementarer Funktionen nötig ist; um ‹ohne Scham in der Öffentlichkeit auftreten› zu können, muss man in einer reicheren Gesellschaft höheren Standards der Kleidung und anderer Konsumgüter genügen als in einer ärmeren.»[11]

Kurzum: Der Vergleich mit der Dritten Welt führt in die Irre. Armut kann nicht ohne Bezug zu den jeweiligen gesellschaftlichen Verhältnissen definiert werden. Dies sahen namhafte Denker bereits so, als bitterer Mangel noch das Leben eines großen Teils der europäischen Bürger prägte. Umso mehr muss dies für eine reiche Gesellschaft wie die unsere gelten. Wo diese Grenze liegt, ist in jeder Gesellschaft politisch auszuhandeln. Die heutige Armutsmessung macht es sich dabei allerdings sehr einfach. Unter dem prägenden Einfluss der Europäischen Institutionen fiel die Entscheidung für eine rigide statistische Konvention: Als im Armutsrisiko lebend gilt derjenige, dessen verfügbares Einkommen weniger als 60% des mittleren Einkommens beträgt. Diese Festlegung dient nicht nur als Leitfaden für die Errechnung jeglicher Daten über Armut und Armutsrisiko, sie prägt unsere Wahrnehmung darüber und leitet sie teilweise fehl.

Ohne Statistik geht es nicht: Was bedeuten Armut und Armutsrisiko in Deutschland?

Was bedeutet es, wenn gesagt wird, 15,4% der Bevölkerung in Deutschland seien arm? Erfasst ist damit der Anteil der Bürger, deren verfügbares Einkommen unter 60% des mittleren Einkommens liegt. Der innerhalb der Europäischen Union gültigen Konvention entsprechend leben sie im Armutsrisiko. Will man die Armutsdebatte wirklich durchschauen, muss man verstehen, wie diese Werte zustande kommen.

Grundlage der Armutsstatistik sind Daten zum verfügbaren Einkommen. Hierzu werden unterschiedliche Erhebungen genutzt, beispielsweise der Mikrozensus, eine repräsentative Haushaltsbefragung, für die jährlich ein Prozent der Bevölkerung in Deutschland interviewt wird. Zu erfassen ist das gesamte verfügbare Einkommen eines Haushalts, insbesondere die Erwerbseinkommen (abzüglich Steuern und Sozialabgaben), Renten, Kindergeld, Leistungen der Arbeitslosenversicherung, Sozialtransfers, wie Arbeitslosengeld II und Wohngeld, sowie Kapitaleinkünfte. Auch sporadische Einnahmen wie das Weihnachtsgeld müssen erfasst und auf das Monatseinkommen umgerechnet werden. In einem Teil der Erhebungen wird zudem ein Einkommenszuschlag für die Haushalte geschätzt, die im eigenen Haus oder der eigenen Wohnung wohnen; dies ist konsequent, weil diese Haushalte sonst Miete zahlen müssten.

Doch wie vergleicht man Haushalte unterschiedlicher Größe? Man könnte das Haushaltseinkommen durch die Zahl der Haushaltsmitglieder teilen. Das würde jedoch vernachlässigen, dass das Leben im gemeinsamen Haushalt gegenüber Einzelhaushalten mit gewissen Einsparungen verbunden ist: Der Haushalt nutzt die Wohnung und die Haushaltsgeräte gemeinsam, auch die Heizkosten steigen nicht proportional mit der Zahl der Bewohner, Kosten für Fernsehen und Zeitung fallen nur einmal an. Bei der Teilung des Haushaltseinkommens durch die Zahl der Bewohner bliebe außerdem die Haushaltszusammensetzung unberücksichtigt: Leben mehr Erwachsene oder mehr Kinder im Haushalt und wie alt sind diese? Daher geht man anders vor: Das verfügbare Einkommen jedes Haushalts wird durch sogenannte Bedarfsgewichte geteilt; Ergebnis dieser Rechnung sind die Nettoäquivalenzeinkommen der Haushalte. Diese fiktive Größe berücksichtigt sowohl das verfügbare Einkommen als auch die Zu-

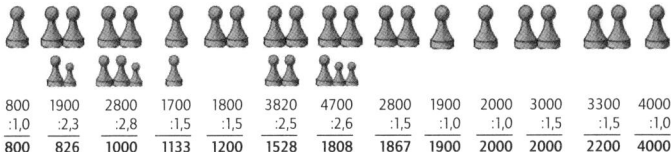

800	1900	2800	1700	1800	3820	4700	2800	1900	2000	3000	3300	4000
:1,0	:2,3	:2,8	:1,5	:1,5	:2,5	:2,6	:1,5	:1,0	:1,0	:1,5	:1,5	:1,0
800	826	1000	1133	1200	1528	1808	1867	1900	2000	2000	2200	4000

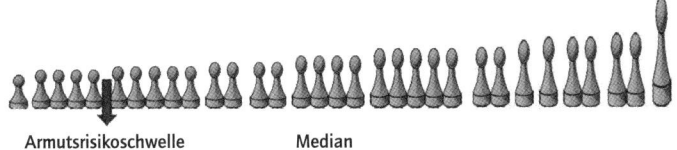

Armutsrisikoschwelle　　　　　　Median
917 Euro　　　　　　　　　　　1528 Euro

Schaubild 1: Nach Bedarfsgewichten umgerechnete Haushaltseinkommen

sammensetzung des Haushalts. Der erste Erwachsene erhält ein Bedarfsgewicht von 1,0, weitere Erwachsene und Kinder ab 14 Jahren ein Bedarfsgewicht von 0,5 und Kinder unter 14 Jahren von 0,3. Das verfügbare Einkommen eines Paares mit zwei Kindern (einem über, einem unter 14 Jahren) wird somit durch 2,3 (1,0 + 0,5 + 0,5 + 0,3) geteilt. Das daraus resultierende Nettoäquivalenzeinkommen wird anschließend mit dem Einkommen anderer Haushalte verglichen.[12]

Anhand der 32 Personen in 13 Haushalten in Schaubild 1 soll das Verfahren kurz erklärt werden. Die abgebildeten Figuren symbolisieren die Haushaltszusammensetzung. Die unterschiedlichen Haushaltseinkommen sind mit den Bedarfsgewichten umgerechnet und können so verglichen werden. Das geringste Einkommen hat der Alleinstehende mit einem verfügbaren Einkommen von 800 Euro pro Monat, dieses wird durch das Bedarfsgewicht von 1,0 geteilt, folglich beträgt auch sein Äquivalenzeinkommen 800 Euro. In der zweitschlechtesten Einkommensposition ist die Familie mit zwei Kindern, die ein Einkommen von 1900 Euro hat, geteilt durch das Bedarfsgewicht von 2,3 ergibt sich ein Äquivalenzeinkommen von 826 Euro. In gehobener Einkommensposition ist das Paar ohne Kinder mit einem Einkommen von 3300 Euro, geteilt durch das Bedarfsgewicht von 1,5 hat es ein Äquivalenzeinkommen von 2200 Euro.

Jetzt ist es nur noch ein kleiner Schritt zur Berechnung der Armutsrisikoquote. Nachdem die Äquivalenzeinkommen aller Haushalte errechnet wurden, werden alle Haushaltsmitglieder nach der Höhe ihres Äquivalenzeinkommens geordnet: ganz links der Alleinstehende mit 800 Euro, ganz rechts derjenige mit 4000 Euro. Das Medianeinkommen entspricht dem Einkommen, über das die Person in der Mitte der Reihe verfügt (die eine Hälfte hat weniger, die andere Hälfte hat mehr). In diesem Beispiel beträgt es 1528 Euro und entspricht dem Äquivalenzeinkommen der vierköpfigen Familie, deren Einkommen vor der Umrechnung 3820 Euro beträgt. 14 Personen haben ein Äquivalenzeinkommen unterhalb dieses Wertes und 14 oberhalb. Das Medianeinkommen unseres Beispiels entspricht übrigens dem Medianeinkommen des Mikrozensus von 2014. Als im Armutsrisiko lebend gelten nun diejenigen Personen, die ein Äquivalenzeinkommen unter 60% des Medianeinkommens haben, also weniger als 917 Euro. Das sind in unserem Beispiel fünf von 32 Personen, ein Alleinstehender und eine vierköpfige Familie, also 15,6%. In der Zeitung stünde, 15,6% unserer kleinen Beispielbevölkerung seien «arm». Wäre die Zeitung genau, was beim Thema Armut jedoch die seltene Ausnahme ist, schriebe sie: «15,6% haben ein Armutsrisiko». Gemeint ist in beiden Fällen, dass das Nettoäquivalenzeinkommen dieser Personen unter 60% des mittleren Wertes liegt.

Methodische Entscheidungen und normative Setzungen

Es ist sinnvoll, noch etwas mehr ins Detail zu gehen. Der hier vorgestellte Ansatz der Armutsrisikomessung erfordert methodische Entscheidungen und normative Setzungen. Da diese teilweise sehr unterschiedlich getroffen werden, zeigen die Datensätze unterschiedliche Werte. Dies führt in der Folge gelegentlich zu Verwirrung und zu Fehlinterpretationen.

Zum einen ist die Datenquelle festzulegen. Schon erwähnt wurde der Mikrozensus, eine «kleine Volkszählung», bei der jährlich ein Prozent der Bevölkerung in Deutschland, 830 000 Personen in 370 000 privaten Haushalten, befragt wird. Es ist die einzige der relevanten Erhebungen in Deutschland, bei der Auskunftspflicht besteht.[13] Der Mikrozensus ist die quantitativ größte Datengrundlage, er erlaubt auch gesicherte Vergleiche zwischen Regionen. Die Armutsrisikoquote auf Grundlage des Mikrozensus wird seit 2005 berechnet, Aussagen über längere zeitliche Trends sind daher noch nicht möglich. Von großer Bedeutung ist auch das Sozio-oekonomische Panel (SOEP), das in Verantwortung des Deutschen Instituts für Wirtschaftsforschung in Berlin durchgeführt wird. Hier werden jährlich etwa 25 000 Befragte in 12 000 Haushalten erfasst. Das SOEP gibt es bereits seit 1984, erlaubt also einen Blick auf die letzten drei Dekaden. Es erfasst auch Daten zur persönlichen Lebenssituation.[14] Die amtliche Statistik erfasst die Lebensverhältnisse privater Haushalte in der Einkommens- und Verbrauchsstichprobe (EVS). Alle fünf Jahre werden dafür etwa 60 000 Haushalte befragt. Besonders detailliert erfasst die EVS das Ausgabeverhalten der Haushalte, wozu diese über drei Monate ein Haushaltbuch führen müssen.[15] Daher dient die EVS auch als Grundlage für die Berechnung des Regelbedarfs der Grundsicherung in Deutschland. Als vierte und letzte Erhebung ist zudem die seit 2005 europaweit durchgeführte Gemeinschaftsstatistik «Leben in Europa» zu nennen, oft geführt unter der EU-weit gebräuchlichen Abkürzung EU-SILC.[16] Hierfür wird in Deutschland ein Teil der Haushalte befragt, die am Mikrozensus teilgenommen haben. Diese Erhebung eignet sich grundsätzlich für internationale Vergleiche, weil ihr ein europaweit einheitliches Konzept zugrunde liegt.[17]

Da sich Stichprobenumfang, Erhebungszeitraum, Reichweite und das verwandte Einkommenskonzept dieser vier Erhebungen

unterscheiden, ergeben sie auch unterschiedliche Armutsrisikoquoten. Für die politische Analyse ist das nicht weiter problematisch, denn die Unterschiede sind in der Regel nicht sehr groß
und – wie wir noch sehen werden – alle Erhebungen zeigen die
gleichen Risikogruppen auf. Sie werden – auch in diesem Buch –
parallel verwandt, weil sie für unterschiedliche Fragestellungen
unterschiedlich aussagekräftig sind. So greift man beispielsweise
für Aussagen über langfristige Trends auf das seit 1984 erhobene
SOEP zurück, bei regionalen Vergleichen auf den bei weitem
größten Stichprobenumfang des Mikrozensus und bei europa-
weiten Vergleichen auf die Erhebung «Leben in Europa».

Die Datenquellen unterscheiden sich bezüglich der Erfassung
der Haushaltseinkommen. Von besonderer Relevanz für das Ergebnis ist dabei, wie es erfasst wird, wenn Haushalte in der eigenen Wohnung oder dem eigenen Haus leben. Diese Haushalte
sparen die Miete, müssen dafür aber Instandhaltungsaufwen-
dungen tragen. Der Mikrozensus erfasst den geldwerten Vorteil
des selbstgenutzten Wohnungseigentums nicht, das SOEP erfasst ihn. Die Berücksichtigung eines fiktiven Mieteinkommens
führt zu einem höheren Medianeinkommen und damit auch
zu einer höheren Armutsrisikoschwelle. Da die Haushalte mit
einem Einkommen unter oder leicht oberhalb der Armutsrisikoschwelle weit seltener über eine eigene Immobilie verfügen als
Haushalte der Mittelschicht, ist dies ein wichtiger Grund für Unterschiede in den ermittelten Armutsrisikoquoten. Somit ergeben
sich Vergleichsprobleme.

Aufgrund der unterschiedlichen Einkommenserfassung kann
die Kombination verschiedener Erhebungen deshalb schnell in
die Irre führen. So wird gelegentlich in Büchern,[18] besorgten In-
terviews und erbosten Internetkommentaren behauptet, die Armen würden immer ärmer, da das mittlere Einkommen und
damit die Armutsrisikoschwelle sänke. Dabei werden aber Daten
mit unterschiedlichen Einkommenskonzepten verglichen, die
zum Beispiel den geldwerten Vorteil des selbstgenutzten Wohnungseigentums unterschiedlich erfassen. Sinnvoll ist hingegen

nur ein zeitlicher Vergleich innerhalb derselben Datenquelle. Dann zeigt sich ein Anstieg des Medianeinkommens und folglich der Armutsrisikoschwelle, auch wenn dieser preisbereinigt gering ist.

Wie erwähnt ist die Berechnung des Äquivalenzeinkommens erforderlich, um Haushalte unterschiedlicher Größe vergleichen zu können. Diese beruht jedoch auf einer impliziten und doch zentralen Annahme: nämlich dass die Haushaltsmitglieder gleichmäßig miteinander teilen und das gemeinsame Einkommen so nutzen, dass alle Mitglieder gleich gut beziehungsweise mit den gleichen Einschränkungen leben. Ungleichheit und Verteilungsprobleme innerhalb eines Haushalts werden nicht berücksichtigt. Was in aller Regel eine sinnvolle Annahme ist, kann jedoch bei den Haushalten, bei denen diese Annahme nicht erfüllt ist, dazu führen, dass ein Armutsrisiko statistisch nicht erfasst wird.[19]

Auch die verwandten Bedarfsgewichte verdienen einen kritischen Blick. So kann man durchaus darüber streiten, ob das Bedarfsgewicht von 0,3 für Kinder unter 14 Jahren nicht zu niedrig angesetzt ist, ist dies doch der rechnerische Ausdruck der Annahme, dass für diese Kinder mit 30% des Erwachsenenwertes das gleiche Wohlstandsniveau wie für einen Erwachsenen gesichert werden kann. In einem Haushalt der gehobenen Mittelschicht oder der Oberschicht sind 30% des Erwachsenenwerts vermutlich ausreichend, um für ein Kind ohne einen Verlust an materieller Ausstattung zu sorgen. Aber bei Familien mit Einkommen nahe der Armutsgrenze ist davon nicht auszugehen. Würden höhere Bedarfsgewichte für Kinder angesetzt, ergäbe dies bei Familien ein deutlich niedrigeres Äquivalenzeinkommen. Insbesondere bei Familien mit mehreren Kindern wäre die ausgewiesene Armutsrisikoquote dann deutlich höher.[20]

Hinterfragt werden kann auch, warum der Errechnung der Armutsrisikoschwelle das Medianeinkommen und nicht das uns viel vertrautere Durchschnittseinkommen zugrunde gelegt wird. Das Medianeinkommen repräsentiert die Mitte der Verteilung, es teilt die Bevölkerung in zwei Hälften, die eine unterhalb, die andere oberhalb dieses Wertes. Dagegen werden beim Durchschnittseinkommen alle Einkommen addiert und durch die Zahl der Bezieher geteilt. Das durchschnittliche Einkommen liegt praktisch immer höher als das Medianeinkommen, weil es von den Beziehern hoher und höchster Einkommen nach oben gezogen wird. Aus dieser Tatsache wird gelegentlich der Vorwurf abgeleitet, man habe das Medianeinkommen gewählt, weil es zu einer niedrigeren Armutsrisikoquote führe und damit politisch bequemer sei.[21] Der Vorwurf der Manipulation ist dann nicht weit. Er ist jedoch nicht haltbar. Denn die Einkommenssituation der Mitte prägt, welcher Lebensstil als «normal» angesehen wird; im Vergleich zur Mitte empfinden Haushalte in schwierigen wirtschaftlichen Verhältnissen ihre Mangelsituation. Da Aufgabe der Armutsrisikoerfassung letztendlich ist, den Kreis der Bevölkerung zu bestimmen, der in seinen Teilhabechancen im Verhältnis zur Mitte der Gesellschaft eingeschränkt ist, ist die Orientierung am Medianeinkommen durchaus sinnvoll.

Nach einer EU-weit getroffenen Vereinbarung liegt die Armutsrisikoschwelle bei 60% des mittleren Einkommens. Dies ist eine Konvention, für diese Festlegung gibt es keine zwingenden Gründe. Warum nicht 40%, 50% oder 70%? In ihrem ersten Armuts- und Reichtumsbericht von 2001 veröffentlichte die Bundesregierung Quoten auf Grundlage der 50%- und der 60%-Schwelle und sprach von der 50%-Armutsgrenze.[22] Im zweiten Armuts- und Reichtumsbericht wurden dagegen die Quoten unter der 40%- und der 60%-Schwelle veröffentlicht, nicht aber die Quote nach der 50%-Armutsgrenze.[23] Mittlerweile hatte sich der Europäische Rat auf die 60%-Schwelle und die Bezeichnung «Armutsrisikoquote» verständigt.[24] In den folgenden Armutsberichten wurde nur noch die 60%-Schwelle verwandt. Dahinter mag der Wunsch gestanden haben, vermeintlich eindeutige Daten zu erzeugen, aber der Informationsgehalt der Armutsberichterstattung hat dadurch abgenommen.

Ungleichheit und Armut

Der Europäische Rat hat zwar eine «Armutsrisikoquote» bestimmt, es aber vermieden, Armut selbst zu definieren und festzulegen, unterhalb welchen Einkommens von (relativer) Armut gesprochen werden soll. In der Folge war eine Begriffsverwirrung nahezu unvermeidbar. Heute wird in der öffentlichen Debatte kein Unterschied zwischen Armutsrisiko und Armut gemacht.

Es stellt sich natürlich die Frage, warum die EU so agiert hat. Sicherlich wollte man die Grenzen einer eindeutigen statistischen Erfassung des vielschichtigen Phänomens der Armut aufzeigen und betonen, dass ein in Relation zur Mitte abgegrenztes niedriges Einkommen noch nicht per se mit Armut gleichzusetzen ist.[25] Vielleicht ist aber auch die Vermutung von Ulrich Schneider plausibel: Man habe keine Armutsgrenze definiert, um künftig keine Armutsdebatten mehr führen zu müssen.[26] «Armutsrisiko» klingt einfach besser als «Armut». Sollte dies wirklich die hinter dem Beschluss des Europäischen Rates stehende Kommunikationsstrategie gewesen sein, so ist sie eindeutig nach hinten losgegangen. Mit der Beschränkung auf die 60%-Quote und der in der öffentlichen Wahrnehmung erfolgten Gleichsetzung von Armutsrisiko und Armut hat sich die Armutsdebatte im Ton verschärft.

Heute gilt europaweit die Konvention des Europäischen Rates von 2001: Derjenige lebt im Armutsrisiko, dessen verfügbares Einkommen (Nettoäquivalenzeinkommen) unter 60% des Medianeinkommens liegt. Doch streng genommen misst die Armutsrisikoquote nicht Armut, sondern einen Aspekt der Ungleichheit, sie ist ein Maß der Ungleichheit mit einem besonderen Fokus auf untere Einkommensgruppen. Ein solches Maß ist durchaus nützlich, denn eine wachsende Einkommensungleichheit ist berechtigter Grund zur Sorge, also muss die Entwicklung der Einkommensverteilung erfasst und öffentlich diskutiert werden. Aber die Armutsrisikoquote ist ein sehr grobes Maß der Ungleichverteilung: Schon kleine Schwankungen der Einkommen um den 60%-Wert können große Ausschläge der Armutsrisikoquote bewirken und damit Bilder einer deutlichen Verbesserung oder Verschlechterung der sozialen Lage erzeugen, die nicht den dahinter stehenden Entwicklungen entsprechen.

Daher wäre es sinnvoll, frühere Definitionsversuche wieder aufzugreifen und bei der Erfassung der unteren Einkommen stärker zu differenzieren. Man könnte ein Einkommen unter 40% des mittleren Einkommens als «starke (relative) Armut», unter 50% als «(relative) Armut» und unter 60% als «Armutsrisiko» bezeichnen. Auch Personen mit einem Einkommen etwas oberhalb der Armutsrisikoschwelle, etwa unterhalb von 70% des mittleren Einkommens, verdienten einen differenzierteren Blick. Sie sind zwar nicht von Armut bedroht, leben aber in einem Wohlstand, den man als prekär bezeichnen kann.[27] Ein besonderes Ereignis – wie eine Scheidung, eine längerfristige Erkrankung oder Arbeitslosigkeit – können sehr rasch dazu führen, dass diese Personen in das (relative) Armutsrisiko absteigen. Auch die vorgeschlagenen Schwellenwerte wären statistische Konventionen, aber ihre Zusammenschau würde es erlauben, differenzierter über Armut und Armutsrisiko in Deutschland zu sprechen. Das wiederum wäre eine wichtige Voraussetzung für eine differenziertere Politik der Armutsprävention und Armutsbekämpfung.

Wenn die Vorstellungen darüber, was als Minimum für ein Leben in Würde anzusehen ist, von den gesellschaftlichen Verhältnissen und dem Wohlstand der gesamten Gesellschaft abhängig ist, dann kann es keine ganz trennscharfe Unterscheidung zwischen Armut und Ungleichheit geben. Und dennoch ist die Differenzierung zwischen Ungleichheit und Armut keine Haarspalterei, sondern von hoher Relevanz. In armen Ländern ist dies offensichtlich. Wenn – wie beispielsweise in Mali – mehr als die Hälfte der Bürger in extremer Armut lebt[28] und das dortige Medianeinkommen nur ein Leben in extremer Armut zulässt, ist es sinnlos, Armut in Relation zu den Einkommen der Mitte zu definieren. Wer hungern muss, ist arm, ganz unabhängig davon, welche Position er in der Rangfolge der Einkommen einnimmt.

Doch auch in entwickelten Staaten kann man auf die Differenzierung zwischen Armut und Ungleichheit nicht verzichten. Denn die Armutsrisikoquote kann soziale Schieflagen verbergen, wie das Beispiel Griechenland zeigt. Dieses Land macht nach einer kreditfinanzierten Scheinblüte seit 2010 eine schwere Krise durch. Während das Medianeinkommen zwischen 2004 und 2009 um 27% stieg, stürzte es zwischen 2009 und 2014 um 37% ab und lag 2014 deutlich unter dem Wert von 2005. Auf die griechische Armutsrisikoquote hatte dies jedoch kaum Auswirkungen. Sie lag im gesamten Zeitraum bei 20%, 2014 betrug sie 21,4%.[29] Ein so geringer Anstieg des Armutsrisikos in einer existenziellen Krise? Die Erklärung hierfür ist einfach. Sowohl in der Phase des Anstiegs als auch des Niedergangs blieb die relative Einkommensverteilung in Griechenland – genauer gesagt die relative Verteilung der statistisch erfassten Einkommen – annähernd konstant. Im Fall Griechenland spiegelte die Armutsrisikoquote weder den Anstieg des Wohlstands noch den Absturz wider. In gleicher Weise kann die Armutsrisikoquote auch eine deutliche Verbesserung der sozialen Lage im Zeitverlauf ignorieren. Wir kommen hierauf in Kapitel 4 zurück.

3.
Der eindeutige Trend: Die Einkommensungleichheit hat zugenommen

Armutsrisiko: Entwicklung seit der Wiedervereinigung

Wie hat sich das Armutsrisiko in Deutschland entwickelt? Seit 1984 (für das vereinigte Deutschland seit 1991) verfügen wir über Zeitreihen, die das Armutsrisiko nach der heute üblichen Konvention erfassen. Wir können also den Zeitraum seit der Wiedervereinigung gut überblicken (siehe Schaubild 2). Der Trend ist eindeutig: Das Armutsrisiko hat stark zugenommen. Die Armutsrisikoquote ist, wie dargelegt, ein Maß der Einkommensverteilung mit einem besonderen Fokus auf untere Einkommensgruppen. Die Einkommensungleichheit in Deutschland ist heute größer als zwei Dekaden zuvor. Aber ein genauer Blick auf die einzelnen Zeitabschnitte lohnt sich.

Bis 1998 war die Armutsrisikoquote mit Schwankungen tendenziell leicht rückläufig. Ein Grund dafür dürfte gewesen sein, dass im Konvergenzprozess nach der Wiedervereinigung die krassen Einkommensunterschiede zwischen Ost und West abgebaut wurden. Die niedrigen Löhne aus der DDR-Zeit stiegen stark an, auf etwa drei Viertel des Westniveaus. Auch die Annäherung des ostdeutschen Rentenniveaus an das Niveau in Westdeutschland trug zum Abbau der Einkommensunterschiede bei.[1] Die Einkommen in der DDR waren im Vergleich zum Westen nied-

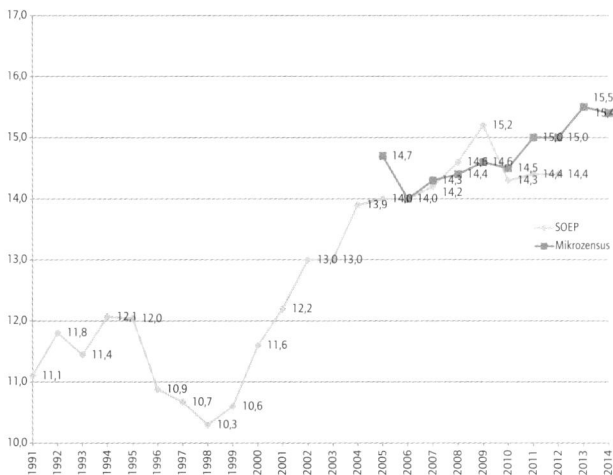

Schaubild 2: Die Armutsrisikoquote in Deutschland seit der Wiederver-einigung[2]

rig, aber gleichmäßiger verteilt. Mit der Wiedervereinigung wurden die ostdeutschen Einkommen nun an dem weit höheren Medianeinkommen in Gesamtdeutschland gemessen. Die Armutsrisikoquote war in Ostdeutschland unmittelbar nach der Wiedervereinigung damit zwangsläufig extrem hoch. Die Quoten zwischen Ost und West näherten sich erst in der Konvergenzphase an, aber eine deutliche Diskrepanz blieb bestehen.

Zwischen 1998 und 2005 stieg die Armutsrisikoquote stark an, von unter 11 % auf über 14 %. Dieser Anstieg um fast vier Prozentpunkte verweist auf eine deutliche Zunahme der Ungleichheit. Wichtigster Grund hierfür war eine wachsende Spreizung der Einkommen aus unselbständiger Arbeit. Die Wiedervereinigung war Teil einer historischen Zäsur. Durch plötzliche Öffnung der Volkswirtschaften Osteuropas wurden die Beschäftigungsverhältnisse in Deutschland unter starken Wettbewerbsdruck gesetzt. Verstärkt wurde dieser durch die zusätzliche Steuer- und Abgabenbelastung infolge der Wiedervereinigung. In dieser Zäsur wurden die Lohnverhandlungen stark dezentralisiert: Verhandlungen fanden vermehrt auf Unternehmens- und nicht mehr auf Branchenebene statt; Tarifverträge erlaubten unternehmensinterne Ausnahmeregeln; Gewerkschaften und Betriebsräte akzeptierten Zugeständnisse, um Arbeitsplätze in den Unternehmen zu sichern. All dies war möglich, weil damals wie heute die Tarifpartner in Deutschland die entscheidenden Akteure der Lohnfindung sind und diese in weit geringerem Maße gesetzlich normiert ist als beispielsweise in Frankreich. Die Dezentralisierung der Lohnfindung verbesserte die Wettbewerbsfähigkeit deutscher Unternehmen deutlich und schaffte damit die Grundlage für die beschäftigungspolitischen Erfolge der Hartz-Reformen.

Dieser Erfolg wurde jedoch durch sinkende Löhne insbesondere am unteren Ende der Lohnskala erkauft.[3] Die zunehmende Lohnungleichheit war der wichtigste, aber nicht der einzige Grund für den starken Anstieg der Armutsrisikoquote bis 2005. Auch die Arbeitslosigkeit stieg bis 2005 stark an, auf den bisherigen Höchststand von fast 5 Millionen registrierten Arbeitslosen. Zudem trug die Steuerentlastung für mittlere und obere Einkommen durch die rot-grüne Koalition zum Anstieg der Ungleichheit bei.[4] Mit der Einkommensungleichheit erhöhte sich rechnerisch zwingend auch der Anteil derjenigen, deren Einkommen unterhalb der 60%-Schwelle lag.

Ein Grund, mit dem die zunehmende Ungleichheit üblicherweise in Deutschland in Verbindung gebracht wird, wurde bisher nicht genannt: die Arbeitsmarktreformen der Agenda 2010, vulgo Hartz IV. Der Kern dieser Reform, die zum Jahresanfang 2005 in Kraft trat, war die Zusammenlegung von Arbeitslosenhilfe und Sozialhilfe. Viele Kommentare zum 10. Jahrestag der Reform waren sich einig: «Seit und mit Hartz IV hat die Armut in Deutschland zugenommen», so beispielsweise Heribert Prantl in der SZ.[5] «Hartz IV hat die soziale Spaltung in Deutschland vorangetrieben … die Armutsquote hat einen Höchststand erreicht», so der Paritätische Wohlfahrtsverband.[6] Da aber der massive Anstieg der Armutsrisikoquote bereits vor 2005 stattfand, kann Hartz IV diese Entwicklung allein vom zeitlichen Ablauf her nicht erklären. Die Entwicklung hin zu einer zunehmenden Einkommens- und Lohnungleichheit setzte bereits Anfang der 1990er Jahre ein, also lange vor der Agenda 2010.[7]

Im Vergleich zum Zeitraum bis 2005 ist die Zeit danach, also die Zeit nach Hartz IV, eher von Konstanz oder einem moderaten Anstieg der Armutsrisikoquote gekennzeichnet. Die Datenlage ist nicht ganz eindeutig, da sich die methodischen Konzepte unterscheiden und es einen nicht vermeidbaren Stichprobenfehler und nicht-stichprobenbedingte Fehlerquellen gibt. Ein kritischer Punkt ist auch die Erfassung der Migrationsbevölkerung. Wird diese besser erfasst, steigt die gemessene Ungleichheit, was die Daten realitätsnäher macht, aber den zeitlichen Vergleich erschwert.[8] Die Interpretation muss entsprechend vorsichtig erfolgen. Hierzu der langjährige Leiter des Sozio-oekonomischen Panels Gert G. Wagner: «Die Messung von Einkommen und der daraus abgeleiteten Armutsrisikoquoten sind nur bei größeren Veränderungen – die in mehreren Statistiken konsistent erkennbar sind – aussagekräftig. Sämtliche Datenquellen und Stichproben unterliegen jeweils eigenen Beschränkungen einer Verallgemeinerung, weshalb Veränderungen von Nachkommastellen nicht aussagekräftig sind.»[9] Die Armutsrisikoquote liegt auf oder etwas über dem deutlich erhöhten Niveau von 2005. Die Erwartung, die Armutsrisikoquote würde mit dem deutlichen Rückgang der Arbeitslosigkeit wieder sinken, hat sich nicht erfüllt. Die Entwicklung seit 2005 entspricht aber nicht der verfestigten öffentlichen Wahrnehmung, die Einkommensschere ginge immer weiter auseinander. Dieser Eindruck entsteht, wenn die diskontinuierliche Entwicklung der Daten ignoriert wird. Der starke Anstieg der Ungleichheit fand in der historischen Zäsur statt, die die Öffnung Osteuropas und die Wiedervereinigung markierten. Seitdem aber ist die Situation einigermaßen stabil. Eine Entwarnung bezüglich der Entwicklung der Einkommensverteilung rechtfertigen die Daten allerdings auch nicht.

Wer sind die Hauptrisikogruppen?

Trotz unterschiedlicher und manchmal verwirrender Daten-
grundlagen ist eindeutig, wer die Hauptrisikogruppen in Deutschland sind. Arbeitslosigkeit ist das bei weitem größte Armutsrisiko, 60% der Arbeitslosen sind betroffen. Dabei schützt eine
Beschäftigung allein noch nicht vor Armutsrisiko, denn wer nur
eine Halbtagsstelle hat, kommt als Alleinstehender nur bei einer
besser bezahlten Beschäftigung auf ein Einkommen oberhalb
der Armutsrisikoschwelle. Mit einer geringfügigen Beschäftigung
(bis 450 Euro) kann niemand seinen Lebensunterhalt bestreiten.
Dagegen ist nur ein geringer Anteil der Vollzeitbeschäftigten im
Armutsrisiko (in den meisten Jahren zwischen 3% und 4%).[10]
Wenn ab 2017 der gesetzliche Mindestlohn ohne Ausnahme gilt,
kann es in Deutschland auf legale Weise keine alleinstehenden
abhängig Beschäftigten in Vollzeit mehr geben, die ein Einkommen unterhalb der Armutsrisikoschwelle haben. Armutsrisiko
trotz Vollzeitbeschäftigung wird dann überwiegend Personen im
Niedriglohnbereich betreffen, die Verantwortung für eine Familie tragen.

Die zweite große Risikogruppe sind Alleinerziehende und die
in ihren Haushalten lebenden Kinder. Derzeit leben 1,6 Millionen Alleinerziehende mit 2,3 Millionen Kindern in Deutschland.[11] Etwa 40% von ihnen haben ein Einkommen unterhalb
der Armutsrisikoschwelle.[12] Bei Paaren mit einem oder zwei Kindern liegt dieser Wert nur bei 10%. Trennung und Scheidung
sind somit ein gravierendes Armutsrisiko. Das ergibt sich aus
den wirtschaftlichen Folgen der Trennung: Die getrennt lebenden Elternteile brauchen zwei Wohnungen, wobei nach Möglichkeit auch die Wohnung des Elternteils, bei dem die Kinder nicht
leben, Raum für deren Besuch bieten sollte. Haushaltsgeräte und
gegebenenfalls ein Auto werden ebenfalls doppelt benötigt. Leben die Elternteile an getrennten Orten, so entstehen zusätzliche
Kosten für den Umgang mit den Kindern. Die Einkommen-

steuerlast der Eltern kann außerdem steigen, weil das Ehegatten-
splitting entfällt – insbesondere wenn die Einkommensunterschiede zwischen den Elternteilen groß sind.[13]

Wie sich Trennung und Scheidung in der Berechnung der
Nettoäquivalenzeinkommen niederschlagen, zeigt folgendes
Beispiel: Eine Familie mit drei Kindern (zwei über, eines unter
14 Jahren) verfügt über ein Einkommen von 2800 Euro. Das
verfügbare Einkommen der Familie wird durch 2,8
(1,0+0,5+0,5+0,5+0,3) geteilt, um ihr Nettoäquivalenzeinkommen zu errechnen. Zerbricht diese Familie, so gibt es nun zwei
Erwachsene, die mit einem Bedarfsgewicht von 1,0 erfasst werden
müssen. Damit wird berücksichtigt, dass durch die Trennung die
Synergien des gemeinsamen Haushalts entfallen. Das verfügbare
Einkommen von 2800 Euro wird nun statt durch 2,8 durch 3,3
geteilt.[14] Das Nettoäquivalenzeinkommen der fünf Personen
sinkt von 1000 Euro auf 848 Euro und damit unter die Armutsrisikoschwelle. Während die Familie vor der Scheidung im prekären Wohlstand lebte, rutscht sie nun bedingt durch die Scheidung in das Armutsrisiko.

In Deutschland nimmt der Anteil der Einelternfamilien an
den Familien mit minderjährigen Kindern stark zu. Heute liegt
er bei 20%, Mitte der 1990er Jahre waren es erst 14%.[15] Auch dies
trug zum Anstieg des Armutsrisikos bei. Das hohe Armutsrisiko
der Einelternfamilien ist ein sehr wesentlicher Grund dafür, dass
19% der Kinder und Jugendlichen bis zur Volljährigkeit im Armutsrisiko leben. Das Armutsrisiko von Kindern liegt deutlich
über dem Durchschnitt der Gesamtbevölkerung. Betroffen sind
nicht allein Einelternfamilien. Dabei steigt das Risiko mit der
Zahl der Kinder: Von den Paarhaushalten mit drei und mehr
Kindern leben bereits 24% im Armutsrisiko[16] und bei Familien
mit vier oder mehr Kindern sind sogar 36% betroffen.[17]

Das ist ein deutliches Indiz für einen ungenügenden Familienlastenausgleich, insbesondere für Familien, die «kinderreich»
und einkommensarm sind. Beim Gehalt gibt es außerhalb von
Sonderwelten wie dem öffentlichen Dienst keinen Zuschlag für

Kinder. Der Versuch, den Familienlastenausgleich als gesellschaftliche Aufgabe auf private Unternehmen auszulagern, würde Eltern einem deutlich erhöhten Risiko der Arbeitslosigkeit aussetzen. Das gegenwärtige System aus Steuern, Abgaben und Transfers leistet den notwendigen Ausgleich jedoch nur ungenügend, für kinderreiche Familien nur äußerst ungenügend. Die geringe Steigerung der Höhe des Kindergeldes mit der Zahl der Kinder (6 Euro mehr für das dritte, 31 Euro mehr ab dem vierten Kind) kann dem hohen Armutsrisiko kinderreicher Familien nichts entgegensetzen.

Dass die Antwort der Politik auf einen empirisch klar belegten Befund so verhalten ausfällt, hat politökonomische Gründe. Kinderreiche Familien stellen in Deutschland eine kleine Minderheit dar. Mit der gleichmäßigen Erhöhung des Kindergeldes für alle ist mehr politische Zustimmung zu erreichen als mit einer Differenzierung, die das deutlich höhere Armutsrisiko kinderreicher Familien berücksichtigt. Der ungenügende Familienlastenausgleich hat gravierende demografische Konsequenzen. Wie der Familienforscher Hans Bertram gezeigt hat, ist nicht die viel diskutierte Kinderlosigkeit akademisch qualifizierter Frauen der Hauptgrund der rückgehenden Geburtenzahl, sondern der starke Rückgang der Familien mit drei und mehr Kindern.[18]

Das überproportionale Armutsrisiko von Kindern und Jugendlichen und das hohe Armutsrisiko kinderreicher Familien verweisen auf dringenden politischen Handlungsbedarf, nicht allein, weil es unserem Gerechtigkeitsverständnis widerspricht, sondern auch, weil damit nachteilige gesellschaftliche Folgen verbunden sind. Kinder, die im Armutsrisiko aufwachsen, haben deutlich schlechtere Entwicklungschancen als Kinder aus der Mitte der Gesellschaft. Auch ihr Gesundheitszustand ist schlechter. Sie haben weit häufiger wahrnehmungs- und psychomotorische Störungen oder leiden unter chronischen Erkrankungen (siehe Kapitel 9 «Armut macht krank»). Diese gravierenden Benachteiligungen müssen nicht allein Folge der schlechteren ökonomischen Lage sein, sondern können Ursachen haben, die ihrerseits wiederum mit einem geringen Einkommen in Zusammenhang stehen, wie etwa einem niedrigen Ausbildungsstand der Eltern oder Verhaltensweisen, die mit dem Milieu der Unterschicht verbunden sind. Lösungsansätze dürfen deshalb nicht ausschließlich auf finanzielle Transfers setzen. Dieser Hinweis hebt jedoch die Kritik am ungenügenden Familienlastenausgleich nicht auf. Denn unstrittig ist, dass materieller Mangel in Familien Stress und Belastung verursacht, die das Aufwachsen von Kindern überschatten.

Als Hauptrisikogruppe werden auch Menschen mit Migrationshintergrund aufgeführt. In der Tat haben sie ein deutlich höheres Armutsrisiko als die Bevölkerung ohne Zuwanderungsgeschichte: Es lag im Jahr 2014 bei 26,7% im Vergleich zu 12,5% bei der Bevölkerung ohne Migrationshintergrund.[19] Aber es greift zu kurz, Armut mit Migration zu erklären. Langzeitarbeitslosigkeit als wichtigster Grund eines Lebens im Armutsrisiko steht im engen Zusammenhang mit dem erreichten Bildungsstand. Menschen mit Migrationshintergrund sind stärker betroffen, weil sie oft schlechter in das Bildungssystem und den Arbeitsmarkt integriert sind. Das zeigen auch die großen Unterschiede zwischen den Migrantengruppen. Unter den Migranten aus der Türkei, die – auch in der zweiten Generation – zu einem deutlich höheren Anteil als andere Migrantengruppen keinen Berufsabschluss haben, sind 36% im Armutsrisiko.[20] Das höhere Armutsrisiko unter den Neuzuwanderern ergibt sich auch daraus, dass der Prozess der Integration Zeit braucht. Langfristig betrachtet stellt deshalb nicht der Migrationshintergrund als solcher ein Armutsrisiko dar, sondern eine ungenügende oder gescheiterte Integration. Gelingt die Integration in Ausbildung und Arbeit, kann Armut vermieden werden.

Ost und West:
Bricht Deutschland auseinander?

Für die soziale Lage in Deutschland ist auch die regionale Verteilung des Armutsrisikos von Bedeutung. 25 Jahre nach der
Wiedervereinigung ist dabei von besonderem Interesse, wie tief
Deutschland hinsichtlich des Armutsrisikos weiterhin zwischen
Ost und West gespalten ist. In der Tat unterscheidet sich die
Armutsrisikoquote erheblich: Mit 19,9% ist sie in Ostdeutsch-
land fast sechs Prozentpunkte höher als im Westen des Landes
(14,1%). Zwischen den Bundesländern sind die Unterschiede
noch größer: Bayern hat mit 11,4% die niedrigste Quote im Wes-
ten, Mecklenburg-Vorpommern mit 22,9% die höchste im Os-
ten. Allerdings gibt es auch innerhalb Westdeutschlands große
Diskrepanzen: So liegt die Armutsrisikoquote im Stadtstaat
Bremen genauso hoch wie die in Mecklenburg-Vorpommern.[21]
Der Paritätische Wohlfahrtsverband hat auf Grundlage dieser
Daten befunden, Deutschland sei ein «tief zerklüftetes Land»,
und sprach gar von «regionaler Verelendung».[22]
　　Auch hier lohnt ein kritischer Blick auf die Daten. Denn diese
berücksichtigen die in den Bundesländern und Regionen sehr
unterschiedliche Kaufkraft der Einkommen nicht. Bei vielen
Preisen gibt es kaum regionale Unterschiede, doch bei Mieten
und Dienstleistungen sind diese groß. Mittlerweile liegen hierzu
Berechnungen vor. Das Institut der Deutschen Wirtschaft hat die
Daten des Mikrozensus 2012 regional differenziert neu ausge-
wertet und kaufkraftbereinigte Armutsrisikoquoten ermittelt.
Um über die gleiche Kaufkraft zu verfügen, die der bundesweiten
Armutsrisikoschwelle von 875 Euro (2012) entspricht, braucht
man in München ein Einkommen von 1030 Euro, in Hamburg
von 955 Euro, in Sachsen-Anhalt aber nur von 812 Euro.[23] Mit
einem Einkommen auf Höhe der bundeseinheitlichen Armutsrisikoschwelle in München zu leben ist weitaus schwieriger als in
Halberstadt; wir unterschätzen das Armutsrisiko in den Hoch-

preisregionen und überschätzen es in Regionen mit niedrigem Preisniveau.

Die Neuberechnung unter Berücksichtigung der regionalen Kaufkraftdifferenzen reduziert die Ost-West-Spaltung bei der relativen Armut erheblich. Beträgt der Unterschied der Armutsrisikoquoten zwischen Ost- und Westdeutschland unbereinigt sechs Prozentpunkte, reduziert sich dieser kaufkraftbereinigt auf drei Prozentpunkte. Innerhalb Ostdeutschlands zeigt sich ein deutliches Nord-Ost-Gefälle. Zwischen Bayern und Thüringen sinkt der Unterschied von sechs auf einen Prozentpunkt.[24] Mit der methodisch gebotenen Kaufkraftbereinigung nähern sich die Daten dem Realitätsgefühl wieder an: Wer von Bayern nach Thüringen fährt, hat schließlich nicht den Eindruck, aus dem blühenden Wohlstand ins Elend zu fahren. Es relativiert sich also der Befund der «zerklüfteten Republik». Von «regionaler Verelendung» zu sprechen, ist mit Blick auf diese Daten schlicht unseriös.

Was allerdings bleibt, sind die hohen Armutsrisikoquoten in Berlin und Bremen sowie das überdurchschnittlich betroffene Nordrhein-Westfalen. In Hamburg steigt die Armutsrisikoquote mit der Kaufkraftbereinigung von 15% auf 19%. Dies hängt mit einem weiteren wichtigen Befund des Instituts der Deutschen Wirtschaft zusammen: dem starken Stadt-Land-Gefälle. Die Armutsrisikoquote ist in den Städten acht Prozentpunkte höher als in ländlichen Regionen. Hier wirkt die größere Einkommensungleichheit in den Städten zusammen mit den dort höheren Mieten. Dies verdeutlicht den dringenden politischen Handlungsbedarf in einem Bereich, der in der auf Transfersysteme bezogenen Armutsdebatte bisher vernachlässigt wird: die Erweiterung des Angebots von erschwinglichem Wohnraum in städtischen Ballungszentren. Die auf den ersten Blick trockene methodische Frage der Kaufkraftbereinigung der Einkommensdaten erweist sich somit als eminent politisch. Statistische Daten können, wenn die kritische Prüfung ihrer Aussagekraft unterbleibt, die politische Debatte in die falsche Richtung lenken. Es ist nicht vorrangig die Ost-West-Spaltung, die uns bei der Prävention von Armut aus regionaler Sicht umtreiben muss, sondern das hohe Armutsrisiko in städtischen Ballungsräumen. Natürlich muss auch die Gleichwertigkeit der Lebensverhältnisse zwischen West- und Ostdeutschland auf der politischen Agenda bleiben, insbesondere die weiterhin hohen Unterschiede bei der Arbeitslosigkeit und damit der Abhängigkeit von Grundsicherungsleistungen. Und einige abgehängte ländliche Regionen verdienen besondere Aufmerksamkeit. Aber auch dieses Problem lässt sich nicht in ein einfaches Ost-West-Schema zwängen.

Es lässt sich darüber hinausgehend auch fragen, ob es denn angemessen ist, die Armutsrisikoquoten der Bundesländer auf der Grundlage der bundeseinheitlichen Armutsrisikoschwelle zu berechnen. Stattdessen wird vorgeschlagen, das mittlere Einkommen des jeweiligen Bundeslandes heranzuziehen. Dann würde sich das Bild plötzlich umdrehen, die östlichen Bundesländer hätten die niedrigsten Armutsrisikoquoten, Thüringen hätte mit 11% die niedrigste Quote aller Bundesländer. Der Grund hierfür ist einfach: Auch 25 Jahre nach der Wiedervereinigung unterscheidet sich die Einkommensverteilung in Ost- und Westdeutschland; die Einkommensungleichheit in Ostdeutschland ist niedriger als im Westen. Da die Armutsrisikoquote ein Maß für die Ungleichheit ist, ist sie in den östlichen Bundesländern niedriger, wenn man diese wie eigenständige Länder betrachtet. Man könnte dann aber nur die Einkommensungleichheit in den einzelnen Bundesländern erfassen, zum Vergleich zwischen ihnen taugt diese Vorgehensweise dagegen nicht.

Vollends absurd würde es, wenn man die Regionen, auf die sich die Berechnung des Armutsrisikos bezieht, sehr kleinteilig zuschnitte. Führte man eine gesonderte «Armutsmessung» für die Anwohner des Starnberger Sees durch, orientiert am dortigen mittleren Einkommen der dort lebenden Privilegierten, so würde man sicherlich auch hier «arme» Haushalte in der bedauerlichen Lage ausmachen, über ein Einkommen unter dem lokalen 60%-Wert zu verfügen. Und in einem völlig abgehängten sozialen Brennpunkt, in dem die Mehrheit der Bürger Hartz IV bezieht, gäbe es, wiederum gemessen am mittleren Einkommen an diesem Ort, niemanden im Armutsrisiko. Nicht zuletzt angesichts der im Grundgesetz verankerten Kompetenz des Bundesgesetzgebers, für die «Herstellung gleichwertiger Lebensverhältnisse im Bundesgebiet»[25] zu sorgen, ist ein bundesweiter Vergleichsmaßstab also durchaus angemessen. Aber man sollte die Kaufkraftunterschiede der Regionen berücksichtigen.

Der ergänzende Blick: Materielle Entbehrung

Wie aber empfinden Menschen mit niedrigem Einkommen selbst ihre Situation, in welchen Bereichen spüren sie materielle Entbehrung? Und wie unterscheiden sie sich hierin von Menschen, die nicht im Armutsrisiko leben? Seit 2005 wird dies EU-weit in einem einheitlichen Verfahren erhoben.[26] Dabei geben die Befragten ihre eigene, subjektive Einschätzung ab, ob sie eines oder mehrere von neun Kriterien materieller Entbehrung für sich als erfüllt ansehen (siehe Kasten auf S. 44). Für Deutschland sind sechs dieser Fragen aussagekräftig. EU-weit wird auch gefragt, ob auf Waschmaschine, Telefon und Farbfernseher verzichtet werden muss. Da fast alle im Armutsrisiko lebenden Personen in Deutschland diese Güter besitzen, werden die entsprechenden drei Fragen von nahezu allen verneint. Antworten die Befragten bei drei der neun Kriterien mit Ja, so leben sie entsprechend der von der EU festgesetzten Konvention in materieller Entbehrung; bei vier und mehr Ja-Antworten in erheblicher materieller Entbehrung.

Diese subjektive Bewertung hilft, Entwicklungen zu verstehen, welche die Armutsrisikoquote eher verdeckt als offenlegt. Das Beispiel Griechenland macht dies deutlich: Die schwere Krise seit 2010 zeigte sich – wie bereits erwähnt – bisher nicht in der Armutsrisikostatistik, weil mit der Krise und dem Absturz der Einkommen eben auch die Armutsrisikoschwelle sank. Aber der Anteil derer, die eine schwere materielle Entbehrung angaben, verdoppelte sich in den Jahren zwischen 2010 und 2014 nahezu.[27] Die relative Position des Einzelnen in der Einkommensverteilung mag gleich geblieben sein, aber das ist ein schwacher Trost für diejenigen, die massive Einkommensverluste hinnehmen mussten.

Im Jahr 2014 bejahten in Deutschland 11% der Befragten mindestens drei der neun Fragen, erfahren also ihren subjektiven Angaben nach materielle Entbehrung, wie diese von der EU definiert ist. 5% bejahten vier oder mehr Fragen und leben demnach in einem Zustand der erheblichen materiellen Entbehrung. Im untersten Fünftel der Einkommensbezieher waren es 17%.[28] Die Prozentwerte zur materiellen Entbehrung liegen deutlich unter dem Anteil der Bevölkerung, der ein Einkommen unterhalb der Armutsrisikoschwelle hat.

Aufschlussreich ist besonders die Entwicklung bei den einzelnen Fragen zur materiellen Entbehrung. Im Kasten auf S. 44 sind für die Jahre 2008[29] und 2014 die Antworten getrennt nach Befragten mit einem Einkommen unterhalb und oberhalb der Armutsrisikogrenze wiedergegeben. Die Daten zeigen erwartungsgemäß große Unterschiede zwischen den beiden Gruppen. Große Schwierigkeiten entstehen für die Befragten vor allem dann, wenn unerwartete Ausgaben oberhalb der Armutsrisikoschwelle (2014: knapp 1000 Euro) zu tätigen sind: Mehr als zwei Drittel der armutsgefährdeten Bevölkerung kommen hier an ihre Grenzen, im Vergleich zu einem Viertel derjenigen oberhalb der Armutsrisikoschwelle. Auch beim Urlaub muss der armutsgefährdete Teil der Bevölkerung zurückstecken: Mehr als die Hälfte (im Gegensatz zu 14% der Vergleichsgruppe) hat finanzielle Probleme, jährlich eine Woche Urlaub woanders als zu Hause zu verbringen. Finanzielle Probleme, die Miete oder Versorgungsrechnungen zu zahlen, haben 14% der armutsgefährdeten Bevölkerung und 21% von ihnen können aus finanziellen Gründen nicht regelmäßig Fleisch oder Fisch konsumieren.

Erstaunlich angesichts dieser Werte ist, dass die ebenfalls im Rahmen der EU-Erhebung «Leben in Europa» gestellte Frage «Wie kommt Ihr Haushalt mit dem monatlichen Einkommen zurecht» nur von einem Viertel der armutsgefährdeten Bevölkerung mit «sehr schlecht» oder «schlecht» und von einem weiteren Viertel mit «relativ schlecht» beantwortet wird. 40% hingegen antworten mit «relativ gut» und 10% mit «gut» oder «sehr gut».[30] Dies dürfte auf eine hohe Selbstdisziplin vieler Menschen mit niedrigem Einkommen hindeuten, trotz aller materiellen Entbehrungen irgendwie mit ihrem Einkommen auszukommen und ihren Alltag zu bewältigen. Es ist ebenfalls ein Hinweis darauf, dass die Unterscheidung zwischen Armutsrisiko und Armut sinnvoll ist. In der Armutsrisikopopulation sind auch Gruppen, die biographisch bedingt (noch) Konsumerwartungen haben, die sie mit ihrem Einkommen unterhalb der Armutsrisikoschwelle decken können, wie etwa Studierende oder Auszubildende.

Wie die EU-Daten zur materiellen Entbehrung zeigen, ist die Situation seit 2008 weitgehend konstant bzw. hat sich teilweise verbessert. Auch in den Daten des SOEP zeigt sich nach 2007 bei einigen Elementen der materiellen Deprivation eine nicht unerhebliche Verbesserung.[31] Dazu Marcel Fratzscher: «Der zuletzt starke Anstieg der Erwerbstätigkeit und geringere Arbeitslosigkeit senken auch die materiellen Entbehrungen.»[32]

Das deckt sich mit dem Befund, dass die Entwicklung nach dem sehr deutlichen Anstieg der Armutsrisikoquote bis 2005 mehr oder weniger stabil verlief. Die Daten stützen also nicht die verfestigte öffentliche Wahrnehmung, die Schere ginge immer weiter auseinander. Denn dies müsste sich unweigerlich in den Antworten zeigen, wenn Bürger befragt werden, wie sie ihre finanzielle Situation und die Versorgung mit Alltagsgütern einschätzen. Dazu angetan, Handlungsbedarf zu leugnen, sind die Daten aber natürlich auch nicht. Man muss nicht behaupten, es würde alles immer schlimmer, um Handlungsbedarf zu begründen. Es reicht der nüchterne Blick auf die Fakten.

Materielle Entbehrung[33]

Finanzielle Probleme, unerwartete Ausgaben in Höhe der Armutsrisikoschwelle[34] aus eigenen finanziellen Mitteln bestreiten zu können		
arm:	2008: 74,5%	2014: 68,4%
nicht arm:	2008: 27,7%	2014: 25,5%
Finanzielle Probleme, jährlich eine Woche Urlaub woanders als zu Hause zu verbringen		
arm:	2008: 60,0%	2014: 56,3%
nicht arm:	2008: 18,9%	2014:13,9%
Finanzielle Probleme, jeden zweiten Tag Fleisch, Fisch oder eine adäquate vegetarische Mahlzeit einnehmen zu können		
arm:	2008: 31,3%	2014: 21,1%
nicht arm:	2008: 7,3%	2014: 4,8%
Finanzielle Probleme, die Miete oder Rechnungen für Versorgungsleistungen rechtzeitig zahlen zu können		
arm:	2008: 14,1%	2014: 13,8%
nicht arm:	2008: 4,1%	2014: 4,0%
Finanzielle Probleme, die Wohnung angemessen heizen zu können		
arm:	2008: 17,2%	2014: 13,3%
nicht arm:	2008: 3,9%	2014: 3,2%
Fehlen eines PKW aus finanziellen Gründen		
arm:	2008: 17,8%	2014: 24,2%
nicht arm:	2008: 2,9%	2014: 3,3%

4.
Armut in einem reichen Land – Ein Skandal?

«Armut in einem reichen Land ist ein Skandal.» Dieser Satz findet sich wörtlich oder sinngemäß in vielen Reden, Pressemeldungen von Verbänden oder Kommentaren in den Medien. Oft trifft er auf große Zustimmung. Warum sollte ein reiches Land nicht über die Mittel verfügen, Armut ein für alle Mal zu besiegen? Die Existenz von Armut trotz des verfügbaren Reichtums sei Beleg dafür, dass Armut letztlich politisch gewollt sei – auch diese Aussage hört man häufig, wenn es um Armut in Deutschland geht.

Zweifelsohne müssen sich Politik und Zivilgesellschaft in Deutschland an den Möglichkeiten eines reichen Landes messen lassen. Regierungen in Ländern, in denen große Teile der Bevölkerung in extremer Armut leben, beispielsweise in Sub-Sahara-Afrika, könnten selbst bei guter Politik die Armut nicht in kurzer Zeit beheben. Der Skandal dort sind vielmehr Korruption und die Bereicherung der Eliten, die der Überwindung der Armut entgegenstehen. Wie ist dies aber in einem reichen Land wie Deutschland zu bewerten?

Armutsrisiko oder Armut – egal?

Auch hier lohnt ein kritischer Blick. Wer in Deutschland über Armut spricht, meint in aller Regel nicht Hunger oder andere Formen absoluter Armut. Er bezieht sich auf das relative Armutsrisiko, so wie dies nach der Konvention der EU gemessen wird. Wer dieses zum Skandal erklärt, sagt damit, dass es skandalös sei, dass es überhaupt Menschen in Deutschland gibt, die ein Einkommen unterhalb der Armutsrisikoschwelle haben – also je nach Datensatz weniger als 917, 987, 1029 oder 1063 Euro.[1] Ob dies jedem bewusst ist, der das Wort Skandal in den Mund nimmt, ist zu bezweifeln.

Selbst in vielen wissenschaftlichen Beiträgen werden Armutsrisiko und Armut gleichgesetzt. Das ist ein verfestigter Fehler in der Armutsdebatte in Deutschland. Mit dem Begriff Armutsrisiko wird deutlich gemacht, dass die statistische Norm eine Gruppe von Bürgern abgrenzt, die ein Risiko haben, aufgrund zu geringer Ressourcen «von der Lebensweise ausgeschlossen [zu sein], die in dem Mitgliedsstaat, in dem sie leben, als Minimum annehmbar ist.»[2] Aber ob dies so ist, ob also Armut vorliegt, muss in einem zweiten Schritt geprüft werden.

Nun mag die Differenzierung zwischen Armutsrisiko und Armut auf den ersten Blick haarspalterisch erscheinen. Aber die Alarmmeldung der Parität in ihrem 2015 veröffentlichten Armutsbericht «Noch nie war die Armut in Deutschland … so hoch wie heute» lässt sich nur aufstellen, wenn Armutsrisiko und Armut synonym gesetzt werden und wenn der relative Armutsbegriff im Sinne absoluter Armut umgedeutet wird. Als Bundesarbeitsministerin Andrea Nahles in einem Interview der Aussage widersprach, die Armut in Deutschland sei auf einem Höchststand, und dabei auf die Relativität des Armutsbegriffs verwies,[3] erntete sie empörte Kommentare. Sie versuche, die Armut «kleinzuraspeln».[4] Ihr wurde zu Unrecht unterstellt, sie wolle sich vom relativen Armutsbegriff verabschieden. Angemahnt hatte sie jedoch lediglich eine angemessene Interpretation der Daten.

Die 60%-Schwelle ist abgeleitet von dem Medianeinkommen und ist damit unmittelbar abhängig vom Wohlstandsniveau der Gesellschaft. Es gibt gute Gründe, Armutsrisiko und Armut in Relation zu den gesellschaftlichen Verhältnissen zu erfassen. Dazu dient die Armutsrisikoquote als grobes Maß. Allerdings sollte man sich dann der Relativität dieses Maßes stets bewusst sein, insbesondere, wenn man historische Vergleiche anstellt oder Länder mit sehr unterschiedlichem Wohlstandsniveau betrachtet. Denn mit steigendem Wohlstand steigt auch das mittlere Einkommen und damit die Armutsrisikoschwelle. Solange die Verteilung der relativen Einkommen unverändert bleibt, bleibt notwendigerweise auch der Anteil der Menschen gleich, deren Einkommen unterhalb dieser Schwelle liegt. Und das, obwohl der Wohlstand zunimmt: 1960 musste ein durchschnittlich verdienender Arbeitnehmer für einen Herrenanzug 68 Stunden arbeiten, heute nur noch 17 Stunden; für eine Waschmaschine sank die erforderliche Arbeitszeit des Durchschnittsverdieners von 224 auf 32 Stunden. Gemessen an der dafür erforderlichen Arbeitszeit sanken auch die Preise für Lebensmittel drastisch, für 10 Eier beispielsweise von 51 auf 8 Minuten.[5] Wird die relative Position in der Einkommensverteilung ohne Umschweife mit Armut gleichgesetzt, so führt dies auch bei wachsendem Wohlstand zu der absurden Schlussfolgerung, die Armut bliebe gleich hoch.

Arme Studenten?

Die Differenzierung zwischen Armutsrisiko und Armut ist notwendig, wenn man der Realität gerecht werden will. So gibt es Menschen, die einige Zeit lang von einem verfügbaren Einkommen unterhalb der 60%-Schwelle leben und damit keine ernsthaften Probleme haben. Ein Beispiel: Die Armutsrisikoschwelle beträgt nach dem Mikrozensus 2014 für einen Alleinstehenden 917 Euro. Somit sind Auszubildende und Studierende, die in einem eigenen Haushalt leben, per Definition «einkommensarm», wenn sie eine Ausbildungs- oder Studienfinanzierung unter 917 Euro erhalten und keinen oder wenig Nebenverdienst haben.[6] Einkommensarm im Sinne der Statistik sind auch Studierende aus Familien der Mittelschicht, die mit elterlicher Unterstützung von monatlich 750 oder 800 Euro sorgenfrei studieren können. Wohnt ein Studierender aus der Mittelschicht während des Studiums bei seinen Eltern, wird er der Mitte zugeordnet; zieht er von zu Hause aus und wird als eigenständiger Haushalt erfasst, rutscht er statistisch unter die 60%-Schwelle und damit, wenn nicht zwischen Armutsrisiko und Armut differenziert wird, in die «Armut». Es ist eine Folge unseres wachsenden Wohlstands, dass heute mehr junge Menschen studieren und zudem bereits während der Ausbildung selbständig wohnen können; mit einer undifferenzierten Interpretation der Armutsrisikoquoten nimmt man diese Entwicklung jedoch als wachsende Armut wahr.

Harald Martenstein, Kolumnist des ZEIT Magazins, hat dies am Beispiel seines Sohnes, den er verwundert im «Millionenheer der deutschen Armen» entdeckte, auf den Punkt gebracht: Sein Sohn wohne in einer anderen Stadt und er überweise ihm weniger als 900 Euro: «Wenn er zu mir zieht, … wäre er von einem Tag auf den anderen wieder ein junger Mann aus der Mittelschicht. Aber er zieht ein Leben im Elend vor.»[7] Niemand wird ernsthaft behaupten wollen, sozial abgesicherte Studierende führten ein Leben unterhalb dessen, was in Deutschland als Minimum annehmbar ist. Viele von ihnen werden sich später an die Studienjahre als eine der schönsten Zeiten ihres Lebens erinnern. Das grobe Instrument der Statistik weist sie jedoch der armutsgefährdeten Bevölkerung zu.

Das Beispiel Studierende führt an eine weitere Grenze der Armutserfassung. Ihre Zuordnung beruht allein auf dem Einkommen, über das sie verfügen, genauer gesagt, auf den Angaben, die sie hierüber machen. Dabei werden Vergünstigungen für Studierende, etwa das subventionierte Semesterticket oder das preiswerte Mensaessen, nicht erfasst. Doch diese verbessern ihre Einkommenssituation. Zudem leben viele Studierende in Wohngemeinschaften, um die Synergien des Zusammenlebens zu nutzen. Im Gegensatz zu Familien wird dies bei der Berechnung ihrer Äquivalenzeinkommen jedoch nicht berücksichtigt. Kurz und gut, die Unterscheidung zwischen Armutsrisiko und Armut ist keine Haarspalterei.

Damit soll keineswegs gesagt werden, es gäbe keine Studierenden mit massiven Problemen: Studierende, deren Bafög ausgelaufen ist; die keinen Anspruch auf Bafög haben, aber von ihren Eltern nicht ausreichend unterstützt werden; die so viel jobben müssen, dass ihr Studium leiden muss. Nur: Eine Armutsrisikoschwelle von 900 Euro kann diese Unterschiede nicht erfassen, sie macht alle Studierenden gleich «arm». Sie kann damit auch nicht als Grundlage für politische Überlegungen darüber dienen, wie bedürftige Studierende zu unterstützen sind, damit sie ihr Studium materiell gesichert abschließen können.

Das hier skizzierte Problem betrifft nicht nur Studierende, sondern auch die große Gruppe der Auszubildenden. In den meisten Ausbildungsberufen liegt selbst im dritten Lehrjahr die Ausbildungsvergütung unterhalb der Armutsrisikoschwelle.[8] Wenn allein die Tatsache ein Skandal sein soll, dass es in Deutschland Menschen mit einem verfügbaren Einkommen unter 917, 987, 1029 oder 1063 Euro gibt, dann sind auch die meisten Ausbildungsverhältnisse in Deutschland skandalös.

Mit der transitorischen Phase von Ausbildung oder Studium hängt zusammen, dass unter allen Altersgruppen die Gruppe der 18- bis 24-Jährigen das höchste statistisch ausgewiesene Armutsrisiko hat. Je nach Erhebung und Jahr hat ein Fünftel bis ein Viertel dieser Gruppe ein Nettoäquivalenzeinkommen unterhalb der 60%-Schwelle.[9] Werden die nicht mehr bei ihrer Herkunftsfamilie lebenden jungen Erwachsenen gesondert erfasst, so ist die Armutsrisikoquote deutlich höher; bei allein lebenden jungen

Erwachsenen bis 30 Jahre beträgt die Armutsrisikoquote nahezu 50%.[10] Auch hinter dieser Zahl können sich ernsthafte Probleme verbergen, etwa wenn nach Ausbildung oder Studium nur ein Einstieg in Teilzeitarbeit gelingt, obwohl eine Vollzeitstelle gesucht wird. Doch wenn nicht zwischen Armut und Armutsrisiko unterschieden wird, entsteht der Eindruck, junge Erwachsene seien die größte Problemgruppe und Transferpolitik sollte mit besonderer Priorität hier ansetzen. Diese Wahrnehmung widerspricht nicht nur den tatsächlichen sozialen Problemen, sie widerspricht auch dem subjektiven Empfinden der Betroffenen: Zwei Drittel der Personen in Ausbildung mit einem Einkommen unterhalb der Armutsrisikoschwelle empfinden sich nicht als arm.[11]

Problematisch ist nicht die Lebenslage junger Menschen, die studieren oder in der Berufsausbildung stehen – sie legen in dieser Zeit die Grundlagen ihres späteren Berufslebens und müssen dabei vorübergehend mit wenig Geld auskommen. Eine Gefahr sozialer Verwerfungen liegt vielmehr in der hohen Zahl derjenigen, die genau diese Grundlagen nicht schaffen und später dem Risiko gebrochener Erwerbsbiographien oder dauerhafter Arbeitslosigkeit ausgesetzt sind. Denn damit ist eindeutig das höchste Armutsrisiko verbunden, sowohl während der Phase der Erwerbstätigkeit als auch im Alter (siehe auch Kapitel 10 «Bildungsarmut ist (kein) Schicksal»).

Das Verwechselspiel zwischen absoluter und relativer Armut

Wenn über neue Daten zum Armutsrisiko in Deutschland berichtet wird, werden diese Berichte in aller Regel mit Bildern von obdachlosen Menschen oder Flaschensammlern illustriert, die verstohlen in Abfalleimern nach Pfandgut suchen. Die Medien nutzen gerne Bilder von Menschen, denen Armut unmittelbar anzusehen ist. Aber damit bilden sie nicht die Lebenslage der etwa 12 Millionen Menschen in Deutschland ab, die ein Einkommen unterhalb der 60%-Schwelle haben: arbeitslose Menschen, Alleinerziehende, kinderreiche Familien oder Bezieher niedriger Renten. Die Bilder verfestigen den bestehenden Eindruck eines Landes, das unter der Armut zu zerbrechen droht.

Hier findet ein Verwechselspiel zwischen absoluter und relativer Armut statt. Es prägt die Armutsdebatte in Deutschland und ist mitverantwortlich dafür, dass diese folgenlos bleibt. Der Satz «Noch nie war die Armut in Deutschland so hoch wie heute» suggeriert, die sozialen Verhältnisse heute seien besonders schlimm, weit schlimmer als früher. Doch auf welchen Zeitraum soll sich diese Aussage über den Höchststand der Armut in Deutschland beziehen? Auf die deutsche Geschichte an sich, die Zeit seit der Industrialisierung, seit 1945, seit den 1970er Jahren oder seit der Wiedervereinigung? Insbesondere bei längerfristigen Betrachtungen ist unbedingt zu berücksichtigen, dass mit der Wohlstandsentwicklung in Deutschland auch der Umfang dessen stieg, was Menschen sich mit einem Einkommen auf der Armutsrisikoschwelle kaufen konnten. Die Behauptung, noch nie hätten so viele Menschen hierzulande in Armut gelebt wie heute, widerspricht der Lebenserfahrung aller, die sich an die materielle Situation in Deutschland in früheren Dekaden erinnern können.

«Es ist viel schlimmer, in einem reichen Land arm zu sein als in einem armen Land.» Auch dieser Satz fällt häufig in politischen Debatten, auch ihm liegt eine Verwechslung von relativer und absoluter Armut zugrunde. Natürlich ist es viel schlimmer, in einem reichen Land unter absoluter Armut zu leiden, sich nicht angemessen ernähren und kleiden zu können, als in einem Land absolut arm zu sein, in dem diese Situation für große Teile der Bevölkerung zutrifft. Aber die allermeisten Menschen dürften es doch vorziehen, in einem reichen Land in einer relativ niedrigen Einkommensposition zu sein und trotzdem die Grundbedürfnisse an Nahrung, Kleidung, Wohnraum und gesundheitlicher Versorgung decken zu können, als in einem armen Land in absoluter Armut zu leben. Die vielen Flüchtlinge, die der Armut und Perspektivlosigkeit ihrer Herkunftsländer zu entkommen suchen und in Deutschland unter zunächst kargen Verhältnissen ihr neues Leben beginnen, haben jedenfalls eine eindeutige Wahl getroffen.

Der zitierte Satz fällt häufig aus Gedankenlosigkeit, aber es gibt auch Debattanten, die diese Aussage vehement verteidigen, wie der Kölner Politologe Christoph Butterwegge, ein häufiger Interviewpartner der Medien zu Armut in Deutschland. «In einer Gesellschaft notleidend bzw. unterversorgt zu sein, in der keiner oder kaum einer viel hat, ist leichter zu ertragen, als in einer Gesellschaft arm zu sein, in der es als ‹normal› gilt, dass Kinder nicht nur teure Markenkleidung tragen, sondern auch ein iPhone, einen Nintendo DS und einen MP3-Player besitzen. Da die kapitalistische Gesellschaft immer mehr Bereiche ökonomisiert, privatisiert und kommerzialisiert, d.h. beinahe alle Lebensabläufe stärker denn je über das Geld regelt, führt Einkommensarmut zu einer größeren sozialen Abwertung, als dies in früheren Geschichtsperioden der Fall war.»[12] Und in Bezug auf Kalkutta, Kapstadt oder Karatschi führt Butterwegge aus: «Armut hierzulande [kann] sogar erniedrigender, bedrückender und bedrängender sein … als in einer weniger wohlhabenden Umgebung. Empathie und Solidarität erfahren die von Armut betroffenen Menschen hingegen in geringerem Maße, als dies normalerweise dort der Fall ist, wo kaum jemand ein großes (Geld-)Vermögen besitzt.»[13]

Hier wird nicht nur absolute und relative Armut gleichgesetzt. Das Leben als Armer in einem armen Land wird von Butterwegge geradezu als vorzugswürdig gegenüber der relativen Einkommensarmut in Deutschland dargestellt. Dies kann nur auf einer zweifachen Verklärung der Verhältnisse in armen Ländern beruhen. Es ist keineswegs so, dass die Einkommen in armen Ländern gleichmäßiger verteilt wären als in Deutschland oder anderen Industriestaaten. Ganz im Gegenteil. Die Einkommensungleichheit in vielen Ländern Afrikas und Lateinamerikas ist deutlich höher als bei uns und, nebenbei gesagt, bei einer Reihe von ihnen auch höher als in den USA.[14] Es ist also nicht so, dass die Armen in armen Ländern oder Schwellenländern vor dem Anblick von Mitbürgern geschützt wären, denen es um ein Vielfaches besser geht. Sie sehen Reichtum, auch ostentativ zur Schau gestellten Reichtum, der oft deswegen skandalös ist, weil er auf Nepotismus im Staatsapparat und Korruption beruht und damit zu Lasten der Mehrheit der Bevölkerung aufgehäuft wurde. Auch die von Butterwegge vermutete Empathie und Solidarität mit und unter den Armen hat nichts mit der harschen Realität derjenigen zu tun, die in absoluter Armut leben müssen.

Ein Blick über die Grenzen

Blicken wir zu unseren europäischen Nachbarn. Wäre nur in Deutschland ein Sechstel der Bevölkerung nach der Konvention der EU armutsgefährdet, wäre es sicherlich angemessen, von skandalösen Versäumnissen der deutschen Sozialpolitik zu sprechen. Gelingt es unseren Nachbarn besser als uns, Armut zu vermeiden?

Schaubild 3 auf S. 56 zeigt die Mitgliedsländer der EU und einige weitere europäische Länder, geordnet nach der Höhe ihrer jeweiligen Armutsrisikoquote. Angegeben sind auch die Anteile derer, die nach Selbsteinschätzung materielle Entbehrung empfinden (vgl. Kapitel 3). Die Armutsrisikoquote in Deutschland liegt geringfügig unterhalb des EU-Durchschnitts, deutlich unterhalb einer Reihe süd- und osteuropäischer Staaten, aber auch deutlich höher als beispielsweise in Dänemark, Finnland oder den Niederlanden. Gleichzeitig weist ein Land wie Schweden mit einer langen wohlfahrtsstaatlichen Tradition eine Armutsrisikoquote von knapp 15% und damit eine nur unwesentlich geringere Ungleichheit in der Einkommensverteilung auf. Erklärt man die schiere Existenz eines Anteils der Bevölkerung mit einem Einkommen unterhalb der 60%-Schwelle unhinterfragt zum Skandal, wären die Zustände also selbst in den Wohlfahrtsstaaten Nordeuropas als skandalös zu bezeichnen. Dann kippt aber die engagierte Rede gegen Armut in hohe Rhetorik.

Der Vergleich der europäischen Länder gibt einen interessanten Einblick in die Leistungsfähigkeit, aber auch die Grenzen der Armutsstatistik.[15] 22% der Bewohner Bulgariens leben nach EU-Konvention im Armutsrisiko, das sind fünf Prozentpunkte über dem EU-Durchschnitt. Das sieht erst einmal danach aus, als sei die Situation in Bulgarien zwar schlechter, aber nicht dramatisch schlechter als im Rest der EU. Aber die Armutsrisikoschwelle beträgt in Bulgarien nur 166 Euro, 47% leben in materieller Entbehrung und 33% in erheblicher materieller Entbehrung. In Luxemburg hingegen liegt die Armutsrisikoquote bei 16%, kaum unter dem EU-Durchschnitt. Aber die 60%-Grenze dort beträgt 1716 Euro, liegt also oberhalb des Medianeinkommens in Deutschland. Und nur 5% der Luxemburger empfinden materielle Entbehrung, nur 1,4% erhebliche materielle Entbehrung. Auch dieses Beispiel zeigt, wie wichtig es ist, zwischen einer niedrigen Position in der Einkommensverteilung eines Landes und Armut zu unterscheiden. Sonst müsste man in einem Hocheinkommensland wie Luxemburg von vielen Armen ausgehen, die aber keinen Mangel empfinden. Armut ohne Mangel? Dann verliert der Begriff der Armut seinen Sinn.

Was wäre, wenn …?

Lassen wir uns im Folgenden auf die Vorstellung ein, mittels Transferpolitik jegliches Armutsrisiko zu überwinden. Rechnerisch gesehen, wäre dies möglich. Auch jetzt schon senkt die staatliche Sozialpolitik die Armutsrisikoquote durch Umverteilung erheblich. Würden die Haushalte nur über ihre Markteinkommen und Renten verfügen, aber keine Sozialtransfers erhalten, so wäre fast ein Viertel der Bürgerinnen und Bürger in Deutschland armutsgefährdet.[16] Würden alle Einkommen unterhalb der 60%-Schwelle durch weitere staatliche Hilfen auf die Armutsrisikoschwelle angehoben, wäre die Armutsrisikoquote null, Deutschland nach der EU-Konvention frei von Armutsrisiko und Armut. Die statistische Konvention der EU würde dann zu einer sozialpolitischen Norm.

Eine Transferpolitik mit diesem Anspruch wäre ein enormer politischer Kraftakt, sie wäre also nur nach langen politischen Kämpfen einzuführen. Eine sehr grobe Schätzung aus dem Jahr 2007 weist Kosten von 30 Milliarden Euro aus, die aus Steuern aufzubringen wären. Es wäre schwierig, die dazu erforderlichen Abgaben bei Steuerbürgern und Unternehmen durchzusetzen, da diese Möglichkeiten haben, sich einer als zu hoch empfundenen Steuerlast zu entziehen. Es mag dazu an ausreichendem politischen Willen fehlen.[17] Aber unüberwindlich wären die Widerstände nicht.

Zuerst müsste man festlegen, auf welche Armutsschwelle man sich beziehen wollte. Je nach Erhebung beträgt diese Schwelle in Deutschland 917, 987, 1029 oder 1063 Euro. Würde man 917 Euro zur sozialpolitischen Norm erheben, so gäbe es gemessen an den höheren Armutsrisikoschwellen immer noch armutsgefährdete Personen, wenn auch in einem deutlich geringeren Umfang.

In der politischen Debatte zur Umsetzung würde sicherlich die oben diskutierte Unterscheidung zwischen Armutsrisiko und Armut eine Rolle spielen. Angesichts hoher fiskalischer Belastungen würde man öffentlich darüber streiten, ob es wirklich angemessen ist, Ausbildungsvergütungen und das Salär von Studierenden so deutlich aufzustocken. Denn den Auszubildenden und Studierenden, die heute ein Problem haben, könnte man mit einer Reform der Ausbildungsförderung zielgenauer und günstiger helfen.

Debattiert werden müsste auch, ob es wirklich gerecht ist, überall in Deutschland die Einkommen auf die gleiche bundesweit ermittelte Armutsrisikogrenze anzuheben. Das Preisniveau in den verschiedenen Regionen unterscheidet sich doch erheblich. Warum sollten armutsgefährdete Bürger in München, Stuttgart oder Frankfurt, den Städten mit den höchsten Mieten,

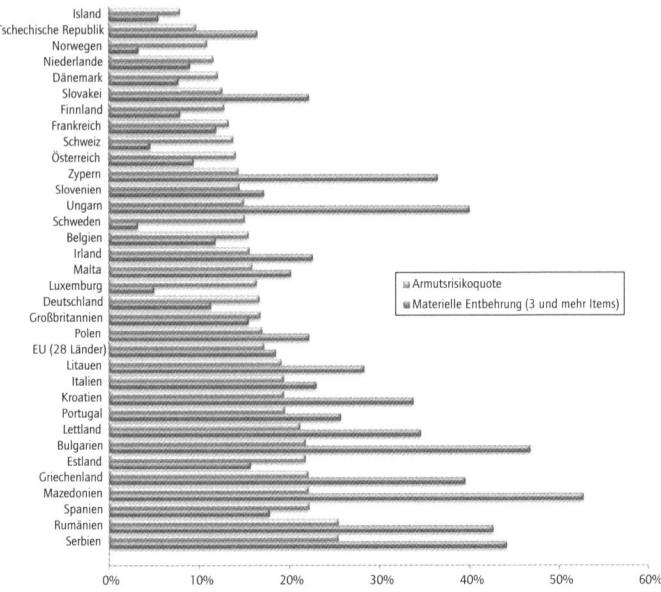

Schaubild 3: Europa: Armutsrisiko und materielle Entbehrung[18]

akzeptieren, dass sich die ergänzende staatliche Unterstützung an einem bundesweiten Durchschnitt orientiert, der für ihre Lebenssituation unangemessen ist? Also müsste ein Transfersystem, das den Anspruch erhebt, jede Armutsgefährdung zu vermeiden, den örtlichen Mietspiegel berücksichtigen und die Unterstützungsleistung regional differenzieren. Auch wenn dies erfolgte, wäre die erreichbare Einzelfallgerechtigkeit geringer als in unserem jetzigen Grundsicherungssystem, das individuell für jeden Hilfeberechtigten die angemessenen Kosten für die Unterkunft und Heizung übernimmt und damit berücksichtigt, dass die Mieten auch innerhalb derselben Stadt stark variieren und der Heizbedarf vom Zustand der Wohnung abhängt.

Und mindestens ein weiterer Sachverhalt wäre zu regeln. Die Armutsrisikostatistik erfasst die verfügbaren Einkommen, nicht aber das Vermögen der Haushalte. Nur die Vermögenserträge werden als Teil des Einkommens erfasst. In den Daten des Mikrozensus wird zudem der geldwerte Vorteil des selbstgenutzten Wohnungseigentums nicht erfasst. Es macht jedoch einen erheblichen Unterschied, ob ein Rentner mit einer Rente von beispielsweise 800 Euro in der eigenen Wohnung wohnt oder ob er Miete zahlen muss. Und wir sprechen hier nicht von einer kleinen Gruppe: Von den über 64-jährigen armutsgefährdeten Personen in Deutschland verfügt je nach Datengrundlage jeder Vierte bis jeder Dritte über ein Vermögen, aus dem die Einkommenslücke, also die Differenz zwischen seinem Einkommen und der Armutsrisikoschwelle, über mindestens zehn Jahre kompensiert werden kann.[19] Auch das ist ein Grund, zwischen Armutsrisiko und Armut zu differenzieren. Unterschiede in der Vermögenssituation der Empfänger kann ein staatliches Unterstützungssystem, das politische Akzeptanz finden soll, nicht ignorieren. Entsprechend müsste man auch die Vermögensverhältnisse der zu unterstützenden Personen individuell erfassen.

Das kleine Gedankenexperiment zeigt: Eine statistische Konvention eignet sich nicht ohne weiteres als sozialpolitische Norm. Die Unterstützung muss in einem Grundsicherungssystem geleistet werden, das den individuellen Lebenslagen gerecht wird. Ihre Höhe ist so zu bestimmen, dass das soziokulturelle Existenzminimum gedeckt ist und regionale und individuelle Verhältnisse berücksichtigt werden. Dies kann eine statistische Konvention wie die 60%-Schwelle nicht leisten, da sie die Einkommen nach einem bundeseinheitlichen Wert über einen Leisten schlägt und zudem Vermögen ignoriert. Ein solches Grundsicherungssystem gibt es in Deutschland: die Grundsicherung für Arbeitsuchende und die Grundsicherung im Alter. Die Grundsicherung ist der letzte Verteidigungsring im Kampf gegen Armut. Sie muss dann greifen, wenn weder das Markteinkommen (bei den meisten Menschen der Ertrag ihrer Erwerbsarbeit) noch die vorgelagerten Sicherungssysteme Einkommensarmut vermeiden können. Wo dieses Grundsicherungssystem defizitär ist, muss es weiterentwickelt werden. Das ist Gegenstand des folgenden Kapitels.

5.
Hartz IV – Armut per Gesetz?

Hartz IV hat einen schlechten Ruf und ist gleichzeitig das bei weitem wichtigste Element der Grundsicherung in Deutschland. Hartz IV ist Teil des sozialen Sicherungsnetzes, das für alle gespannt sein muss, deren soziokulturelles Existenzminimum nicht anderweitig gedeckt werden kann. Hartz IV heißt eigentlich «Arbeitslosengeld II» und die Unterstützung für Familienmitglieder der Empfänger heißt «Sozialgeld». Beides ist im Zweiten Sozialgesetzbuch (SGB II: Grundsicherung für Arbeitsuchende) rechtlich geregelt. Der abwertend konnotierte Begriff «Hartz IV» ist so tief im öffentlichen Bewusstsein verankert, dass selbst Politiker, die für das Grundsicherungssystem Verantwortung tragen, nicht gänzlich auf diesen Begriff verzichten können, wenn sie verstanden werden wollen. Die zweite große Säule der Grundsicherung ist die Sozialhilfe, insbesondere die Grundsicherung im Alter und bei Erwerbsminderung.

Die 1962 mit dem Bundessozialhilfegesetz eingeführte, «Sozialhilfe» genannte Grundsicherung war eine der großen sozialpolitischen Errungenschaften in der alten Bundesrepublik. Die Aufgabenfestlegung des Gesetzes nahm unmittelbar Bezug auf Artikel 1 des Grundgesetzes: «Aufgabe der Sozialhilfe ist es, dem Empfänger der Hilfe die Führung eines Lebens zu ermöglichen, das der Würde des Menschen entspricht.»[1] Ohne Rücksicht auf eigenes Verschulden, das möglicherweise zur Abhängigkeit von Hilfe geführt hat, haben Hilfebedürftige einen einklagbaren Rechtsanspruch auf Hilfe zur Sicherstellung des soziokulturellen

Existenzminimums. Als «soziokulturell» wird dieses Minimum bezeichnet, weil die Mittel, die für ein Leben in Würde erforderlich sind, nur im Bezug zu den gesellschaftlichen Verhältnissen bestimmt werden können. Neben der «laufenden Hilfe zum Lebensunterhalt» gab es «Hilfe in besonderen Lebenslagen», um dem Grundsatz der Individualisierung der Hilfe gerecht zu werden. Dabei war das Ziel der Überwindung des Hilfebedarfs einschließlich der Mitwirkungspflichten der Hilfeberechtigten, das im heutigen Recht der Grundsicherung für Arbeitsuchende sehr betont wird, auch damals schon benannt: «Die Hilfe soll ihn [den Empfänger der Hilfe] soweit wie möglich befähigen, unabhängig von ihr zu leben; hierbei muß er nach seinen Kräften mitwirken.»[2]

Mit dem Begriff der Sozialhilfe wollte man sich auch sprachlich vom Denken des alten Fürsorgerechts lösen; allerdings konnte der Wechsel der Terminologie nicht verhindern, dass die Sozialhilfebedürftigkeit von vielen Hilfeberechtigten weiterhin als stigmatisierend empfunden wurde.[3] Diese stigmatisierende Konnotation verschwand auch nicht, als zum Jahresbeginn 2005 als Teil der Agenda 2010 der Regierung Schröder alle erwerbsfähigen Sozialhilfeempfänger und alle Arbeitslosenhilfebezieher zu Arbeitslosengeld-II-Empfängern (vulgo Hartz-IV-Empfängern) wurden und Leistungen in etwa der Höhe der bis dahin geltenden Sozialhilfe erhielten. Die Entwicklungen, die hierzu führten und die Folgen der neuen Grundsicherung für Arbeitsuchende sind Gegenstand des Folgekapitels, in diesem Kapitel geht es um die Grundsicherung selbst. Ist sie ein Indikator für soziale Not oder für ein leistungsfähiges Hilfesystem oder für beides? Welchen Ansprüchen muss sie genügen und ist sie fair berechnet?

Grundsicherungsbezug – der andere Armutsindikator

Wenn in Deutschland über Armut gesprochen wird, bezieht sich dies meist auf die Armutsrisikoquote. Aber es gibt einen zweiten, häufig verwandten Armutsindikator: die Zahl der Leistungsbezieher der Grundsicherung (Arbeitslosengeld II und Sozialhilfe). Warum ist diese Zahl aussagefähig? Sie umfasst alle Personen, die in Haushalten leben, die aus ihrem Erwerbseinkommen und anderen Markteinkommen, ihren Sozialversicherungsansprüchen (insbesondere der Rente) und den Transferleistungen anderer Sozialsysteme (z. B. Kindergeld, Wohngeld)[4] das soziokulturelle Existenzminimum nicht decken können und somit auf (ergänzende) Hilfe angewiesen sind. Das soziokulturelle Existenzminimum wird vom Gesetzgeber festgelegt und ist damit eine politische Größe, die entsprechend umkämpft ist. Wenn die Gruppe der Empfänger wächst, könnte dies als ein Indikator für eine wachsende soziale Schieflage gedeutet werden. Doch das muss nicht zwingend so sein, dazu später mehr.

Der Verweis auf die Sozialhilfe spielte eine große Rolle in der politischen Auseinandersetzung zu Armut, als in der alten Bundesrepublik in den 1970er und 1980er Jahren das Thema wiederentdeckt wurde. Armut war in der unmittelbaren Nachkriegszeit in der Form von eklatantem Mangel an Nahrung, Kleidung und Wohnraum präsent. Im anhaltenden wirtschaftlichen Aufschwung der 1950er und 1960er Jahre, der diese existenziellen Mängel überwand, wurde Armut dagegen weder in der Öffentlichkeit noch in der Wissenschaft thematisiert. Man erwartete, dass das anhaltende Wirtschaftswachstum Armut, soweit überhaupt noch vorhanden, in absehbarer Zukunft beseitigen werde. Die Zukunftserwartungen waren von Vollbeschäftigung, steigenden Reallöhnen und einem weiteren Ausbau der sozialen Sicherungssysteme geprägt.[5] Als Armut in Deutschland ab den 1970er Jahren wieder vermehrt thematisiert und auch erforscht wurde und sich die Europäische Kommission des Themas annahm, war die gefestigte Position sowohl der von Helmut Schmidt als auch der von Helmut Kohl geführten Bundesregierungen, dass es Armut in Deutschland nicht gebe. Die Sozialhilfe sichere für jeden Bürger das soziokulturelle Existenzminimum, Armut sei damit beseitigt. Entsprechend lehnte die Kohl-Regierung auch eine Armutsberichterstattung ab. Sie hielt sie «schon deswegen für wenig zweckmäßig, weil der Begriff ‹Armut› nicht allgemeingültig definiert werden kann».[6] Helmut Kohl formulierte angriffslustig: «Die neue Armut ist eine Erfindung des sozialistischen Jet-Sets.»[7]

Wer auf Sozialhilfe bzw. Hartz IV angewiesen ist, gilt heute in der öffentlichen Wahrnehmung als arm. Damals war dies strittig. Prägend war der Begriff der «bekämpften Armut», wobei je nach Standpunkt zur Höhe der Sozialhilfe Armut als «bekämpft» und damit überwunden galt oder die «bekämpfte Armut» weiterhin Armut bedeutete. Auch aus einem zweiten Grund konnte der Verweis auf die Sozialhilfe die Debatte über Armut nicht einfach beenden. Die Existenz vieler verdeckt Armer, also Menschen, die ihre Sozialhilfeansprüche nicht geltend machen, rückte damals ins Bewusstsein der Fachleute. Ende der 1970er Jahre schätzte Helmut Hartmann, der spätere Leiter des Landessozialamts Hamburg, dass nahezu die Hälfte der Berechtigten keine Sozialhilfe beantragt.[8] Strittig war nach seiner Veröffentlichung weiterhin das Ausmaß, aber nicht mehr die Existenz verdeckter Armut.[9] Anfang der 1990er Jahre ermittelten die Armutsforscher Richard Hauser und Werner Hübinger in einer Armutsstudie für den Deutschen Caritasverband, in welcher sie die Lebenslage der Nutzer von Einrichtungen der Caritas untersuchten, dass in dieser Gruppe auf fünf Sozialhilfeempfänger mindestens drei weitere Personen kamen, die auf ergänzende Hilfe verzichteten.[10] Auch diejenigen, die auf die existierende Sozialhilfe zur Überwindung von Armut verwiesen, mussten einräumen, dass zumindest diejenigen als arm anzusehen sind, die trotz Bedürftigkeit vom Hilfesystem nicht erreicht werden und unterhalb des gesellschaftlich akzeptierten Mindestmaßes leben.

Ob man «bekämpfte Armut» weiterhin als Armut oder als überwundene Armut ansieht, hängt davon ab, wie man die Höhe der Grundsicherung bewertet. Wer sie für zu niedrig hält, um ein soziokulturelles Existenzminimum zu decken, muss die Bezieher der Grundsicherung weiterhin für arm halten.[11] Der politische Streit über die Höhe des soziokulturellen Existenzminimums ist unverzichtbarer Teil der Sozialdebatte. Aber auch bei angemessener Höhe bleibt die Zahl der Grundsicherungsempfänger ein Indikator für soziale Problemlagen. Denn sie soll subsidiär wirken: Wer sie erhält, kann seinen Lebensunterhalt weder aus dem eigenen Markteinkommen decken noch aus den Sicherungssystemen, die der Grundsicherung vorgelagert sind. Der Bezieher kann nicht für sich selbst sorgen. Und er unterliegt den administrativen Prüfungen, auf die ein subsidiär konzipiertes Hilfesystem nicht verzichten kann. Er muss seine Einkommens- und Vermögensverhältnisse, aber auch sehr private Dinge wie seine Partnerschaft offenlegen, da das Partnereinkommen bei der Berechnung des Hilfebedarfs angerechnet wird. Er kann nur sehr eingeschränkt Vermögen besitzen und belastet diejenigen, die für seinen Unterhalt mitverantwortlich sind, was selbst ein belastender Zustand ist. Auch bei einem angemessenen Grundsicherungssystem gilt es deshalb, die Abhängigkeit von staatlicher Hilfe möglichst zu vermeiden – sei es durch Befähigung und den Zugang zu einem eigenen Markteinkommen, sei es durch Stärkung der vorgelagerten Sicherungssysteme. Dies sollte prioritär sein, sowohl aus der Perspektive des Hilfeempfängers als auch aus der Perspektive einer Sozialpolitik, die darauf achten muss, dass das unterste soziale Netz nicht über Gebühr belastet wird.

Auch wenn die Zahl der Bezieher ein aussagefähiger Problemindikator ist, ist die Gleichsetzung von Grundsicherungsbezug und Armut höchst problematisch. Denn dann verwendet man die Höhe der Grundsicherung als Armutsgrenze. Der Armutsforscher Amartya Sen spricht von der «Perversität» dieses Armutsmaßes: Hebe die Regierung, um Armut zu bekämpfen, die Grundsicherung an, so wachse zwangsläufig die Zahl ihrer Bezieher. Scheinbar wachse also die Armut, obwohl sie doch besser bekämpft werde. Umgekehrt verringere eine Senkung der Grundsicherung die Zahl der Bezieher und erwecke damit den Eindruck, die Armut sei gesunken, die Hilfe für Arme nehme also in ihrer Bedeutung ab. Amartya Sen schrieb diese Kritik in den ersten Regierungsjahren von Margaret Thatcher. Wenn, so Amartya Sen, Frau Thatcher entscheidet, die *supplementary benefits* zu senken, in der Meinung, Großbritannien könne sich diese nicht mehr leisten, so nimmt doch die Armut zu und nicht ab, auch wenn dann weniger Menschen unter der politisch definierten Armutsgrenze leben würden.[12] Fehlbewertungen, die aus fragwürdigen oder zumindest nicht ausreichend verstandenen Indikatoren folgen, sind auch in der deutschen Sozialstaatsdebatte politisch wirkmächtig.

Grundsicherung in der Sozialen Marktwirtschaft

Die Grundsicherung muss mehr als das physische Überleben sichern, sie muss das soziokulturelle Minimum für ein Leben in Würde decken. Überlegungen zur Legitimation der gesellschaftlichen Ordnung begründen diesen Anspruch.[13] Legitimierbar durch die freiwillige Zustimmung der Bürger ist diese nur, wenn sie allen Mitgliedern der Gesellschaft Teilhabe ermöglicht. Dabei ist unter Teilhabe mehr zu verstehen als die soziologische Tatsache, Mitglied einer Gesellschaft zu sein. Teilhabe bedeutet Teilnahme an den ökonomischen und kulturellen Errungenschaften einer Gesellschaft, mit dem Ziel, ein gelingendes, selbstbestimmtes Leben führen zu können. Und sie erfordert entsprechende materielle Grundlagen in der Verfügungsgewalt der Individuen. Damit wird eine Grundsicherung für diejenigen, die ohne Hilfe kein Leben in Würde führen können, zu einer Legitimationsbedingung der Sozialen Marktwirtschaft. Der Ordnungsökonom Viktor Vanberg: «Was eine marktliche Wettbewerbsordnung …

legitimiert, sind nicht die von ihren Befürwortern zu Recht betonten positiven Funktionseigenschaften, sondern die freiwillige Zustimmung, die sie von den unter ihr lebenden Menschen erfährt.»[14] Eine Gesellschaftsordnung aber, die einen Teil ihrer Bürger systematisch und dauerhaft von den Errungenschaften gesellschaftlicher Entwicklung (Gesundheit, Wohlstand, Bildung, Kultur) ausschließt, wird kaum die Zustimmung aller Bürger finden können.

Der Aspekt der Teilhabe steht in engem Bezug zum Konzept der Verwirklichungschancen von Amartya Sen und dem damit verbundenen Befähigungsansatz.[15] Maßstab für den Erfolg einer Gesellschaft ist das Ausmaß der von ihren Mitgliedern genossenen substantiellen Freiheiten. Wieweit Individuen substantielle Freiheiten faktisch wahrnehmen können, hängt von den ihnen zur Verfügung stehenden Ressourcen, aber auch vom Ausmaß ihrer individuellen Befähigung ab. Unter den Bedingungen einer Marktökonomie ist die Inklusion in Märkte, für die meisten Menschen vorrangig durch den Zugang zum Arbeitsmarkt, Bedingung für die Generierung eigenständigen Einkommens. Daher sollte – wo dies möglich ist – Inklusion durch Integration bzw. Reintegration in den Markt erfolgen, was eine diskriminierungsfreie Marktordnung und die Befähigung für die erfolgreiche Teilnahme an Marktprozessen beinhaltet.[16] Die Politik der Armutsbekämpfung kann sich somit nicht in der materiellen Kompensation von unzureichendem Erwerbseinkommen erschöpfen. Es muss auch Teil der Armutsprävention sein, die Bürger, wo immer dies möglich ist, dabei zu unterstützen, die Voraussetzungen für eine ökonomisch eigenständige Lebensführung zu gewinnen oder zurückzugewinnen. Damit gehört zur Armutsprävention auch die Befähigung, einschließlich der Befähigung zur erfolgreichen Teilnahme an Marktprozessen, insbesondere am Arbeitsmarkt. Die massiven Defizite, die hier in der Bildungs- und Arbeitsmarktpolitik bestehen und die im Diskurs über Armut häufig ausgeblendet werden, sollen in den Kapiteln 10 und 11 thematisiert werden.

Um jedes Missverständnis zu vermeiden: Selbstverständlich gilt das Recht auf Teilhabe für alle Bürgerinnen und Bürger, auch wenn sie im Sinne der Logik des Marktes nicht produktiv sein können. Martha Nussbaum, gemeinsam mit Amartya Sen einflussreiche Vordenkerin der Befähigungsgerechtigkeit, benennt einen der Grundsätze, die dafür gelten müssen: «Kinder und Erwachsene mit geistigen Beeinträchtigungen sind Bürgerinnen und Bürger. Jede achtbare und anständige Gesellschaft muss ihre Bedürfnisse nach Versorgung, Ausbildung, Selbstachtung, Aktivität und Freundschaft berücksichtigen.»[17] Armutsprävention kann nicht einseitig aus einer Perspektive der Integration in den Markt erfolgen, muss diese aber beinhalten.

Teilhabe als Verfassungsanspruch

Der Teilhabeanspruch in der Armutsprävention hat Verfassungsrang. Das Bundesverfassungsgericht hat in seinem Urteil vom 9. Februar 2010 zur Verfassungskonformität der Regelleistungen der Grundsicherung für Arbeitsuchende aus Artikel 1 Absatz 1 (Unantastbarkeit menschlicher Würde) und Artikel 20 Absatz 1 (Sozialstaatsgebot) des Grundgesetzes ein Grundrecht auf Gewährleistung eines menschenwürdigen Existenzminimums abgeleitet.[18] Es «sichert jedem Hilfebedürftigen diejenigen materiellen Voraussetzungen zu, die für seine physische Existenz und für ein Mindestmaß an Teilhabe am gesellschaftlichen, kulturellen und politischen Leben unerlässlich sind» (Leitsatz 1). Dieses Grundrecht «ist dem Grunde nach unverfügbar und muss eingelöst werden, bedarf aber der Konkretisierung und stetigen Aktualisierung durch den Gesetzgeber, der die zu erbringenden Leistungen an dem jeweiligen Entwicklungsstand des Gemeinwesens und den bestehenden Lebensbedingungen auszurichten hat. Dabei steht ihm ein Gestaltungsspielraum zu.» (Leitsatz 2) Damit orientiert sich das Bundesverfassungsgericht bei der Konkretisierung des Grundrechts auf ein menschenwürdiges Existenzminimum an den jeweiligen gesellschaftlichen Verhältnissen und an einem relativen Armutsbegriff. «Zur Ermittlung des Anspruchumfangs hat der Gesetzgeber alle existenznotwendigen Aufwendungen in einem transparenten und sachgerechten Verfahren realitätsgerecht sowie nachvollziehbar auf der Grundlage verlässlicher Zahlen und schlüssiger Berechnungsverfahren zu bemessen.» (Leitsatz 3). Es muss zunächst der Gesetzgeber selbst – und nicht wie zuvor die Exekutive – den Regelbedarf bemessen. Dabei darf nicht – wie dies in der Vergangenheit aus fiskalischen Gründen geschah – willkürlich («ins Blaue hinein», wie das Gericht rügte) in das Berechnungsverfahren eingegriffen werden.

Das Bundesverfassungsgericht mahnt hier Transparenz an, lässt aber dem Gesetzgeber, wie auch weitere Urteile zeigen, einen weiten Gestaltungsspielraum. Aus der Verfassung selbst kann weder die konkrete Höhe des Regelsatzes noch die des Sozialgelds für Kinder abgeleitet werden. Aber – und das macht die Bedeutung dieses Urteils aus – der Gesetzgeber und die von ihm beauftragte Regierung darf bei der Festlegung des menschenwürdigen Existenzminimums nicht willkürlich vorgehen. Das Verfahren, nach dem sich die Regelsätze berechnen, muss in jedem Schritt nachvollziehbar sein und auf der Basis verlässlicher Zahlen erfolgen. Nur dann ist eine Überprüfung der Verfassungskonformität des Hilfesystems möglich. Transparenz bedeutet, politisch Rechenschaft geben zu müssen, welche normativen Setzungen der Berechnung zugrunde gelegt werden. Gerade an dieser Transparenz hatte es in der Zeit vor dem Urteil gefehlt. Stattdessen wurde in wichtige Elemente der Regelsatzberechnung administrativ eingegriffen, um das Ergebnis der Berechnung in die gewünschte Richtung zu verschieben. Das Gericht kritisierte nicht ausreichend begründete Abschläge bei der Berechnung deutlich. Auch dürften Bildungsausgaben bei Erwachsenen nicht völlig unberücksichtigt bleiben. Für Kinder müsse dies ohnehin gelten.

Das Gericht nahm auch in den Blick, dass pauschalisierte Leistungen im Einzelfall nicht den besonderen Lebensumständen gerecht werden können. Der Regelbedarf und das Sozialgeld sind am durchschnittlichen Bedarf ausgerichtet. Das Gericht stellte dieses System zwar nicht grundsätzlich in Frage, forderte aber eine Öffnungsklausel für atypischen Bedarf, soweit dieser unabweisbar, laufend und nicht nur einmalig ist. Diese Öffnungsklausel hilft beispielsweise Kindern mit Neurodermitis; denn ab dem Alter von 12 Jahren werden die notwendigen Salben als sogenannte nicht-verschreibungspflichtige Medikamente von der Krankenkasse nicht mehr übernommen. Die Öffnungsklausel hilft auch Eltern, die getrennt und voneinander entfernt leben und ihre Kinder ohne Fahrtkostenzuschlag nicht regelmäßig besuchen können. Wenn die Behörden nicht selbst die notwendigen Konsequenzen ziehen, macht das Urteil eine starke Vorgabe für die Sozialgerichte, die im Einzelfall zu entscheiden haben.

Das Bundesverfassungsgericht hat mit diesem Urteil einen Eckpfeiler unseres Sozialstaats vor sachfremden Eingriffen geschützt. Es hat das System nicht grundsätzlich in Frage gestellt oder Hartz IV gar für verfassungswidrig erklärt, wie in manchen Kommentaren behauptet wurde. Im Gegenteil: Die Grundzüge der Berechnung, die gegenseitige Verantwortung in Bedarfsgemeinschaften und die Pauschalierung der Leistungen sind vom Gericht bestätigt worden. Auch wurden die bis zum Urteil gewährten Regelleistungen und das Sozialgeld für Kinder als «nicht evident unzureichend»[19] bezeichnet. Das Urteil stärkt die Rechte armer Menschen auf eine materielle Sicherung, die auch gesellschaftliche Teilhabe ermöglicht – durch klare Transparenzvorgaben bei der Berechnung, durch die eigenständige Ermittlung der Kinderregelsätze, durch die Öffnungsklausel für atypischen Bedarf und Vorgaben zum Inflationsausgleich. Und das Urteil zieht eine eindeutige Grenze nach unten, die jede politische Konstellation künftig berücksichtigen muss. Es ist ein bedeutendes Urteil, insbesondere wenn man sich die Debatten vor und in der Zeit nach der Urteilsverkündung vergegenwärtigt. Eine Minimalsicherung, die nur die physische Existenz erhält, ist verfassungsrechtlich ausgeschlossen. Teilhabe hat Verfassungsrang.

Hartz IV fair berechnen

6 Millionen Menschen in Deutschland erhalten ergänzend oder in voller Höhe Arbeitslosengeld II oder leben mit einem Leistungsbezieher in einer Bedarfsgemeinschaft.[20] Eine Million Menschen erhält Grundsicherung im Alter oder bei Erwerbsminderung und bezieht damit Leistungen etwa in Höhe von Hartz IV.[21] Für etwa 7 Millionen Menschen in Deutschland bestimmt also die Höhe der Grundsicherung, in welchem Umfang ihnen gesellschaftliche Teilhabe möglich ist. Berechnung, Höhe und Fortschreibung der Grundsicherung bilden somit einen zentralen Eckpunkt der Sozialpolitik. Armut bekämpfen und überwinden kann nur eine Grundsicherung, die fair berechnet wird. Hier liegt einiges im Argen. Wer dies verstehen will, muss sich mit der Berechnung auseinandersetzen. Es handelt sich hierbei nicht um eine akademische Übung unter Statistikern, sondern um eine eminent politische Frage.

Bis Anfang der 1990er Jahre wurde ein Warenkorb zusammengestellt, der die Güter enthielt, die als erforderlich angesehen wurden, um das sozialkulturelle Existenzminimum zu sichern. Natürlich war stets umstritten, was in welchen Mengen in diesen Warenkorb gehörte und wie dieser an die sich ändernden Verhältnisse anzupassen war. Sind monatlich ein Tageszeitungsabonnement, sechs Straßenbahnfahrkarten, eine halbe Kinokarte, viermal Briefporto und ein Taschenbuch, wie sie im Warenkorb von 1970 enthalten waren,[22] angemessen, um gesellschaftliche Teilhabe zu sichern? Die Berechnung mit Hilfe eines Warenkorbes erforderte eine Vielzahl normativer Entscheidungen.

Dagegen wird im heutigen Statistikmodell der Regelbedarf davon abgeleitet, was Menschen mit niedrigem Einkommen, aber oberhalb des Grundsicherungsbezuges, für Güter ausgeben, die dem soziokulturellen Existenzminimum zugeordnet sind. Nicht Experten sollen darüber entscheiden, was in einer Gesellschaft mindestens notwendig ist, um Teilhabe zu sichern, sondern das

Notwendige soll aus dem Ausgabeverhalten unterer Einkommensgruppen (der Referenzgruppe) ermittelt werden. Damit werden
gesellschaftliche Veränderungen, die sich im Konsumverhalten
niederschlagen, gleichsam automatisch berücksichtigt.[23] Allerdings kommt auch dieses Statistikmodell nicht ohne normative
Setzungen aus. Denn es muss entschieden werden, welche Güterkategorien als Teil des soziokulturellen Existenzminimums anerkannt werden. Gehören Schnittblumen, gehört Tierfutter dazu?
Nicht alle Ausgaben der Referenzgruppe werden berücksichtigt.
Eine Reihe von Ausgabenkategorien wird als «nicht regelbedarfsrelevant» aus der Berechnung herausgenommen. Diese Auswahl
wird häufig als willkürlich kritisiert. Würden jedoch alle Ausgaben der Referenzgruppe anerkannt, entspräche die Höhe des
ermittelten Regelbedarfs den durchschnittlichen Ausgaben der
Referenzgruppe. Da Bezieher unterer Einkommen ihr Einkommen in der Regel fast vollständig ausgeben, läge der errechnete
Regelbedarf in etwa auf der Höhe der Einkommen der Referenzgruppe. In einer nächsten Runde der Berechnung müssten viele
aus der Referenzgruppe herausgenommen werden, da sie kein
Einkommen mehr oberhalb des so errechneten soziokulturellen
Existenzminimums bezögen. Dieser Prozess würde sich wieder-
holen, der Regelbedarf würde langsam in Richtung mittlerer Einkommen geschraubt. Ohne eine Entscheidung darüber, welche
Güterkategorien als Teil des soziokulturellen Existenzminimums
anerkannt werden und welche nicht, kann das Statistikmodell
also nicht funktionieren. Normative Setzungen sind also weiterhin unvermeidbar. Auf den Gestaltungsspielraum, den der Gesetzgeber bei diesen unausweichlichen Wertungen haben muss,
hat das Bundesverfassungsgericht ausdrücklich hingewiesen.[24]
  Allerdings kann das Statistikmodell die vom Bundesverfassungsgericht geforderte Transparenz nur sicherstellen, wenn es
konsequent angewandt wird und es keine fiskalisch motivierten
politischen Eingriffe gibt. Genau solche Eingriffe hat es jedoch
immer wieder gegeben, und hier muss die Debatte ansetzen, wie
der Regelbedarf fair zu berechnen ist.[25]

Ein wesentlicher Eingriff war die Verkleinerung der Referenzgruppe, die nach dem Urteil des Bundesverfassungsgerichts von 2010 vorgenommen wurde. Bis dahin bestand diese Referenzgruppe aus den unteren 20% der nach ihrem Einkommen geschichteten Haushalte (ohne Grundsicherungsempfänger). Bei der Neuberechnung wurde die Referenzgruppe für die Berechnung des Regelbedarfs für Alleinstehende auf die unteren 15% verkleinert. Das senkt das Durchschnittseinkommen in der Referenzgruppe und führt folglich zu einem geringeren Ergebnis. Auch wurden mit der Neuberechnung Alkohol und Tabak, bis dahin als regelbedarfsrelevant anerkannt, nun plötzlich nicht mehr als Teil des soziokulturellen Existenzminimums gewertet. Um den Flüssigkeitsbedarf des wegfallenden Alkohols auszugleichen, wurden zusätzliche 2,99 Euro für Mineralwasser zugestanden. Natürlich sind Alkohol und Tabak keine Güter, die zwingend zum soziokulturellen Existenzminimum gehören. Aber man kann entgegenhalten, dass in vielen Milieus die Möglichkeiten zur Teilhabe eingeschränkt werden, wenn jede Flasche Bier aus dem Regelbedarf herausgerechnet wird. Unbestreitbar ist, dass Nichtraucher deutlich gesünder als Raucher leben – nur macht das Streichen einer Berechnungsposition allein den Raucher noch nicht zum Nichtraucher. Rauchende Grundsicherungsempfänger müssen seither ihre Sucht auf Kosten existenznotwendiger Güter finanzieren, für die der Regelbedarf knapp berechnet ist. Durch die Herausnahme von Alkohol und Tabak ist das Rechenergebnis um 16 Euro gesenkt worden.[26]

Der Regelbedarf orientiert sich an Durchschnittswerten, nicht an dem im Einzelfall notwendigen Bedarf. Eine differenzierte Einzelfallgerechtigkeit kann ein Transfersystem nicht leisten. Ein Beispiel sind Kosten für Medikamente, die nicht verschreibungspflichtig sind und von der Krankenkasse nicht übernommen werden. Die Belastungen hierdurch treffen Grundsicherungsempfänger sehr unterschiedlich: Der angesetzte Durchschnittsbetrag für Gesundheitsausgaben liegt bei den einen ein wenig über dem Bedarf, bei den anderen reicht er bei weitem nicht. Daher brauchen die Transferbezieher Flexibilitätsreserven, die es ihnen ermöglichen, Mehrausgaben in einer Ausgabekategorie durch Minderausgaben an anderer Stelle auszugleichen. Der Ansatz für Alkohol und Tabak war bis zur Neuberechnung eine solche Flexibilitätsreserve. Die Herausnahme schränkt die Flexibilität aller Grundsicherungsempfänger ein, Alltagsentscheidungen zu treffen – ob sie nun rauchen oder nicht.

Ohne solche Eingriffe hätte der damals neu berechnete Regelbedarf nicht «zufälligerweise» exakt dem Wert entsprochen, der sich ergeben hätte, wenn der alte Wert nach den damals gültigen Regeln fortgeschrieben worden wäre.[27] Das bahnbrechende Urteil hat all denjenigen eine Grenze gesetzt, die Gelüste hegen, die Grundsicherung auf die physische Existenzsicherung zurückzustutzen. Doch es hat sich damals nicht in Heller und Cent für die Grundsicherungsempfänger ausgezahlt.

Das Bundesverfassungsgericht hat übrigens in einer weiteren Entscheidung unter Verweis auf den Gestaltungsspielraum des Gesetzgebers die Neuberechnung nicht beanstandet; es ließe sich «nicht feststellen, dass die Leistungen evident unzureichend festgesetzt sind».[28] Die Verfassung gibt nur einen Rahmen vor, der Streit darüber, was innerhalb dieses Rahmens angemessen ist, muss politisch geführt werden.

Unbefriedigend ist, dass die Referenzgruppe verdeckt arme Menschen enthält. Diese Personen sind anspruchsberechtigt, ergänzende Grundsicherungsleistungen zu erhalten, beantragen diese aber aus welchen Gründen auch immer nicht. Da sie auf Ansprüche verzichten, haben sie ein geringeres Einkommen und damit auch geringere Ausgaben als die Grundsicherungsempfänger. Trotzdem fließen ihre Ausgaben in die Berechnung ein. Sie senken damit die durchschnittlichen Ausgaben der gesamten Referenzgruppe und damit im Ergebnis den errechneten Regelbedarf. Der Einbezug der verdeckt Armen in die Berechnung ist ein eklatanter methodischer Bruch im Statistikverfahren. Man müsste verdeckt Arme bei der Berechnung des Regelbedarfs

ebenso unberücksichtigt lassen, wie dies bei Grundsicherungsempfängern geschieht. In seinem Urteil von 2010 hat das Bundesverfassungsgericht festgestellt, der Gesetzgeber bleibe verpflichtet, bei künftigen Datenauswertungen darauf zu achten,
dass die verdeckt Armen bei der Auswertung aus der Referenzgruppe ausgeschieden werden.[29] Die Bundesregierung hat dies
letztlich nicht umgesetzt, da ein von ihr in Auftrag gegebenes
Gutachten, erstellt vom Institut für Arbeitsmarkt und Berufsforschung, zu dem Schluss kommt, dass die Identifikation der
Haushalte in verdeckter Armut nicht exakt, sondern nur nähe-
rungsweise erfolgen kann. Das ist ein schwaches Argument, denn
eine annähernde Korrektur ist auf alle Fälle besser, als es bei der
derzeitigen Fehlerfassung der verdeckt Armen zu belassen. Das
Gutachten hat erneut bestätigt, dass verdeckte Armut – wenn
auch wohl niedriger als zu Zeiten der alten Sozialhilfe – weiterhin
verbreitet ist: Etwa ein Drittel der Leistungsberechtigten verzichtet auf ergänzende Hilfe.[30]

Korrigiert man die genannten und einige andere Defizite in
der derzeitigen Berechnung, so ergibt sich eine Steigerung des
Regelbedarfs um etwa 60 Euro. Der Deutsche Caritasverband
hat zudem eine Flexibilitätsreserve von 5% und damit 20 Euro
vorgeschlagen, die es Grundsicherungsempfängern erleichtern
soll, überdurchschnittliche Ausgaben in einzelnen Ausgabenkategorien zu bewältigen. 80 Euro mehr führten nicht zu völlig anderen Dimensionen der Grundsicherung, aber bedeuteten für
die Empfänger eine substantielle Verbesserung ihrer materiellen
Situation.

Was aber geschähe, wenn der Gesetzgeber den Vorschlag des
Deutschen Caritasverbandes oder ähnliche Vorschläge anderer
Wohlfahrtsverbände, Sozialverbände und Gewerkschaften um-
setzte? Zwangsläufig würde die Zahl der Arbeitslosengeld-II-
Empfänger deutlich steigen. Denn erheblich mehr Beschäftigte
in Teilzeit oder im Niedriglohnsektor würden zu Aufstockern,
würden also ergänzendes Arbeitslosengeld II erhalten und damit
als Hartz-IV-Empfänger zählen.[31] Einer älteren Berechnung zu-

folge, die aber dennoch die Größenordnung des Anstiegs verdeutlichen kann, würde bei einer Erhöhung des Regelbedarfs um 70 Euro die Zahl derer, die vom Jobcenter anteilige Regelleistungen bekommen, um etwa 800 000 steigen, darunter 235 000 Kinder und Jugendliche. Bei Verschiebungen zwischen Wohngeld und Kosten der Unterkunft würde die Zahl der «Neukunden» der Jobcenter noch höher ausfallen.[32]

Wie würde ein solcher Anstieg in der Öffentlichkeit wahrgenommen werden? So wie die derzeitige Debatte zu Armut in Deutschland geführt wird, gehört nicht allzu viel Phantasie dazu sich vorzustellen, dass viele Akteure in Verbänden, den Oppositionsparteien, wohl aber auch in den Kirchen mit ernster Miene vor die Kameras träten, um die Zunahme der sozialen Kälte in Deutschland zu beklagen und auf die Schande hinzuweisen, dass die Kinderarmut zugenommen habe. Hier zeigt sich der Fallstrick, auf den Amartya Sen hingewiesen hat, wenn die Höhe der Grundsicherung ohne weiteres zur Armutsschwelle erklärt wird. Die Daten haben ein Janusgesicht: Soziale Probleme finden ihren statistischen Niederschlag häufig in den Hilfen, die zu ihrer Milderung bereitgestellt werden. Wenn die Zahl der Hilfeempfänger steigt, so kann dies Folge wachsender Probleme, aber auch Folge besserer Hilfen sein. Diese notwendige Differenzierung unterbleibt aber oft in der deutschen Sozialstaatsdebatte. Eine unfaire Skandalisierung dieser Daten macht den Sozialstaat verwundbar. Das aber kann für die Teilhabechancen armer Menschen sehr nachteilig sein. Denn für Politiker ist es äußerst unattraktiv, Hilfen auszubauen, nur um mit geringer zeitlicher Verzögerung massiven Vorwürfen ausgesetzt zu sein, die Zahl der Hartz-IV-Bezieher und damit die Armut habe in ihrer Regierungszeit zugenommen. Solange die Interpretation der Daten so einseitig erfolgt wie derzeit in der deutschen Armutsdebatte, entkommt man dieser Falle nicht. Doch in einer an konkreten Verbesserungen ausgerichteten Sozialdebatte kann dies gelingen. Denn eine deutliche Erhöhung der Hilfen ist natürlich nicht der Weg in die soziale Kälte, sondern ein sehr wichtiger Schritt dahin, dass die

Grundsicherung Armut nicht nur bekämpfen, sondern auch überwinden kann. Der Sozialstaat in Deutschland braucht ein Grundsicherungssystem, wir sollten es also weiterentwickeln, nicht diskreditieren.

6.
Hartz IV – Arm trotz Arbeit?

Wie es zu Hartz IV kam ...

Das Arbeitslosengeld II ist in einem äußerst konfliktreichen politischen Prozess, begleitet von starken Protesten insbesondere in den Neuen Bundesländern, aus der Zusammenlegung von Arbeitslosenhilfe und Sozialhilfe hervorgegangen. Diese erfolgte zum Jahresbeginn 2005 und führte für alle erwerbsfähigen Hilfebedürftigen, soweit sie nicht Leistungen aus der Arbeitslosenversicherung erhalten, eine einheitliche Grundsicherung etwa auf Höhe der bisherigen Sozialhilfe ein.

Die Sozialhilfe war zu Zeiten der Vollbeschäftigung eingeführt worden. Man rechnete damals damit, dass der Kreis der Personen, die auf Hilfe zum Lebensunterhalt angewiesen seien, klein bleiben werde. Gerade mal ca. 150 000 Personen waren 1962 in Westdeutschland arbeitslos. Sozialhilfe war Hilfe in sozialen Ausnahmesituationen. Aber mit dem Anstieg der Massenarbeitslosigkeit seit Mitte der 1970er Jahre bis zum Vorabend der Agenda 2010 – im nun vereinigten Deutschland – auf fast 5 Millionen registrierte Arbeitslose[1] änderte sich dies radikal. Die Zahl der Empfänger von Hilfe zum Lebensunterhalt kletterte von einer halben Million Mitte der 1960er Jahre auf nahezu 3 Millionen in den ersten Nullerjahren.[2] Arbeitslosigkeit wurde zu dem bei weitem wichtigsten Grund, gefolgt von Trennung und Scheidung; denn die Zahl der Alleinerziehenden nahm zeitgleich ebenfalls stark zu.[3]

Damit kam die Sozialhilfe immer stärker einem zweiten steuerfinanzierten Sicherungssystem für Langzeitarbeitslose in die Quere: der Arbeitslosenhilfe. Diese wurde im Anschluss an das Arbeitslosengeld gewährt, also nachdem die Leistungen der beitragsfinanzierten Arbeitslosenversicherung ausgelaufen waren. Sie war zeitlich unbegrenzt und in ihrer Höhe an das frühere Erwerbseinkommen gebunden, zuletzt 53% beziehungsweise bei Haushalten mit mindestens einem Kind 57% des vor der Arbeitslosigkeit bezogenen Nettoentgeltes. Auch die Arbeitslosenhilfe war bedarfsgeprüft, allerdings bei günstigeren Bedingungen, unter anderem bei der Vermögensanrechnung.[4]

Zwischen Sozialhilfe und Arbeitslosenhilfe, zwei parallelen steuerfinanzierten Sicherungssystemen, gab es unproduktive Verschiebebahnhöfe. Die Sozialhilfe für erwerbsfähige Personen trugen die Kommunen, die Arbeitslosenhilfe finanzierte der Bund. Die Kommunen bemühten sich, durch kurzfristige Arbeitsbeschaffungsmaßnahmen Sozialhilfeempfängern Arbeit zu verschaffen. Dabei stand – von sehr löblichen Ausnahmen abgesehen – nicht die langfristige Integration in den Arbeitsmarkt im Vordergrund; dominierend war die Motivation, die finanziellen Lasten von der Kommune zum Arbeitsamt und damit zum Bund zu verschieben. Die Beschäftigung musste gerade mal lange genug sein, damit ein Anspruch auf Arbeitslosenversicherung und dann später auf Arbeitslosenhilfe entstand. Die Arbeitsämter wiederum hatten ein nur geringes Interesse an der Vermittlung von Sozialhilfeempfängern, weil die Kosten nicht sie belasteten.

Da die Höhe der Arbeitslosenhilfe auf unbefristete Zeit an das frühere Einkommensniveau gebunden war, kam es zu erheblichen Ungereimtheiten. Ein Arbeitsloser, der eine schlechter bezahlte Stelle oder eine Teilzeitstelle annahm, stellte sich, wenn er nach drei Jahren erneut arbeitslos wurde, deutlich schlechter. Denn seine Transferbezüge wurden nun nach dem niedrigeren Gehalt der letzten Beschäftigung berechnet. Möglicherweise wurde er dadurch von ergänzender Sozialhilfe abhängig mit den sehr viel engeren Vermögensfreigrenzen der damaligen Sozialhilfe. Bei einer wöchentlichen Arbeitszeit von mindestens 15 Stunden entfiel die Arbeitslosenhilfe ganz, und zwar unabhängig von der Verdiensthöhe.[5] Es ist jedoch widersinnig, jemanden, der bereit ist, seine Arbeitslosigkeit mit der Annahme einer geringer bezahlten Stelle oder einer Teilzeitstelle zu beenden, und damit das Sicherungssystem entlastet, in seiner sozialen Absicherung schlechterzustellen.

Die Arbeitslosenhilfe war ein steuerfinanziertes Transfersystem, keine Versicherungsleistung. Die Frage ist legitim, ob es sozial gerechtfertigt ist, dass eine möglicherweise nur kurz ausgeübte qualifizierte und entsprechend bezahlte Tätigkeit dauerhaft zu sozialen Transferleistungen führen kann, die so hoch oder sogar höher als die Vergütung einer Ganztagstätigkeit in unteren Qualifikationsgruppen liegen, die wiederum über ihre Steuereinkünfte zu der Arbeitslosenhilfe beitragen müssen.

Die Forderung, diese unproduktive Parallelität von zwei Systemen aufzuheben, stand daher schon lange im Raum.[6] Der Deutsche Caritasverband empfahl bereits 1992 als eine Konsequenz aus seiner Armutsuntersuchung die Überführung aller erwerbsfähigen Sozialhilfeempfänger in das System der aktiven Arbeitsmarktpolitik: «Personen im erwerbsfähigen Alter, die Sozialhilfe beziehen und keine Verhinderungsgründe nachweisen können, müssen, wenn sie keine Arbeit finden, als Arbeitslose registriert sein; sie sollten auch ohne vorherige Beitragsleistung einen Anspruch auf Mindestarbeitslosenhilfe in der Höhe des soziokulturellen Existenzminimums erhalten.»[7] Gefordert wurden zudem Hilfen zur Integration und Reintegration in reguläre Arbeitsverhältnisse durch soziale Betreuung und Qualifizierungsmaßnahmen sowie öffentlich geförderte Sonderarbeitsverhältnisse, wenn nur so eine Integration in Arbeit zu erreichen ist. Auch die für die Hartz-IV-Reform sehr zentrale Zuverdienstregelung war hier bereits konzipiert. Denn vorgeschlagen wurde, dass mindestens 30% des erzielten Nettoarbeitslohns bei Berechnung der Hilfe anrechnungsfrei bleiben sollte, um ausreichende Arbeitsanreize zu belassen.

Mit der Reform ist der Zugang von ehemaligen Sozialhilfeempfängern zu den Leistungen der aktiven Arbeitsmarktpolitik
deutlich verbessert worden. Denn nun waren die neu gebildeten
Jobcenter für sie zuständig.

... und was Hartz IV auslöste

Eindeutige Verlierer der Reform waren jene ehemaligen Arbeits-
losenhilfeempfänger, die in einem Haushalt lebten, dessen soziokulturelles Existenzminimum durch das Einkommen des Part-
ners oder der Partnerin gedeckt wurde. Unter ihnen waren viele
langzeitarbeitslose Frauen mit einem vollzeiterwerbstätigen Partner. 17% der ehemaligen Arbeitslosenhilfebezieher verloren ihren
Anspruch auf Unterstützung. Von denen, die weiterhin Ansprüche hatten, erhielt nach der Umstellung die eine Hälfte weniger,
die andere Hälfte mehr. Deutlich weniger hatten diejenigen, die
vor der Arbeitslosigkeit vergleichsweise hohe Einkommen bezogen hatten und somit auch eine entsprechend hohe Arbeitslosenhilfe erhielten.[8] Aber es gab auch Gewinner. Das Netz, das
die Arbeitslosenhilfe spannte, war weniger eng geknüpft, als es in
nostalgischer Verklärung erscheint. Viele Arbeitslose hatten zu
geringe Hilfeansprüche, um ihr soziokulturelles Existenzminimum zu decken. Sie waren daher auf aufstockende Hilfe zum
Lebensunterhalt angewiesen.

Trotz der Absenkung der Transfers für einen erheblichen Teil
der bisherigen Arbeitslosengeldempfänger wäre es sehr einseitig,
Hartz IV allein als sozialpolitischen Verlust zu sehen. Hartz IV
passt nicht ohne weiteres in das Narrativ einer «neoliberalen
Revolution», mit der die Agenda 2010 häufig attribuiert wird.
Die Reform führte anfangs sogar zu steigenden Transferleistungen: 2005 wurden für die Hartz-IV-Leistungen etwa 5 Milliarden
Euro mehr ausgegeben als für Arbeitslosenhilfe und Sozialhilfe
sowie Wohngeld im Vorjahr.[9] Das spricht gegen die verbreitete

Sicht, Hartz IV wäre vorrangig ein Sparmodell zu Lasten der Langzeitarbeitslosen gewesen. Da es unter den bisherigen Beziehern des Arbeitslosengeldes viele Verlierer gab, muss es andererseits auch Gewinner unter den Sozialhilfeempfängern gegeben haben, die nun Arbeitslosengeld II erhielten. Die ehemaligen Sozialhilfeempfänger profitierten von höheren Einkommens- und Vermögensfreigrenzen. Zudem haben viele der bis dahin verdeckt Armen nach der Reform Arbeitslosengeld II beantragt.[10]

Entscheidend für die Bewertung von Hartz IV sind seine arbeitsmarktpolitischen Wirkungen. Die stärkere Orientierung auf Vermittlung und die Reform der Arbeitsverwaltung waren dringend notwendig. Unmittelbar nach der Systemumstellung stieg die Zahl der registrierten Arbeitslosen nochmals um 800 000 auf den höchsten je erreichten Monatswert von 5,3 Millionen Menschen an. Das ist darauf zurückzuführen, dass viele Sozialhilfeempfänger im arbeitsfähigen Alter nun erstmals als arbeitslos erfasst wurden. Die Zahlen zur Arbeitslosigkeit wurden nun schlicht ehrlicher (auch wenn sie weiterhin nicht das volle Bild der unfreiwilligen Beschäftigungslosigkeit wiedergaben). Und dennoch hat diese Dynamik wesentlich zum Ende der rot-grünen Bundesregierung beigetragen.

In den Folgejahren ging die Arbeitslosigkeit in einem Ausmaß zurück, das auch Optimisten nicht erwartet hatten.[11] Die Arbeitslosenquote sank von 11,7% im Jahr 2005 auf 6,4% im Jahr 2015; insbesondere in den ersten Jahren war der Rückgang spektakulär hoch. Als Helmut Kohl 1996 eine Halbierung der Zahl der Arbeitslosen für möglich hielt, wurde er noch mit Häme überschüttet; auch als Gerhard Schröder 1998 einen deutlichen Rückgang der Arbeitslosigkeit zum Erfolgskriterium seiner Regierung erklärte, wurde dies als leeres Versprechen vehement kritisiert. Doch zwischen 2005 und 2013 stieg die Zahl der Erwerbstätigen von 39,3 auf 42,3 Millionen. Auch das in Arbeitsstunden gemessene Arbeitsvolumen stieg in dieser Zeit von 46,2 auf 48,8 Milliarden Stunden. Arbeit ist somit nicht einfach umverteilt worden. Und entgegen der verfestigten Wahrnehmung

waren es nicht alles *bad jobs*, die entstanden. Die Zahl der sozialversicherungspflichtigen Beschäftigten, die lange Jahre kontinuierlich gesunken war, stieg wieder deutlich, von 26,2 Millionen
im Jahr 2005 auf 29,6 Millionen im Jahr 2013.[12]

Ein Teil des Zuwachses war Teilzeitbeschäftigungen geschul-
det, aber auch sogenannte Normalarbeitsverhältnisse – unbefristete sozialversicherungspflichtige Beschäftigungen in Vollzeit
oder nahe Vollzeit – haben zugenommen. Auch die geringfügige
Beschäftigung ist angestiegen, vermehrt nutzen Studierende,
Rentner und Hausfrauen, aber auch Arbeitslose diese für einen
Zuverdienst. Ebenso stieg die geringfügige Beschäftigung im Ne-
benjob, denn diese ist aufgrund fehlender Besteuerung und niedriger Abgaben weit attraktiver als die Erhöhung der individuellen
Arbeitszeit im Hauptjob. Insofern hat Hartz IV fragwürdige
Anreize in Richtung der Zweitbeschäftigung erzeugt. Mit der
Deregulierung der Leiharbeit nahm diese deutlich zu; mit Re-
regulierungen hat die Politik in den Folgejahren wieder gegengesteuert. Leiharbeit ist aber nicht in dem Maße verbreitet, wie
dies der öffentlichen Wahrnehmung entspricht. 2,9% der sozialversicherungspflichtigen Beschäftigungsverhältnisse sind 2013 in
Leiharbeit, gegenüber 1,7% im Jahr 2005.[13] Es blieb bei der stärkeren Spreizung der Löhne, die bereits lange vor Hartz IV ein-
setzte – hier gibt es erst in den letzten Jahren Anzeichen einer
Trendwende.[14] Der 2015 eingeführte Mindestlohn dürfte, wenn
es weiterhin gelingt, die Mindestlohnpolitik so zu steuern, dass
Arbeitsplatzverluste vermieden werden, diese Tendenz unterstützen.

All dies ist konträr zu verfestigten Vorstellungen. So heißt es
in einer Publikation der Bundeszentrale für Politische Bildung
von 2015: «Binnen zehn Jahren ist in Deutschland eine prekäre
Vollerwerbsgesellschaft entstanden, die ein schrumpfendes Vo-
lumen bezahlter Arbeitsstunden asymmetrisch auf eine Rekord-
zahl an Erwerbstätigen verteilt. … Das ‹deutsche Jobwunder›
beruht wesentlich darauf, dass Erwerbslosigkeit auf Kosten ge-
schützter Vollzeitbeschäftigung und mittels Expansion ‹unwür-

diger› (Lohn-)Arbeit reduziert wird.»[15] Diese Bewertung entspricht nicht den Fakten. Teilzeit, Soloselbständigkeit und
geringfügige Beschäftigung sind nicht per se «unwürdig». Sie
haben dazu beigetragen, Menschen, die bis zur Reform nicht
erwerbstätig oder arbeitslos waren, in Arbeit zu bringen. Diese
Entwicklung ging nicht zu Lasten normaler Arbeitsverhältnisse;
im Gegenteil, auch diese nahmen zu.

Das einseitige Bild einer kontinuierlichen Prekarisierung entspricht auch nicht den Erhebungen zum subjektiven Empfinden
der Beschäftigten. Auf die Frage «Machen Sie sich Sorgen um die
Sicherheit Ihres Arbeitsplatzes?» gaben 2005, auf dem Höchststand der Arbeitslosigkeit, mehr als 60% der befragten «normalen
Arbeitnehmer»[16] an, sich einige Sorgen oder große Sorgen zu
machen; bis 2013 sank dieser Anteil auf etwas über 40%. Der Anteil derjenigen, die große Sorgen äußern, hat sich dabei von 20%
auf unter 10% mehr als halbiert.[17]

Die Arbeitsmarktentwicklung nach 2005 hatte ihre Schattenseiten, aber gemessen an den Erwartungen Mitte der Nullerjahre
war sie ein Jobwunder. Welchen Anteil hieran der Systemwechsel hatte, ist zwischen Befürwortern und Gegnern der Reform
hart umstritten. Man muss immerhin zur Kenntnis nehmen,
dass es 2005 gelang, den seit Mitte der 1970er Jahre anhaltenden Trend der steigenden Arbeitslosigkeit zu brechen. Die Höhe
der Arbeitslosigkeit schwankt mit dem Konjunkturverlauf: Über
30 Jahre hinweg wurde mit jedem konjunkturellen Aufschwung
die Zahl der Arbeitslosen, die trotz des Aufschwungs arbeitslos
blieben, die sogenannte Sockelarbeitslosigkeit, kontinuierlich
höher. Somit ist es unhaltbar, die arbeitsmarktpolitischen Erfolge
in den Jahren nach dem Systemwechsel schlicht mit einer glück-
lichen Konjunkturlage zu erklären.

Die Struktur des deutschen Arbeitsmarktes hat sich mit dem
Systemwechsel geändert. Mitbewirkt haben dies weitere Elemente der Hartz-Reformen: Die Bundesagentur für Arbeit wurde
reformiert, um sie stärker auf den Kernauftrag der Arbeitsver-
mittlung auszurichten. Die Bezugszeit für Leistungen der Ar-

beitslosenversicherung wurde auf ein Jahr (bei älteren Arbeitneh-
mern auf 18 Monate) verkürzt. 1987 hatte die Kohl-Regierung
diese Bezugszeiten deutlich verlängert, für Arbeitnehmer ab
54 Jahre auf 32 Monate.[18] Diese Regelung wurde von Unternehmen für eine faktische Frühverrentungspolitik genutzt, was die
Sozialkassen stark belastete. Zudem sind die Regeln zur Zumut-
barkeit von Beschäftigungsangeboten deutlich verschärft worden. Durch die Reform wurde eine Entwicklung in Gang gesetzt,
in deren Folge mehr Arbeitsplätze angeboten wurden und Arbeitsuchende leichter eine Stelle fanden und zum Teil auch Arbeits-
angebote zu weniger attraktiven Bedingungen akzeptierten. Die
Hartz-Reformen sind in Verbindung mit der Lohnzurückhaltung
der Tarifparteien und der von ihnen bereits seit Mitte der 1990er
Jahre eingeleiteten größeren Lohnspreizung[19] ein entscheidender
Faktor dafür, dass der Trend einer wachsenden Sockelarbeitslosigkeit seit 2005 umgekehrt werden konnte. Die günstige konjunk-
turelle Entwicklung hat diesen Prozess zusätzlich unterstützt.[20]

Eine Gesamtbilanz von Hartz IV sollte somit nicht allein die
unmittelbaren Verteilungswirkungen der Reform im Blick haben, sondern auch würdigen, dass mit ihr eine insgesamt positive
Dynamik auf dem Arbeitsmarkt ermöglicht oder doch zumindest
mitbefördert wurde, die das Risiko der Arbeitslosigkeit – das bei
weitem größte Armutsrisiko – deutlich senkte. Das heißt nicht,
dass alle Elemente der Reform wie beispielsweise die drastische
Sanktionierung von jungen Erwachsenen unverzichtbar waren,
um diesen beschäftigungspolitischen Erfolg zu erzielen.

Die Systemumstellung musste aufgrund der Existenz von Ge-
winnern und Verlierern zwangsläufig konfliktbeladen sein. Spezifische politische Konstellationen haben sie aber zusätzlich belastet. Es gab unversöhnlich ausgetragene Konflikte zwischen der
Bundesregierung und der rot-grünen Bundestagsmehrheit auf
der einen und dem von den unionsgeführten Ländern dominier-
ten Bundesrat auf der anderen Seite, insbesondere über die Rol-
lenaufteilung zwischen Bund und Kommunen.[21] Diese Konflikte
haben den Gesetzgebungsprozess so lange verzögert, dass die Zeit

für die Vorbereitung der komplexen Systemumstellung sehr knapp wurde.

Auch die gegenüber der Sozialhilfe weit stärkere Pauschalierung der Leistungen warf Probleme auf. Diese traf vor allem Personen mit besonderem Bedarf, der in den Pauschalsätzen des Arbeitslosengeldes II nicht berücksichtigt wird. So beispielsweise eine arbeitslose an Leukämie erkrankte Frau, die als Ehefrau eines Arbeitslosengeld-II-Beziehers Sozialgeld bezieht und nach einer Knochenmarkstransplantation neue Kleider und eine keimfreie Matratze braucht. In der Sozialhilfe konnte dieser Bedarf als einmalige Leistung zur Verfügung gestellt werden. Dies sah das Arbeitslosengeld II jedoch nicht vor; mit der Systemumstellung war der Regelbedarf um einen Pauschalbetrag erhöht worden, um solchen einmaligen Bedarf pauschal abzugelten. Die Frau konnte nach der Reform also nur noch ein Darlehen erhalten, das sie aus ihrem Regelbedarf zurückzahlen musste. Wer aufgrund seiner besonderen Situation immer wieder einen außergewöhnlichen Bedarf hat, dem ist jedoch mit einer Darlehensregelung nicht geholfen.

Verschärft wurde dieses Problem in der Umsetzung der Reform. Nach der Systemumstellung wurden fast alle Sozialhilfeempfänger in das Arbeitslosengeld II überführt. Dies erfolgte in einem Umfang, der sicherlich nicht den Intentionen der verantwortlichen Politiker auf Bundesebene entsprach, denn damit wanderten auch die Kosten weitgehend zum Bund. Die Kriterien für die Feststellung der Erwerbsfähigkeit waren sehr weit gefasst. Als erwerbsfähig gilt, wer «unter den üblichen Bedingungen des allgemeinen Arbeitsmarktes mindestens drei Stunden täglich erwerbstätig» sein kann.[22] Auch Sozialhilfeempfänger, die keine realistische Chance auf eine reguläre Beschäftigung hatten, wurden als erwerbsfähig eingestuft. Die Grundsicherung für Arbeitsuchende war jedoch nicht darauf ausgelegt, den sehr spezifischen und unterschiedlichen Bedürfnissen von Menschen mit komplexen Problemlagen, beispielsweise Menschen mit schweren chronischen Erkrankungen oder wohnungslosen Menschen, gerecht zu werden. Das Hilfesystem verlor somit an Möglichkeiten, einzelfallgerecht zu reagieren. Dieser Systemfehler ist in Teilen durch spätere Entscheidungen der Sozialgerichte korrigiert worden.

Zu einem kommunikativen Desaster führte, dass in der Einführungsphase des Arbeitslosengeldes II eine Debatte zu Sozialmissbrauch geführt wurde, die Leistungsempfänger pauschal diskreditierte. Es ist legitim, Missbrauch zu thematisieren, der in Systemen mit großen Empfängergruppen in allen sozialen Schichten vorkommt. In dieser Debatte wurden jedoch die Grenzen des Anstands oft weit überschritten. Hierzu trug auch eine offizielle Broschüre mit einem Vorwort des damaligen Ministers für Arbeit und Wirtschaft, Wolfgang Clement, bei, die selbst vor einem Vergleich aus dem Tierreich nicht zurückschreckte: «Biologen verwenden für ‹Organismen, die zeitweise oder dauerhaft zur Befriedigung ihrer Nahrungsbedingungen auf Kosten anderer Lebewesen – ihren Wirten – leben›, übereinstimmend die Bezeichnung ‹Parasiten›. Natürlich ist es völlig unstatthaft, Begriffe aus dem Tierreich auf Menschen zu übertragen. Schließlich ist Sozialbetrug nicht durch die Natur bestimmt, sondern vom Willen des Einzelnen gesteuert.»[23] Wenn man den Vergleich mit dem Tierreich wirklich für unstatthaft gehalten hätte, hätte es dieses Passus nicht bedurft. In diesem Klima der Konfrontation und pauschaler Verdächtigung wurde die Chance verpasst, eine politische Debatte über die Ausgestaltung eines Grundsicherungssystems zu führen, das materielle Sicherung von Hilfeberechtigten und die Integration in den Arbeitsmarkt besser verbindet, als dies bis dahin gelang. Aber Hartz IV hat hierzu einen Beitrag geleistet, der oft nicht gesehen, geschweige denn gewürdigt wird.

Auch Arme können rechnen:
Der Sinn der Aufstockerregelung

Wer arbeitet, muss mehr haben als derjenige, der nicht arbeitet. Dieser Grundsatz ist zweifellos bei der Konstruktion eines Grundsicherungssystems zu beachten. Aber Hartz IV ist hier weit besser als sein Ruf. Der Eindruck, dieser Grundsatz sei heute nicht erfüllt, ist falsch.

Denn mit der Einführung des Sozialgesetzbuches II im Jahr 2005 ist ein Kombieinkommenssystem geschaffen worden, das niedrige Erwerbseinkommen und staatliche Unterstützung verbindet. Es stockt das Einkommen von Niedriglohnbeziehern so auf, dass diese am Ende immer mehr haben, als wenn sie nur Transfers beziehen würden. Vorausgesetzt natürlich, sie machen ihre Ansprüche auf ergänzendes Arbeitslosengeld II geltend. Die ersten 100 Euro des Erwerbseinkommens sind anrechnungsfrei; von seinem Einkommen zwischen 100 und 1000 Euro kann der Transferempfänger 20%, von den darüberliegenden Einkommen bis 1200 Euro (bei einem minderjährigen Kind in der Bedarfsgemeinschaft bis 1500 Euro) 10% behalten. Alles Einkommen darüber wird angerechnet.[24] Bei einem Bruttoeinkommen von 1500 Euro hat beispielsweise ein erwerbstätiger Hilfebedürftiger mit Kind 330 Euro mehr zur Verfügung als ein nichterwerbstätiger Hilfebedürftiger in der gleichen Familienkonstellation.

Mit dieser Aufstockerregelung reagierte die Politik auf eine Anreizproblematik, die jedem Grundsicherungssystem innewohnt. Nehmen Grundsicherungsempfänger eine Arbeit auf, so wird die bisherige Hilfe gekürzt oder entfällt. Diese Kürzung nennt sich in der Fachsprache Transferentzug und der Anteil, mit dem dies geschieht, Transferentzugsrate. Ein Transferentzug lässt sich nicht vermeiden, soll die Grundsicherung nicht zum bedingungslosen Grundeinkommen für alle werden und damit zu einer gigantischen fiskalischen Belastung führen.[25] Aber der Transferentzug kann bewirken, dass sich arbeitslose Hilfeempfänger, rein materiell gesehen, durch Arbeitsaufnahme nicht oder kaum besserstellen. Vor der Zusammenführung von Sozialhilfe und Arbeitslosenhilfe war der Transferentzug sehr hoch. Diese Problematik ist damals als Armutsfalle des Transfersystems für Geringqualifizierte diskutiert worden.[26] Hans-Werner Sinn sprach von einer «Eiger Nordwand», vor der langzeitarbeitslose Menschen, insbesondere solche mit Familienverantwortung, stünden. Sie müssten erst eine steile Wand bis zu einem vergleichsweise hohen Bruttoeinkommen erklimmen, bevor es ihnen möglich werde, ihr verfügbares Einkommen spürbar zu erhöhen.[27] Bei Ankündigung der Agenda 2010 griff der damalige Bundeskanzler Schröder diese Problematik auf: «So werden wir damit Schluss machen, dass Langzeitarbeitslose, die einen Job annehmen, sämtliche Ansprüche auf Transferleistungen verlieren. … Das soll und wird ein Anreiz für die Aufnahme von Arbeit sein.»[28]

Inwieweit diese Armutsfalle wirkt, war und ist höchst umstritten. Für viele Ökonomen war sie die dominante Erklärung der hohen Arbeitslosigkeit bei Geringqualifizierten. Ihnen wurde aber entgegengehalten, die Kalküle ihrer Modelle seien «völlig weltfremd».[29] Diese Modelle erfassten Arbeit als Leid, aber das über die Einkommenseinbuße hinausgehende Leid der Arbeitslosigkeit habe darin keinen Platz. In der Tat sind Entscheidungen zur Arbeitsaufnahme komplexer, als sie in einem einfachen Modell des Arbeitsangebotes abgebildet werden. Auch vor der Reform gab es eine größere Gruppe von Erwerbstätigen, die ganztags im Niedriglohnsektor arbeitete, obwohl sie dabei nur wenig mehr Einkommen erzielte, als durch Transfereinkommen möglich gewesen wäre. Für diese Menschen dürften der Qualifikationserhalt, die sozialen Kontakte und der Erhalt der Selbstachtung durch die Berufstätigkeit mindestens so wichtig gewesen sein wie das zusätzliche Geld. Auch heute machen die Caritas-Träger der Beschäftigungsangebote häufig die Erfahrung, dass die Teilnehmer nach dem Ende einer befristeten Beschäftigungsmaßnahme ehrenamtlich, ohne jede Vergütung, weiterarbeiten wollen, um etwas Sinnvolles zu tun und ihren Tag zu strukturieren. Ökonomische Anreizmodelle sind gegenüber diesen Aspekten sozialer Teilhabe blind. Jedoch ist eine arbeitsmarktpolitische Debatte in Extremen fruchtlos. Die Anreizproblematik muss in jeder ausgewogenen Analyse des Arbeitsmarktes berücksichtigt werden. Wer entscheidet, welche Arbeit er aufnimmt, ob er in Vollzeit oder Teilzeit arbeitet, ob er höhere Belastungen und längere Fahrzeiten in Kauf nimmt oder sich den Mühen einer Weiterbildung unterzieht, wägt ab, welches zusätzliche Einkommen er hiermit erzielen kann. Dies zu leugnen wäre ebenfalls völlig weltfremd. Auch Arme treffen rationale Entscheidungen und können rechnen.

Wie wirkt es sich also aus, wenn ein Arbeitsloser mit Kind eine Stelle mit einer Vergütung etwas oberhalb des Mindestlohns mit einem Bruttoverdienst von 1500 Euro annimmt? Wie dargestellt, werden 330 Euro nicht auf sein bisheriges Arbeitslosengeld II angerechnet, um diesen Beitrag steigt sein verfügbares Einkommen. Bei einer Vollzeitstelle sind dies 2 Euro pro Arbeitsstunde – nicht viel. Wenn sich der Transferempfänger so verhält, wie simple Anreizmodelle es unterstellen, dann ist dieser Betrag vielleicht zu wenig für eine Arbeitsaufnahme. Aber für die meisten mit einem Einkommen auf oder in der Nähe von Hartz IV bedeutet dieses Mehreinkommen doch eine spürbare Besserstellung.

Statt der Aufstockerregelung gäbe es einen anderen Weg, die dargestellte Anreizproblematik zu vermeiden, der immer wieder diskutiert wird. Wären die Transferleistungen deutlich niedriger, würden sich Arbeitslose weit häufiger auch ohne Aufstockung finanziell besserstellen, wenn sie eine nur schlecht bezahlte Stelle annehmen. Aber eine drastische Senkung der Transferansprüche wäre nicht mit dem Grundrecht auf Gewährleistung eines menschenwürdigen Existenzminimums vereinbar. Hier hat das Bundesverfassungsgericht mit erfreulicher Klarheit eine Grenze nach unten gezogen. Ein Grundsicherungssystem, das Teilhabe ermöglichen soll, wird also die Anreizproblematik nicht gänzlich vermeiden können. Die Aufstockerregelung ist ein verfassungskonformer Weg, sie zu mildern. Gemessen an ihrer unschönen Alternative ist die Aufstockerregelung also, bei Licht betrachtet, eine soziale Errungenschaft.

Kinderzuschlag weiterentwickeln

Ein weiteres wichtiges Element des vorgelagerten Sicherungssystems ist der Kinderzuschlag. Er wird gewährt, wenn Eltern ihren eigenen Lebensunterhalt sichern können, nicht aber den ihrer Kinder. Damit Kinder nicht zum Grund für den Hartz-IV-Bezug werden, bekommen sie einen Kinderzuschlag (monatlich 160 Euro pro Kind) von der Familienkasse, die auch das Kindergeld (monatlich 190 Euro pro Kind[30]) auszahlt.

Das ist ein grundsätzlich geeignetes und zielgenaues Förderinstrument. Schließlich wird Hartz IV auf Grundlage eines Gesetzes ausbezahlt, das Grundsicherung für Arbeitsuchende heißt. Eine Beschäftigungspolitik, welche die Rückkehr zu den exorbitant hohen Arbeitslosenquoten um 2005 vermeiden will, kann den Niedriglohnsektor nicht radikal einschränken oder gar abschaffen. Es ist ein Gebot der Fairness, dass ein Beschäftigter, der in diesem Sektor gesellschaftlich nützliche Arbeit leistet und gleichzeitig für eine Familie aufkommt, nicht allein deswegen, weil er Kinder hat, zum Jobcenter muss. Für diese Konstellationen ist der Kinderzuschlag gedacht.

Doch dieses an sich sinnvolle Instrument hat seine Tücken. Der Kinderzuschlag ist an ein Mindesteinkommen gebunden. Bereits kleine Schwankungen im Einkommen können deshalb dazu führen, dass der Anspruchsberechtigte zwischen Jobcenter und Familienkasse hin- und herverwiesen wird. Überschreitet das Einkommen der Eltern den ihnen selbst zustehenden Bedarf,[31] wird der Kinderzuschlag mit steigendem Einkommen abgeschmolzen: Je 10 Euro Mehrverdienst sinkt der Kinderzuschlag um 5 Euro. Da auch das Wohngeld mit steigendem Einkommen reduziert wird, bleiben von jedem Euro mehr an Nettoverdienst nur etwa 20 Cent verfügbares Einkommen übrig. Zudem bricht bei einer Höchsteinkommensgrenze[32] der Kinderzuschlag abrupt ab, ein höheres Erwerbseinkommen führt dann sogar zu einer Senkung des verfügbaren Einkommens der Familie: Bei einem Kind kann das monatliche Einkommen bis um 80 Euro, bei zwei Kindern bis um 160 Euro sinken. Das wirkt dann wie eine Besteuerung von mehr als 100% und ist eindeutig ein Konstruktionsfehler des Kinderzuschlags in seiner heutigen Ausgestaltung. Außerdem können Ein-Eltern-Familien kaum vom Kinderzuschlag profitieren: Da die Kinderunterhaltszahlungen der (oder dem) Alleinerziehenden nicht zugerechnet werden, erreichen diese häufig nicht das für den Kinderzuschlag nötige Mindesteinkommen.

Der Kinderzuschlag muss zu einer einkommensabhängigen Kindergrundsicherung weiterentwickelt werden, die erwerbstätige Familien im Niedrigeinkommensbereich und weit mehr Alleinerziehende als heute verlässlich unterstützt und ihnen den Gang zum Jobcenter erspart. Die Familienkasse ist für sie der richtige Ansprechpartner. Der Deutsche Caritasverband hat einen detaillierten Vorschlag hierzu vorgelegt.[33]

Arm trotz Arbeit?

Derzeit gibt es 1,3 Millionen «Aufstocker» (Juni 2014), deren Erwerbseinkommen nicht ausreicht, ihr soziokulturelles Existenzminimum (zuzüglich des ihnen zustehenden Zuverdienstes) zu decken. In der Debatte um die Einführung des Mindestlohns spielte diese Zahl eine zentrale Rolle: Hartz IV habe zu einer großen Anzahl von *working poor* geführt, Menschen also, die trotz Arbeit arm sind. Hartz IV subventioniere einen ständig wachsenden Sektor mit Armutslöhnen. Die Parität schlussfolgerte zum 10. Jahrestag der Einführung des Arbeitslosengeldes II: «Sinkende

Arbeitslosenquoten wurden mit einer Amerikanisierung des Arbeitsmarktes erkauft», mit der Ausweitung von Arbeitsverhältnissen, «die nicht einmal vor Armut schützen können».[34] Diese Sichtweise ist im öffentlichen Bewusstsein fest verankert.

Aber so einfach ist es nicht. Man muss berücksichtigen, wie viel diejenigen arbeiten, die ergänzende Hilfen erhalten. Mehr als 600 000 der 1,2 Millionen abhängig beschäftigten Arbeitslosengeld-II-Bezieher[35] gehen ausschließlich einer geringfügigen Beschäftigung nach. Von einem Minijob allein kann natürlich niemand leben. So verbleiben noch knapp 600 000 sozialversicherungspflichtig beschäftigte Hartz-IV-Empfänger. Aber auch daran sind nicht zwingend Hungerlöhne schuld. Denn von ihnen arbeiten fast 400 000 in Teilzeit, darunter etwa 90 000 Alleinerziehende und etwa 100 000 Menschen, die für ihren Partner und eines oder mehrere Kinder Verantwortung tragen. Auch bei einer regulären tariflichen Vergütung reicht eine Teilzeitstelle häufig nicht aus, um als Alleinerziehende ein Kind oder gar eine mehrköpfige Familie zu ernähren. Viele Bezieher sind nicht aufgrund schlechter Arbeitsbedingungen auf Hilfe angewiesen, sondern weil sie zu wenig arbeiten. Bei den verbleibenden 210 000 Vollzeitbeschäftigten muss in der Tat geprüft werden, ob sie zu den *working poor* zu zählen sind. 27 000 von ihnen sind alleinerziehend, knapp 40 000 leben mit einem Partner, weitere 90 000 mit ihrem Partner und einem oder mehreren Kindern. 44 000 sind Alleinstehende ohne Kinder.[36] Ihr Vollzeitgehalt im Niedriglohnsektor reicht nicht, um ihren Hilfeanspruch (zuzüglich Zuverdienst) zu decken. Sie erhalten somit ergänzendes Arbeitslosengeld II, sind also trotz Vollzeitbeschäftigung von Hilfe abhängig. Hier ist die Sachlage eindeutig, nach Einführung des Mindestlohns sollte allerdings diese Gruppe aus der Statistik verschwinden.

Dieser differenzierende Blick lässt nicht viel übrig von dem verbreiteten Narrativ, Hartz IV sei eine gigantische Maschine zur Subventionierung von Armutslöhnen. Nur die Teilgruppe der 210 000 vollzeitbeschäftigten Arbeitslosengeld-II-Beziehern kann als *working poor* bezeichnet werden. Das entspricht etwa einem halben Prozent der mehr als 40 Millionen Erwerbstätigen in Deutschland.[37]

Kann man sich deshalb mit dem Status quo zufriedengeben? Es gibt in Deutschland einen wachsenden Dienstleistungssektor, in dem viele Menschen hart arbeiten, oft deutlich über der Normalarbeitszeit, unter Arbeitsdruck und hoher physischer Belastung, und dennoch auf keinen grünen Zweig kommen. Das betrifft insbesondere die Gebäudereinigung, die Paketzustellung, Sicherheitsfirmen, die Pflege außerhalb tarifgebundener Einrichtungen, Gaststätten, Friseursalons und Billigläden.[38] Soweit die dort Beschäftigten als Alleinverdiener Verantwortung für Partner und Kinder tragen, gehören sie zu den erwähnten 210 000 in Vollzeit tätigen Arbeitslosengeld-II-Beziehern. Sind sie alleinstehend oder haben sie einen Partner, der in oder nahe Vollzeit arbeitet, liegt ihr Einkommen oberhalb des Hartz-IV-Niveaus und auch der Armutsrisikoschwelle. Aber gemessen an ihrem Arbeitseinsatz tragen sie nicht viel nach Hause. «Das Prinzip, dass man in der Woche hart arbeitet», so der Soziologe Heinz Bude, «um sich am Wochenende oder später im Leben etwas leisten zu können, stimmt in diesen Fällen nicht. Das galt für die dreckigen Jobs in der Industrie, gilt aber nicht mehr für die aufreibenden Jobs in der Dienstleistung. Mit einfacher Dienstleistung kann man zurechtkommen, aber nicht so, dass man sich in der Freizeit für die Mühen der Arbeit entschädigen kann».[39] Diese Menschen bewegen sich außerhalb des Radarschirms der Armutsstatistik, und dennoch ist die Existenz von hart und ganztags arbeitenden Personen, die gesellschaftlich notwendige Arbeit leisten und dennoch an der Grenze des soziokulturellen Existenzminimums leben, eine Herausforderung an unser Gerechtigkeitsprinzip. Abhilfe wird nur möglich sein, wenn es den Gewerkschaften gelingt, in den expandierenden Dienstleistungssektoren stärker Fuß zu fassen, um einem weiteren Anstieg der Lohnungleichheit entgegenzuwirken. Und wenn mehr Verbraucher darauf achten, wie beispielsweise die Arbeitsbedingungen bei dem Versandhändler sind, bei dem sie so einfach und bequem ihre Konsumwünsche erfüllen. Ohne den doppelten Druck einer organisierten Arbeitnehmerschaft und die sozialen Folgen ihrer Kaufentscheidungen reflektierender Konsumenten wird sich an dieser Situation nichts ändern.

7.
Zerfällt die Mittelschicht?

«Das untere Drittel der Bevölkerung versinkt bereits in Armut und Schulden, das mittlere Drittel rutscht hinterher», ist sich Jürgen Borchert, ein einflussreicher und medial sehr präsenter Sozialrichter, sicher.[1] Auch wenn nicht immer so drastisch formuliert wie von Borchert: Der Befund einer gefährdeten Mitte, die nach unten abrutscht oder zumindest deutlich schrumpft, ist in der deutschen Armutsdebatte stets präsent. «So entsteht der Eindruck, die soziale Krise Deutschlands weite sich immer mehr aus, wachse gewissermaßen aus der Unterschicht nach oben und habe nun die Mittelschicht und deren Bastionen des Wohlstandes und der Sicherheit endgültig erreicht», so die Historiker Paul Nolte und Dagmar Hilpert.[2] Folgt man dem Tenor der Debatte, so geht es in einem der reichsten Länder der Erde nicht nur den Armen, sondern der ganz breiten Mehrheit der Bevölkerung schlecht.

«Die Mitte» – wer ist gemeint?

Auch hier sollte man sich den kritischen Blick auf die Daten nicht ersparen. Um zu bestimmen, wie groß die Mitte ist, wird wie bei der Armutsrisikoquote die Verteilung der Nettoäquivalenzeinkommen (siehe Kapitel 2) herangezogen. Man braucht eine Konvention, wie die Mitte abzugrenzen ist. Berichten die Medien über die Entwicklung der Mitte, so nutzen sie in der Regel die Daten des Deutschen Instituts für Wirtschaftsforschung, das diejenigen Haushalte der gesellschaftlichen Mitte zurechnet, deren Nettoäquivalenzeinkommen zwischen 70 und 150% des Medianeinkommens liegt.[3] Allerdings wird die Mitte hier in einer Weise definiert, die sich nur sehr bedingt mit den landläufigen Vorstellungen über die Mittelschicht deckt, insbesondere was die Abgrenzung nach oben betrifft. Ein Alleinstehender mit einem Nettoeinkommen von 2600 Euro steht bereits oberhalb der Mitte, er wird sich aber in seiner Selbstwahrnehmung nicht den Reichen zuordnen. Mit seinem Einkommen kann er zwar gut leben, aber er ist weit von dem Lebensstandard entfernt, den man mit der Oberschicht verbindet. Luxus und Hausangestellte (jenseits einer stundenweise tätigen Reinigungskraft) sind völlig außerhalb seiner Reichweite. Er hat Spielräume zu sparen, aber allein davon reich zu werden, wird ihm nicht gelingen. Sein Status bleibt davon abhängig, dass er arbeitet. Fast ein Fünftel der Haushalte hat ein Einkommen oberhalb von 150% des Medians, zählt also, wenn wir die Mittelschicht so eng fassen, zu den «Einkommensreichen». Dies sollte aber nicht zur Illusion verleiten, es gäbe in Deutschland eine große «Oberschicht», deren Reichtum man abschöpfen könnte, nicht nur um den Armen zu helfen, sondern auch um die Mitte steuerlich stark zu entlasten oder gar die staatliche Unterstützung für die Mitte auszubauen, ohne dass dabei die Mitte selbst belastet würde.

Für ein genaueres Bild der Schichtung ist eine Differenzierung in fünf Einkommensgruppen hilfreich, wobei ich mich im Folgenden auf die Auswertung der SOEP-Daten durch die Verteilungsforscherin Judith Niehues stütze.[4] Wer ein Einkommen unterhalb von 60% des Medianeinkommens hat, lebt im Armutsrisiko und damit in der untersten Einkommensgruppe. Die Mitte wird in drei Gruppen aufgeteilt: die untere Mitte (60 bis 80% des Medianeinkommens), die Mitte im engeren Sinne (80 bis 150%) und die obere Mitte (150 bis 250%). Wessen Einkommen oberhalb von 250% des Medians liegt, zählt zu den Einkommensreichen.

Auch dies ist eine statistische Konvention. In der unteren Mitte befinden sich ebenso Menschen, deren Einkommen nur geringfügig oberhalb der Armutsrisikoschwelle liegt und deren Wohlstand als prekär zu bezeichnen ist. Ein kinderloses Ehepaar, beide in Vollzeit zum Mindestlohn arbeitend, gehört mit einem Nettoeinkommen von zusammen etwa 2000 Euro statistisch zur unteren Mitte. Sie werden sich aber vermutlich aufgrund ihrer Arbeit im Niedriglohnsektor und, soweit gegeben, auch ihrer niedrigen Qualifikation und des damit verbundenen sozialen Status selbst nicht der Mittelschicht zuordnen. Aber insgesamt trifft dieses differenziertere Schichtungsmodell weit besser die gesellschaftlichen Vorstellungen zur Mittelschicht, insbesondere in der Abgrenzung nach oben.

Entwicklung seit der Wiedervereinigung

Wie hat sich diese statistisch festgelegte Mittelschicht entwickelt? Stimmt der Befund, dass sie kontinuierlich schrumpft? Bei näherer Betrachtung zeigen sich sehr auffällige Parallelen zur Entwicklung der Armutsrisikoquote. Das ist auch nicht weiter verwunderlich, denn die Armutsrisikoquote ist, wie in Kapitel 2 dargestellt, ein Maß der Einkommensverteilung mit Fokus auf die unteren Einkommensgruppen. Nimmt die Einkommensungleichheit zu, so steigt der Anteil der Menschen im Armutsrisiko und sinkt der Anteil der Mitte. Wie beim Armutsrisiko wird viel zu selten beachtet, dass wir in Deutschland keine kontinuierliche Entwicklung haben, sondern dass seit der Wiedervereinigung drei Phasen unterschieden werden müssen (vgl. Schaubild 4).[5] In den Jahren nach der Wiedervereinigung stieg im Zuge des Aufholprozesses in Ostdeutschland der Anteil der Mitte im engeren Sinne um vier Prozentpunkte an, von 50% im Jahr 1991 auf 54% im Jahr 1999. Mit der deutlichen Zunahme der Einkommensungleichheit in der Zeit danach sank er bis 2005

auf 50%. Dies ist der Zeitraum, in dem auch die Armutsrisikoquote um etwa 4 Prozentpunkte stieg. Seit der Mitte der Nullerjahre ist der Anteil der Mitte im engeren Sinne wieder weitgehend stabil und schwankt um 49%. Der Anteil der unteren Mitte
liegt im ganzen Zeitraum seit der Wiedervereinigung bei 17%,
der der oberen Mitte schwankt um 15 und 16%. Der Anteil der
Einkommensreichen steigt von 2,5% im Jahr 1991 auf 4% im Jahr
2012.[6]

Differenzieren wir nach den in Deutschland und im Ausland
geborenen Personen und betrachten damit die zugewanderten
Personen gesondert, so ergibt sich ein markanter Befund: Der
starke Rückgang mittlerer Einkommen zeigt sich bei den im
Ausland Geborenen. Bei ihnen ist der Anteil der Einkommens-
schwachen deutlich gestiegen, während bei der in Deutschland
geborenen Bevölkerung der Anteil der Einkommensstarken zu-
lasten der Mitte wuchs.[7] Der Rückgang der Mitte erweist sich
somit ganz wesentlich als Folge verpasster oder verzögerter Integration.

Genauso wie die Wahrnehmung, die Armut würde kontinuierlich immer weiter zunehmen, so ist es auch das Bild verzerrt,
die Mitte würde in einem unaufhaltsamen Prozess immer weiter
schrumpfen. Das Gefüge der Einkommensschichten ist Ende der
1990er und in der ersten Hälfte der Nullerjahre im Prozess der
Anpassung an die massiven externen Schocks, die die Wiedervereinigung und die Öffnung der Märkte in Osteuropa darstellen,
ungleicher geworden – das Schichtgefüge hat sich dann aber wieder stabilisiert. Die Mitte befindet sich nicht in einem Prozess
fortschreitender Erosion.[8]

Doch entgegen der Empirie wird die öffentliche Wahrnehmung vom Bild der kontinuierlichen Erosion der Mittelschicht dominiert. Dieses Phänomen ist keineswegs neu.[9] Gustav
Schmoller, einer der einflussreichsten Nationalökonomen im
Deutschen Kaiserreich, beklagte 1870 im Wirtschaftsboom der
Gründerjahre «die täglich steigende Ungleichheit der Vermö-
gens- und Einkommensverteilung» und konstatierte mit Blick

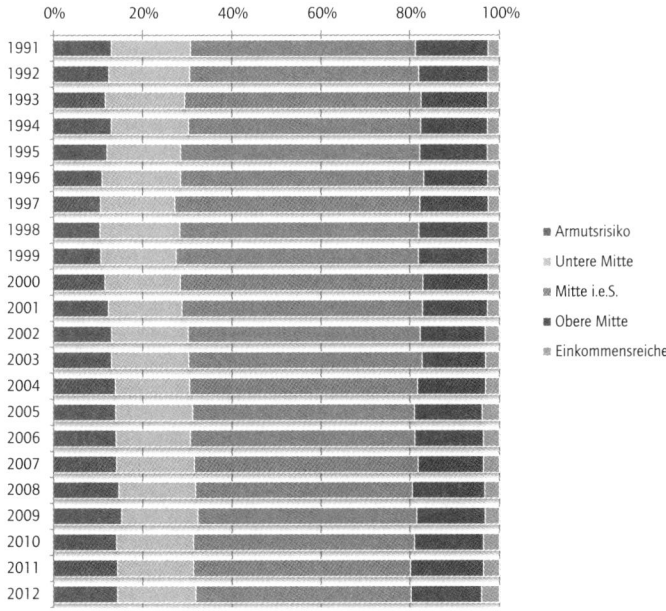

Schaubild 4: Anteil der Einkommensschichten an der Gesamtbevölkerung in Prozent[10]

auf Handwerk und Kleingewerbe: «Das Verschwinden des Mittelstandes untergräbt unsere politische wie unsere soziale Zukunft.»[11]

Mit dem Übergang vom «alten» zum «neuen Mittelstand», als die Zahl der selbständigen Gewerbetreibenden ab- und die der Angestellten zunahm, als sich die Lebensverhältnisse technisch gut qualifizierter Facharbeiter denen der Angestellten in niederen Positionen annäherten, entstand die Angst vor der «Proletarisierung» des Mittelstandes.[12] Im Wirtschaftsboom der Nachkriegsjahrzehnte und der zeitlich verzögert einsetzenden Bildungsexpansion wurden die Perspektiven der Mitte optimistischer eingeschätzt. Großen Einfluss auf die Wahrnehmung der Mitte hatte die bereits 1953 aufgestellte These des Soziologen Helmut Schelsky, Deutschland überwinde die Klassenteilung und entwickle sich zur «nivellierten Mittelstandsgesellschaft».[13] Schelskys These, formuliert noch zu einer Zeit, als Mangel das Leben in Deutschland prägte, konnte sich in der öffentlichen Wahrnehmung so stark durchsetzen, weil sich die Lage aller sozialen Schichten mit der Wohlstandsexpansion in den Nachkriegsdekaden verbesserte. Bis dahin dem Bürgertum vorbehaltene Konsummöglichkeiten verbreiteten sich. Schelskys These deckte sich jedoch nicht mit den weiterhin bestehenden Diskrepanzen bei der Verteilung von Einkommen und Vermögen.[14] Mit der wieder zunehmenden Einkommensungleichheit, der Wiederkehr der Massenarbeitslosigkeit und der höheren Lohnspreizung setzte sich die Krisenwahrnehmung wieder durch. Prägend wurde die Formel der «Zweidrittelgesellschaft». Doch die Mitte blieb in all diesen Phasen weit stabiler, als es den Schwankungen der öffentlichen Wahrnehmung entsprach. Grenzt man die Mitte nach einem Schichtungskonzept ab, das ein mittleres Einkommen mit einem mindestens mittleren Bildungsabschluss und einer beruflichen Position jenseits gering qualifizierter und körperlicher Arbeit verbindet, zeigt sich ein sehr stabiler Anteil der Mitte über die gesamte Zeit seit der Wiedervereinigung.[15]

Auch die Realeinkommen der Mittelschicht sind über den gesamten Zeitraum seit der Wiedervereinigung nicht abgerutscht. Dieser Befund steht ebenfalls entgegen der verfestigten öffentlichen Wahrnehmung. Zeitweise mussten die untersten Einkommensgruppen deutlich sinkende Realeinkommen hinnehmen, insbesondere aufgrund der starken Reallohnverluste am unteren Ende der Lohnskala in der zweiten Hälfte der 1990er und in den Nullerjahren.[16] Die durchschnittlichen Realeinkommen der Mitte haben sich allerdings bis zur Mitte der Nullerjahre nur sehr schwach entwickelt und sind erst danach wieder gestiegen, während die Realeinkommen der Einkommensreichen (über 250% des Medianeinommens) kontinuierlich und deutlich stärker stiegen.[17] Die Mitte hat also absolut betrachtet nichts eingebüßt, sondern moderat dazugewonnen – ist aber in ihrer relativen Position gegenüber Spitzenverdienern zurückgefallen. Auch das kann Unzufriedenheit auslösen. Und diese Diskrepanz der Einkommensentwicklung zwischen der Mitte und den Einkommensreichen erhöht weiter die Ungleichheit der Vermögensverteilung.

Die hier referierten Daten können nur die Lage der Mitte darstellen, wie sie sich im Durchschnitt darstellt. Wer mit mittlerem Einkommen in einer expandierenden Großstadt mit stark steigenden Mieten eine größere Wohnung sucht, weil die Familie wächst, spürt wirtschaftlichen Druck. Und wenn er eine Immobilie erwerben will, um seine Position als Angehöriger der Mittelschicht durch Vermögensaufbau zu festigen, konkurriert er mit Mitbewerbern (auch vielen anderen Angehörigen der Mitte), die aufgrund einer Erbschaft deutlich mehr bieten können als er. Steigende Wohnkosten sind regional ein durchaus drängendes Problem. Es kennzeichnet aber nicht die Lage «der» Mitte, denn sonst wäre nicht erklärlich, dass nur 17% der Bevölkerung in Deutschland und nicht weit mehr die Wohnkosten als «eine große Belastung» bezeichnen[18] und der Wohnraum, den wir nutzen, immer weiter wächst.[19] Wer bei der Wahl seines Studiums seinen Neigungen folgte und im Kulturbereich Fuß fassen will, kann trotz bester Qualifikationen in recht prekäre Verhältnisse geraten. Bei einer anderen Lebensentscheidung hätte er, so Heinz Bude, «genauso gut im saturierten oberen Teil der Mittelklasse gelandet sein» können.[20] Dieser Vergleich kann schmerzen, denn «es beschäftigt die Menschen nicht, was ihnen absolut fehlt, sondern in erster Linie, ob sie im Vergleich mit anderen, die sie kennen und mit denen sie zu tun haben, in einer für wichtig gehaltenen Hinsicht zu kurz kommen.»[21] Wer Jurist der zweiten oder dritten Generation ist, wird vielleicht das Gefühl haben, dass es Vater oder Großvater weit leichter hatten als er, eine berufliche Position zu erringen, die mit hohem sozialem Status verbunden war. Möglicherweise ist dieser Eindruck Folge nostalgischer Verklärung, aber ganz objektiv gesehen bot zu Zeiten des Großvaters ein juristisches Examen eine weit herausgehobene Startposition. Die Bildungsexpansion öffnete den Zugang zu Bildung für viele, sie hat damit – ebenso wie die weit besseren Chancen für Frauen – den Wettbewerb um die weiterhin knappen Positionen mit herausgehobenem Status geöffnet und verstärkt.[22] Mit der Bildungsexpansion hat sich auch das Verhältnis zwischen Bildungsabschluss und gesellschaftlichem Status stark verschoben. Dies ist kein Indiz für die Erosion der Mitte, sondern unvermeidliche Begleiterscheinung höherer Gleichheit im Zugang zu Bildung. Und natürlich macht sich die Mitte auch berechtigte Sorgen, etwa wenn sie Zweifel beschleichen, ob es bei einer lang anhaltenden Niedrigzinsphase gelingen kann, die erforderliche zusätzliche Altersversorgung in einer Weise aufzubauen, um den gesellschaftlichen Status auch im Alter zu sichern. Um sich hier Sorgen zu machen, benötigt man keinen paranoiden Charakterzug.

Mindestens ebenso bedeutend für die Wahrnehmung der Lage der Mitte dürfte aber sein, dass die Zeiten vorbei sind, in denen der Fahrstuhleffekt des Wirtschaftsbooms allen Schichten hohe reale Einkommensgewinne bescherte. Die Erinnerung an die im verklärten Rückblick goldenen Nachkriegsdekaden beeinflusst noch heute die politische Debatte und die Erwartungen an das Wirtschafts- und Sozialsystem. Nur gemessen an dieser Ausnahmeperiode lässt sich die Entwicklung seit der Wiedervereinigung als Verlustgeschichte begreifen. Aus dem Blick gerät, welche nationalstaatlichen und internationalen Herausforderungen seit den 1970er und 1980er Jahren und insbesondere seit der Wiedervereinigung bewältigt wurden:[23] die Ölpreissprünge, der Auftritt sehr leistungsfähiger asiatischer Niedriglohnkonkurrenten auf dem Weltmarkt, die gestiegene Konkurrenz durch den immer freier werdenden Güter- und Kapitalverkehr in Europa und die Öffnung Osteuropas mit neuen Niedriglohnkonkurrenten in unmittelbarer Nachbarschaft. Während diese Entwicklungen auch andere Länder trafen und gleichzeitig neue Chancen eröffneten, war in Deutschland zusätzlich die Wiedervereinigung mit einer wirtschaftlich maroden DDR zu bewältigen. Diese musste in einer historischen Situation geleistet werden, in der eine behutsame Öffnung der DDR-Ökonomie gegenüber dem

Wettbewerb praktisch nicht möglich war. Massive wirtschaftliche Verwerfungen in Ostdeutschland konnten nicht vermieden werden. Angesichts dieser Herausforderungen könnte man die Stabilität der Mitte und ihrer materiellen Verhältnisse durchaus als Erfolg eines insgesamt leistungs- und anpassungsfähigen Wirtschafts- und Sozialsystems sehen. Doch offensichtlich fällt es schwer, sich an die Vorstellung zu gewöhnen, dass es bereits ein Erfolg sein könnte, trotz massiver Veränderungen das materielle Wohlfahrtsniveau zu halten.

Pyramide oder Zwiebel?

Die Alarmrufe vom Verfall der Mitte treffen auf eine verbreitete subjektive Wahrnehmung des gesellschaftlichen Schichtungsgefüges. Bei einer international durchgeführten Befragung zur sozialen Ungleichheit wurde erhoben, welches Schichtungsbild nach Meinung der Befragten am besten die gesellschaftlichen Verhältnisse trifft (vgl. Schaubild 5). Die Vorstellungen hierzu werden stark von der vermuteten Einkommensverteilung geprägt.[24]

Fast ein Fünftel in Deutschland glaubte, in einer Gesellschaft zu leben, in der «eine kleine Elite oben, nur wenige Menschen in der Mitte und die große Masse der Bevölkerung unten» ist (Typ A). Und etwas mehr als ein Drittel der Befragten sah sich in einer «Gesellschaft, die einer Pyramide gleicht, mit einer kleinen Elite oben, mehr Menschen in der Mitte und den meisten Menschen unten» (Typ B). Mehr als die Hälfte der Befragten in Deutschland hatte also eine Vorstellung gesellschaftlicher Schichtung, die typisch ist für Agrargesellschaften oder Gesellschaften in früheren Phasen der Industriegesellschaft. Mit der boomenden Wirtschaftsentwicklung, in deren Folge der Bedarf an qualifizierten Erwerbstätigen stark zunahm, das Bildungssystem expandierte und die Realeinkommen um ein Vielfaches stiegen, wurde die Mittelschicht zu der bei weitem stärksten Schicht, auch wenn

Typ A	Typ B	Typ C	Typ D	Typ E
Eine kleine Elite oben, nur sehr wenige Menschen in der Mitte und die große Masse der Bevölkerung unten.	Eine Gesellschaft, die einer Pyramide gleicht, mit einer kleinen Elite oben, mehr Menschen in der Mitte und den meisten Menschen unten.	Eine Gesellschaft, die einer Pyramide gleicht, aber mit nur wenigen Menschen ganz unten.	Eine Gesellschaft, in der sich die meisten Menschen in der Mitte befinden.	Viele Menschen im oberen Bereich und nur wenige Menschen im unteren Bereich.
18,8	35,4	23,0	18,6	4,2

Schaubild 5: Antworten in Deutschland in Prozent zur subjektiv wahrgenommenen Gesellschaftsform (2009)[25]

dies nicht zu einer «nivellierten Mittelstandsgesellschaft» führte. Die Form des Schichtaufbaus der deutschen Gesellschaft veränderte sich von der Pyramide zur Zwiebel mit einer unteren Einkommensgruppe, einer breiten Mitte und einer nach oben hin dünn auslaufenden Spitze. Auch heute ist die Zwiebel und nicht die Pyramide das Bild, das die Verteilung der verfügbaren Einkommen am besten trifft, auch wenn mit der tendenziell wieder gestiegenen Ungleichheit die Basis der Zwiebel etwas breiter und die Spitze etwas höher geworden ist (Schaubild 6).

Nun ist jedoch eine weitverbreitete Vorstellung über die gesellschaftliche Realität, auch wenn sie mit der Empirie nicht in Deckung zu bringen ist, dennoch sehr wirkmächtig. Wer sich selbst der Mitte zurechnet und gleichzeitig die Mehrheit in der «Unterschicht» wähnt, der kann der Angst vor dem Abstieg kaum entkommen. Jede gesellschaftliche Veränderung, die Folgen für das Schichtgefüge haben kann – wie etwa verstärkter Wettbewerb, die Entwicklung neuer, arbeitssparender Technologien, Umbrüche im Bildungssystem oder wachsende staatliche Verschuldung – kann die Angst auslösen, die vermeintliche Minderheitsposition, die man in der Mitte einnimmt, zu verlieren und in die vermeintlich große Gruppe derer abzurutschen, die unten

stehen. Dabei können Bedrohungsgefühle Schichtgrenzen über-
springen, wenn Angehörige der Mittelschicht – obgleich nicht
objektiv betroffen – die Verschlechterung der Lage in unteren
Schichtelementen als Bedrohung für ihre eigene soziale Stellung
interpretieren und dies mit negativen Erwartungen an ihre künf-
tige Lage verbinden.[26]

Dazu passt, dass die Mitte weniger die Sorge vor akuten Mangellagen plagt, sondern die Ängste vor Wohlstandsverlust und
Prekarisierung sich auf die Zukunft beziehen, wie eine repräsentative Befragung zeigt.[27] Sorge vor akuten Mangellagen äußern
Teile der «Unterschicht» – was nicht weiter erstaunlich ist – und
Menschen am unteren Rand der Mittelschicht. Langfristige Ver-
lustängste, insbesondere die Angst vor dem gesellschaftlichen Abstieg im Alter, sind in der gesamten Mitte der Gesellschaft stark
verbreitet. Ebenso verbreitet ist die Angst, die eigenen Kinder
könnten den Lebensstandard, den man selbst erreicht habe, nicht
halten und würden ihre Position in der Mitte der Gesellschaft
verlieren. Dies deutet, so die Autoren dieser Studie, «auf eine
mentale Lage hin, die durch eine verbreitete Zukunftsunsicher-
heit und einen nur schwach ausgeprägten Wohlstandsoptimismus
gekennzeichnet ist.»[28]

Nachvollziehbare Sorgen vor einer ungewissen Zukunft können sich zu einem Gefühl der existenziellen Bedrohung des eigenen Status oder des Status der eigenen Kinder steigern. Der vehemente Widerstand gegen den Versuch des schwarz-grünen Senats
in Hamburg, die Zeit des gemeinsamen Lernens in der Primar-
schule auf sechs Jahre auszudehnen, der 2010 zur Niederlage des
Senats in einem Volksentscheid führte, dürfte seine Triebfeder
in den Abstiegsängsten der Mitte gehabt haben. Der Soziologe
Heinz Bude schreibt in seinem Buch *Gesellschaft der Angst*: «Am
Thema der Bildung wird deutlich, dass Statusängste in erster
Linie Zukunftsängste sind. Man sieht aufgrund von Mutmaßun-
gen über das, was kommt, gefährdet, was man erworben hat und
weitervererben will. Das gilt vor allem für soziale Positionen,
deren Wertschätzung sich dem immateriellen Wert des Wissens

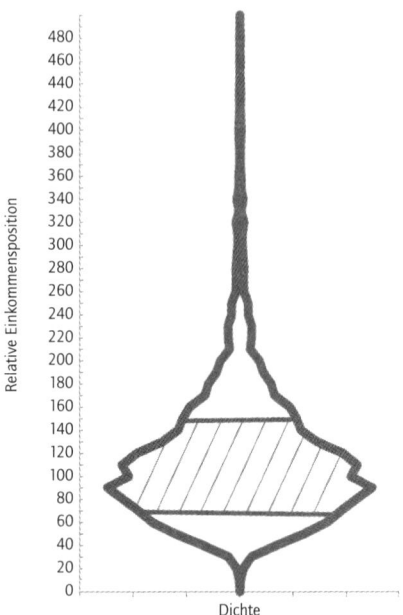

Schaubild 6: Einkommensschichtung in Deutschland[29]

und den symbolischen Gütern von Bedeutung verdanken.»[30] Dabei könnte die Mittelschicht hier weit gelassener sein, denn der Transfer von Bildung und Status von einer Generation zur nächsten gelingt ihr, alles in allem, sehr gut. Und der Mangel an qualifiziertem Nachwuchs, der sich im demografischen Wandel bereits andeutet und in naher Zukunft noch stärker zeigen wird, sollte eigentlich der bürgerlichen Mitte deutlich machen, dass die Chancen ihres Nachwuchses auf eine auskömmliche Lebensgrundlage gut sind.[31] Zur ganzen Wahrheit gehört dabei allerdings auch, dass es in einer offenen Gesellschaft nicht nur gesellschaftliche Aufstiege, sondern auch Abstiege gibt.[32] Nur in einer historischen Ausnahmesituation, wie den Nachkriegsdekaden mit ihren massiven Realeinkommensgewinnen für alle Einkommensschichten, konnte diese simple Wahrheit aus dem öffentlichen Bewusstsein verschwinden. Das Faktum, dass es

Abstiege gibt, macht aus Deutschland noch keine «Abstiegsgesellschaft», so der alarmierende Titel des Buches von Oliver Nachtwey. Obwohl er konzediert, dass es aufgrund des fortschreitenden Wandels der Berufsstruktur weiterhin deutlich mehr Auf- als Abstiege gibt, belegt er die Entwicklung einer wieder gewachsenen Ungleichheit mit Begriffen wie «Niedergang» oder «Dekadenz».[33] Der empirische Befund zeigt, dass die realen Entwicklungen weit moderater sind, als es den Ängsten der Mitte entspricht. Der befürchtete Absturz aus der Mitte nach ganz unten ist ein seltenes Phänomen.[34] Aufstiege wie Abstiege finden ganz überwiegend zwischen benachbarten Einkommensklassen statt.[35]

Man kann sich die hohen Wachstumsraten der Nachkriegsdekaden zurückwünschen – allein: Sie kommen davon nicht wieder. Bei dauerhaft niedrigen Wachstumsraten ist es weit schwieriger, Konflikte abzumildern, wenn Individuen und Gruppen ihre Position im Einkommensgefüge verbessern oder aber zurückfallen. Ist die Zunahme massiver Konflikte damit zwangsläufig und somit die Perspektive von Marktökonomien mit geringem Wachstum düster, obwohl der Wohlstand heute deutlich größer ist als in den boomenden Nachkriegsdekaden? Eine «positive Vision einer Postwachstumsgesellschaft», so Stephan Voswinkel, kann nur entwickelt werden, wenn es gelingt, das Versprechen, das hinter Wachstum und sozialem Aufstieg steht, vom Wachstum selbst zu entkoppeln. Menschen wollen aufsteigen, um ihre Lebensqualität zu verbessern, um Autonomiespielräume zu gewinnen und Wertschätzung zu erfahren. Es geht letztlich um ein gelingendes Leben. Diese hinter dem Wunsch nach sozialem Aufstieg stehenden Bedürfnisse müssen aber nicht zwingend über Aufstiegskonkurrenz realisiert werden.[36] Eine solche positive Vision ist dringender denn je, und sie muss Strategien gegen die Armut zwingend beinhalten.

Gerade weil die Statusangst den Abgrenzungsegoismus der Mitte nach unten befeuern kann, sollte es zur ethischen Verantwortung der Akteure der Sozialstaatsdebatte gehören, einen Duktus der Dramatisierung zu vermeiden, der sich von den empirischen Trends abkoppelt. Diese Anforderung wird in der medialen Zuspitzung häufig verletzt. Aber auch in wissenschaftlichen Texten finden sich Formulierungen zumindest subtiler Dramatisierung: Selbst geringe Verschiebungen von Anteilen im Schichtgefüge werden mit Begriffen wie «Schrumpfung», «Erosion» und «Polarisierung» belegt oder gar als unaufhaltsamer Trend interpretiert. Auch wird mittels unbestimmter Formulierungen wie «immer mehr» bei der Darlegung von Datenreihen der Eindruck einer kontinuierlichen Schlechterstellung erzeugt oder es wird – in seriösen Texten oft in Frageform – angedeutet, die materielle Position der Mittelschicht werde unterspült. Auch Wissenschaftler hegen den Wunsch nach medialer Beachtung und sie sind gegen die Versuchung, diese durch Zuspitzung zu sichern, nicht gefeit. Für Sozialverbände gilt diese Aussage in einem gesteigerten Maße. Dramatisierung und Skandalisierung, die sich abkoppeln von der nüchternen Darlegung der statistischen Fakten, mögen als Stilelement eines anwaltschaftlichen Lobbying verstanden werden. Aber sie desorientieren und entmutigen, weil sie berechtigte Sorgen in irrationale Ängste wenden können. Dies lähmt dann Kräfte, die dringend benötigt werden, um Zukunftsrisiken, die zweifelsfrei real vorhanden sind, durch vorsorgende Politik einzuhegen. Dramatisierung und Skandalisierung befeuern die Abstiegsängste der Mitte und verfestigen damit eine «Gesellschaft der Angst». Eine Mittelschicht im Abstiegswahn aber ist schlecht für die Armen, denn gegen die breite Mitte der Gesellschaft ist eine Politik der gesellschaftlichen Teilhabe nicht durchzusetzen.

8.
Altersarmut

Rückkehr der Altersarmut?

Derzeit hat die Rentnergeneration in Deutschland kein über-durchschnittliches Armutsrisiko.[1] Die ältere Bevölkerung ist materiell ähnlich gestellt wie die Gesamtbevölkerung.[2] In den ersten Jahren der jungen Bundesrepublik gehörten Alter und materielle Not eng zusammen. Damals war die Angst vor dem Rentenalter weit verbreitet.[3] Der altersbedingte Verlust der Arbeitskraft führte bei vielen Arbeitern, aber auch bei Angestellten zu sozialer Deklassierung. An dem in den 1950er Jahren steigenden Wohlstand hatten die meisten Rentner keinen Anteil. Die Rentenreform von 1957, die wichtigste Sozialreform der Adenauer-Ära, änderte dies radikal. Die dynamische Anbindung an die steigenden Löhne in der boomenden Entwicklung der Nachkriegsjahrzehnte führte zu einem starken Anstieg der Renten. Mit der sprunghaften Erhöhung des Beitragssatzes von 10% auf 14% wurde das System der Umlagefinanzierung deutlich ausgebaut. Die Mehrzahl der Rentner war nicht mehr auf private Hilfe oder staatliche Fürsorgeleistungen angewiesen.[4]

Nach der Wiedervereinigung wurde das westdeutsche Rentensystem auf die neuen Bundesländer übertragen. Ostdeutsche Rentner wurden also so gestellt, als ob sie entsprechend ihrer beruflichen Position und Beschäftigungsdauer in die westdeutsche Rentenversicherung eingezahlt hätten. Das – gemessen an der bundesweiten Armutsrisikoschwelle – äußerst hohe Armutsrisiko der ostdeutschen Rentner sank infolgedessen nach der Wiedervereinigung von 45% (1992) auf etwa 10% und damit auf einen Wert deutlich unterhalb dem der ostdeutschen Gesamtbevölkerung.[5]

Auf Sozialhilfe im Rentenalter, die Grundsicherung im Alter, sind heute häufig Personen angewiesen, die bereits im erwerbsfähigen Alter ein hohes Armutsrisiko hatten: Personen, die keine Ausbildung haben oder nur eine gebrochene Berufsbiographie und damit große Lücken bei ihren Versicherungsbeiträgen aufweisen, sowie überproportional auch Selbständige, die nicht von der Möglichkeit Gebrauch gemacht haben, sich freiwillig in der gesetzlichen Rentenversicherung oder anderweitig abzusichern.[6] Nicht das Alter ist der Grund für die Armut, sondern eine ungenügende Integration in Beschäftigung oder die Selbständigkeit abseits sozialer Sicherung. 2,8% der Männer und 3,3% der Frauen im Rentenalter beziehen derzeit (Jahresende 2014) Leistungen der Grundsicherung im Alter, sind also bei der Deckung des soziokulturellen Existenzminimums von staatlicher Hilfe abhängig.[7] Die jetzige Rentnergeneration ist in einem weit geringeren Maße auf Grundsicherungsleistungen angewiesen als die Gesamtbevölkerung.

Aber es gibt Gründe, die erwarten lassen, dass das Risiko der Altersarmut zukünftig steigen wird, also ein höherer Anteil der Rentner als heute mit einem Einkommen unterhalb der 60%-Schwelle zurechtkommen muss. Für die meisten Personen im Rentenalter ist die gesetzliche Altersrente die Haupteinkommensquelle. Die Höhe des Rentenanspruchs wird mit Ausnahme weniger Umverteilungskomponenten ausschließlich durch die Erwerbsbiographie bestimmt. Der Mechanismus der Rentenberechnung bestimmt, wer im Alter ein Armutsrisiko hat und, bei niedrigen Rentenansprüchen, auch auf Grundsicherung im Alter angewiesen ist: Es sind diejenigen, die weit unterdurchschnittliche Erwerbseinkommen haben, aufgrund unterbrochener Berufsbiographien nur eine geringe Zahl von Versicherungsjahren einbezahlt oder längere Zeit nur in Teilzeit gearbeitet haben.[8]

Mit der stärkeren Spreizung der Lohnstruktur, die sich insbesondere in den 1990er und den Nullerjahren herausgebildet hat, steigt der Anteil der Erwerbstätigen, die im Vergleich zur Mitte auch entsprechend niedrige Rentenansprüche erwerben. Davon sind Personen im Niedriglohnbereich in Ost- und Westdeutschland betroffen.

In den neuen Bundesländern wird sich die Sondersituation eines deutlich unterdurchschnittlichen Armutsrisikos der Rentnergeneration nicht dauerhaft fortsetzen. Die Renten nach der Wiedervereinigung wurden nach westdeutschen Standards berechnet. Da die DDR zwar hohe Ineffizienzen bei der Arbeit, aber keine Arbeitslosigkeit kannte, gab es ununterbrochene Erwerbsbiographien. Zudem war die Frauenerwerbstätigkeit in der DDR deutlich höher als in der alten Bundesrepublik. Die gesetzlichen Renten in den neuen Bundesländern sind daher im Durchschnitt höher als in Westdeutschland, bei Frauen ist der Unterschied groß[9] (allerdings spielen betriebliche Renten in Ostdeutschland kaum eine Rolle). Doch heute erreichen vermehrt Erwerbstätige in den neuen Bundesländern das Rentenalter, denen aufgrund der hohen Arbeitslosigkeit nach der Wiedervereinigung entscheidende Jahre beim Aufbau ihrer rentenrechtlichen Ansprüche fehlen.

Verschärft wurden die Folgen der Arbeitslosigkeit für die späteren Renten durch den Gesetzgeber. Die mit Hartz IV eingeführten Rentenbeiträge für die Empfänger von Arbeitslosengeld II waren mit 78 Euro nach Maßgabe eines sehr niedrigen Einkommens berechnet worden. Aus Gründen der Haushaltskonsolidierung ist dieser Betrag 2007 auf 40 Euro pro Monat gesenkt worden. Bei einem Beitrag dieser Höhe leitet sich aus einem Jahr Arbeitslosigkeit gerade mal ein Rentenanspruch von 2,16 Euro pro Monat ab. 2011 ist auch dieser Minimalbeitrag abgeschafft worden.[10] Ein Argument war, dass angesichts der niedrigen Beitragszahlungen durch das Jobcenter ohnehin nur sehr geringe Rentenansprüche entstehen. Das Argument hätte umgekehrt auch für eine deutliche Erhöhung der Ersatzbeiträge dienen können. Richtig ist allerdings, dass in einem Rentensystem, das Ansprüche aufgrund von einkommensabhängigen Beiträgen zuweist, eine auskömmliche Arbeit das beste Mittel ist, um gegen Altersarmut vorzubeugen.

Zwangsläufig führen auch Minijobs, selbst wenn die Option zur Rentenversicherung genutzt wird, nicht zu armutssicheren Renten. Bei langjähriger Teilzeitarbeit gelingt dies nur, wenn sie überdurchschnittlich gut bezahlt ist. Auch Soloselbständigkeit, die in vielen Fällen eher prekär ist, hat ein hohes Armutsrisiko, weil häufig eine freiwillige Alterssicherung nicht oder zu spät erfolgt oder die Verdienste so niedrig sind, dass wenig Spielraum für die eigene Vorsorge bleibt.

Mit der Flexibilisierung des deutschen Arbeitsmarktes, den Hartz-Reformen und dem nach 2005 einsetzenden Beschäftigungsboom haben diese Beschäftigungsformen zugenommen. In der Debatte zur Altersarmut wird daher immer wieder die Arbeitsmarktpolitik als Hauptschuldiger für die in Zukunft zu erwartende Zunahme der Altersarmut ausgemacht. Aber diese Argumentation greift zu kurz. Sie wäre berechtigt, wenn die Arbeitsmarktpolitik schlicht auskömmliche in prekäre Beschäftigung verwandelt hätte, die Behauptung von der «Amerikanisierung» des deutschen Arbeitsmarkts also stimmen würde. Niedriglohnjobs und Minijobs sind jedoch dann kein ursächlicher Grund für Altersarmut, wenn sie zu zusätzlicher Beschäftigung von Personen führen, die anderenfalls arbeitslos geblieben wären.[11] Teilzeitarbeit nahm im Zuge der gestiegenen Erwerbstätigkeit von Frauen deutlich zu; sie kann zwar oft keine eigene armutssichere Altersversorgung garantieren, aber die zusätzlich damit erworbenen Rentenansprüche tragen zum Alterseinkommen von Paaren bei und helfen so, Altersarmut zu vermeiden. Ob eine Person arm ist, richtet sich schließlich nicht nach ihrem individuellen Einkommen, sondern nach dem Einkommen des Haushalts, zu dem sie gehört. Hier ist Teilzeitarbeit allemal besser als keine Arbeit.

Rentenpolitik − Treibsatz der Altersarmut?

Aber auch bei einer über das gesamte Arbeitsleben ausgeübten Vollzeiterwerbstätigkeit schützt die Rente nicht zwingend vor einem Einkommen im Alter unterhalb der 60%-Schwelle. Sie schützt auch nicht zwingend davor, im Alter Grundsicherungsleistungen beziehen zu müssen. Ist also die Rentenpolitik schuld an künftig wachsender Altersarmut? Auch hier ist ein genauerer Blick erforderlich.

Der Ausbau der umlagefinanzierten gesetzlichen Rentenversicherung mit der Rentenreform von 1957 brachte den Rentnern in der alten Bundesrepublik quasi über Nacht die Anbindung an den in den Nachkriegsdekaden steigenden Wohlstand. Denn die steigenden Beiträge der Erwerbstätigen konnten ohne Verzug zur Sicherung ihrer Renten genutzt werden. Entgegen einer weitverbreiteten und verfestigten Fehleinschätzung ist das Rentensystem keine Sparkasse, welche die Beiträge der Erwerbstätigen individuell anspart und im Rentenalter mit Zins und Zinseszins zurückgibt. Mit Ausnahme geringfügiger Rücklagen werden die Beitragseinnahmen eines Jahres für die Rentenzahlungen im selben Jahr verwandt. Hohe Geburtenraten, in der Folge eine wachsende Zahl von Erwerbstätigen und die Zuwanderung junger «Gastarbeiter» sorgten in den Nachkriegsdekaden dafür, dass das Verhältnis zwischen den Versicherungsbeiträge zahlenden Erwerbstätigen und Rentnern günstig blieb.

Deshalb war es damals auch möglich, populäre Besserstellungen einzuführen, die langfristig große Lücken in die Tragfähigkeit des Rentensystems rissen. Eine Regierung und Opposition umfassende ganz große Koalition eröffnete 1972 mit der «flexiblen Rente» Männern mit 63 Jahren die Möglichkeit, abschlagsfrei in Rente zu gehen (Frauen konnten dies bereits seit 1957 mit 60 Jahren). Der damalige Arbeitsminister Arendt pries dies als die größte sozialpolitische Reform seit der Rentenreform von 1957: «Durch die Initiative dieser Bundesregierung wird künftig

jeder Versicherte mit einem erfüllten Arbeitsleben seine Alters-
grenze selbst bestimmen können.»[12] Das durchschnittliche Renteneintrittsalter sank in den Folgejahren von 62 auf 59 Jahre. Damit wurde die Zeit der Beitragszahlung durchschnittlich um drei
Jahre verkürzt und der Rentenbezug um drei Jahre verlängert.
Weder in Europa noch in den USA, so der Alterssicherungs-
experte Axel Börsch-Supan, gab es jemals eine Rentenreform, die
so massiv das Renteneintrittsalter gesenkt hat. Die kostenfrei an-
gebotene Flexibilität wurde angenommen.[13]

   Der Rückgang des Renteneintrittsalters erzeugte eine zusätzliche Bürde bei der Bewältigung des demografischen Wandels.
Der große Vorteil, den das Umlagesystem in den Dekaden nach
der Rentenreform von 1957 bot, verwandelt sich dann in einen
Nachteil, wenn das Verhältnis von Erwerbstätigen zu Rentnern
ungünstiger wird. Dazu führen mittel- und langfristig unweigerlich der Geburtenrückgang und die steigende Lebenserwartung.
Verschärft wird die Wirkung dieser beiden langfristigen Trends
durch die schnelle Aufeinanderfolge von «Babyboom» und «Pil-
lenknick», ein Bruch, der auch in anderen Ländern erfolgte, in
Deutschland aber sehr ausgeprägt und zeitlich gedrängt. Wenn
die Babyboomer-Generation nach und nach in Rente geht, werden ihre Ansprüche das Rentensystem erheblich belasten.[14]
Selbst eine kontinuierlich hohe Zuwanderung kann diese Perspektive nur mildern, nicht jedoch abwenden.

   Hilfreich sind alle Maßnahmen, die dazu beitragen, das Potential der Personen im erwerbsfähigen Alter besser auszuschöpfen.
Dazu gehören Rahmenbedingungen, die eine höhere Frauenerwerbstätigkeit ermöglichen. Der Arbeitsmarkt- und Bildungspolitik kommt dabei große Bedeutung zu. Eine Politik der Befähigung, die das Mögliche tut, damit alle ihre Potentiale entfalten
und in produktiver Beschäftigung umsetzen können, ist somit
auch aus Sicht der Vermeidung künftiger Altersarmut von entscheidender Bedeutung. Auch im Rentensystem selbst gibt es
einige wichtige Stellschrauben, um trotz eines ungünstiger werdenden Verhältnisses von Beitragszahlern und Rentnern das um-

lagefinanzierte System zu stabilisieren: eine Erhöhung der Beiträge zu Lasten der heute Erwerbstätigen, eine Senkung der Rentenhöhe zu Lasten heutiger und künftiger Rentenbezieher sowie ein späterer Rentenbeginn. Zudem kann, um diese Eingriffe abzumildern, das Defizit über Steuermittel ausgeglichen werden. Die Hereinnahme zusätzlicher Versicherungsgruppen (aktive Beamte und Selbständige), die als zentrales Element einer «Bürgerversicherung» vorgeschlagen wird,[15] erweiterte zwar heute die Finanzbasis des umlagefinanzierten Systems, entlastete aber nur temporär, weil auch bei den neuen Versichertengruppen der demografische Wandel wirkt.[16]

Wer in seiner politischen Rhetorik fordert, die Situation zu bewältigen, ohne die Rentner oder die heute wirtschaftlich Aktiven oder beide Gruppen zu belasten, verlangt von der Politik Zauberei. Vorwürfe an die Politik, sie würde – wahlweise – die Jüngeren oder die Rentner zwingen, die Lasten des demografischen Wandels aus der eigenen Tasche zu bezahlen, sind Ausdruck einer Voodoo-Ökonomie. Letztlich gibt es keine anderen Taschen, denn auch der als Eckpfeiler sozialer Gerechtigkeit überhöhte Arbeitgeberbeitrag in der paritätischen Finanzierung erfolgt letztlich aus dem Erwerbseinkommen der Arbeitnehmer.

An allen Stellschrauben haben die Rentenpolitiker drehen müssen, um das System auch in Zukunft zu stabilisieren. Der steuerfinanzierte Zuschuss zur Rentenversicherung beträgt heute 85 Milliarden Euro[17] und ist damit der bei weitem größte Ausgabenposten im Bundeshaushalt. Der Zuschuss ist zweieinhalbmal so hoch wie der gesamte Verteidigungsetat,[18] der auch heute noch herhalten muss, wenn nach einer Möglichkeit Ausschau gehalten wird, das jeweils politisch Erwünschte zu finanzieren. Eine Serie von Rentenreformen seit 1992 hat den Ausgabenanstieg gebremst: Abschläge bei frühzeitiger Verrentung korrigieren die Fehlanreize einer Frühverrentung zu Lasten der Versicherungsgemeinschaft, die mit der «flexiblen Rente» 1972 geschaffen wurden. Die Rentenanpassung heute orientiert sich nicht mehr an den Brutto-, sondern den Nettolöhnen. Damit wird der steigenden Abgabenbelastung der Erwerbstätigen Rechnung getragen. Mit dem Einbau eines Nachhaltigkeitsfaktors in die Rentenanpassungsformel werden die Belastungen des demografischen Wandels auf die jüngere und die ältere Generation verteilt und damit nicht einseitig über steigende Beiträge von den Erwerbstätigen getragen. Mit der staatlich stark geförderten Riesterrente soll eine kapitalgedeckte Ergänzung auf freiwilliger Basis zumindest einen Teil der entstehenden Lücke ausgleichen. In der Rentenanpassungsformel wird berücksichtigt, dass heutige Erwerbstätige aufgrund eines künftig niedrigeren Rentenniveaus privat vorsorgen sollten. Auch dieser sogenannte «Riester-Faktor» wirkt sich dämpfend auf den Rentenanstieg aus. Die schrittweise Anhebung des gesetzlichen Renteneintrittsalters bis zum Jahr 2029 auf 67 Jahre sorgt perspektivisch dafür, dass ein Teil der durch die steigende Lebenserwartung gewonnenen Jahre in Erwerbstätigkeit verbracht wird.

Alle diese Reformschritte sind Gegenstand heftiger Kontroversen gewesen. Sie gelten vielen in der bundesdeutschen Sozialstaatsdebatte als Beleg für die parteienübergreifende Dominanz des «neoliberalen» Paradigmas. Teil der Kritik ist der Verweis auf eine zunehmende Altersarmut. Unbestreitbar führen Leistungsbeschränkungen der gesetzlichen Rentenversicherung dazu, dass das Risiko der Altersarmut im Vergleich zum Status quo steigt. Dennoch ist eine Fundamentalkritik aller Rentenreformen seit 1992 letztlich schlicht Problemverweigerung. Denn hätte man die Leistungszusagen, wie sie vor 1992 bestanden, unangetastet gelassen, hätte sich aller Wahrscheinlichkeit nach der Rentenbeitrag von damals knapp 18% auf 33% (ohne Bundeszuschuss sogar auf 42%) der Bruttoerwerbseinkommen bis ins Jahr 2025 nahezu verdoppelt. Auch danach hätte sich der Anstieg vermutlich steil fortgesetzt, bis auf etwa 45% (ohne Bundeszuschuss auf über 55%) im Jahr 2050.[19] Zusammen mit ebenfalls steigenden Beitragssätzen zur gesetzlichen Krankenversicherung und zur Pflegeversicherung – die dort vorgenommenen Maßnahmen zur Stabilisierung des Beitragssatzes werden ja in ähnlicher Weise kritisiert wie die Rentenreformen – wäre die Situation völlig untragbar geworden.

Auch das jüngste Element zur Stabilisierung des Rentensystems, die Anhebung des gesetzlichen Renteneintrittsalters auf 67 Jahre, steht in dem Ruf, ein Treibsatz für Altersarmut zu sein. Denn diese sei nichts anderes als eine verkappte Rentenkürzung. Da es bereits jetzt ohnehin kaum jemand schaffe, bis zum vorgesehenen Rentenalter zu arbeiten, führe die Rente mit 67 zwangsläufig zu einem exorbitanten Anstieg der Rentenabschläge. Diese Argumentation wäre jedoch nur dann schlüssig, wenn die Reform ihr Ziel, die faktische Dauer der Erwerbstätigkeit wieder zu verlängern, verfehlte. Dies ist aber nicht zu erwarten. Denn wie die «flexible Rente» gezeigt hat, reagieren Erwerbstätige auf die Veränderung der Anreize. So wie nach 1972 die Frühverrentung massenhaft genutzt wurde, als sie kostenfrei möglich war, führen die neuen Rahmenbedingungen dazu, dass die Beschäftigungsquote in der Altersgruppe zwischen 60 und 65 Jahren wieder deutlich steigt. Das ist bereits heute klar zu erkennen.

Mit einer Anhebung des Renteneintrittsalters ist das Rentenniveau höher als bei Verzicht auf diesen Reformschritt. Denn sie verbessert das Verhältnis von Beitragszahlern und Rentenempfängern. Entsprechend schwächer ist die dämpfende Wirkung des Nachhaltigkeitsfaktors. Wer, wie politisch intendiert, seine Lebensarbeitszeit verlängert, erhält mehr Rentenpunkte und eine höhere Rente, als wenn die Rente mit 67 nicht eingeführt worden wäre.[20]

Unstrittige Verlierer der Reform sind diejenigen, die ihre Erwerbsphase nicht verlängern wollen (was ihre persönliche Entscheidung ist) oder nicht verlängern können. Soweit Arbeitslosigkeit für Letzteres der Grund ist, besteht begründete Hoffnung, dass dieses Hemmnis im demografischen Wandel zumindest für gut qualifizierte ältere Erwerbspersonen stark an Bedeutung verliert.[21] Die längere Erwerbstätigkeit kann auch an einer Erkrankung scheitern. Hier muss die Erwerbsminderungsrente und, soweit erforderlich, die Grundsicherung im Alter greifen. Die

Erwerbsminderungsrente wird berechnet, als seien Rentenbeiträge bis zum Ende des 62. Lebensjahres bezahlt worden. Bei einem Ausscheiden aus dem Erwerbsleben vor einem sog. Referenzalter (2016: 63 Jahre und 10 Monate) gibt es zudem Abschläge von bis zu 10,8 %, die die Erwerbsminderungsrente gegenüber einer Rente bei Erwerbstätigkeit bis zum Renteneintrittsalter zusätzlich senken. Eingeführt wurden diese Abschläge aus Sorge davor, die Erwerbsminderung könnte als Umweg in die Frühverrentung missbraucht werden. Dies aber muss eine angemessene medizinische Begutachtung verhindern. Abschläge sind unverzichtbar, wenn sich Erwerbstätige freiwillig für einen vorzeitigen Rentenbeginn entscheiden. Wer krank ist, hat diese Option nicht. Die Erwerbsminderungsrente sollte durch eine Senkung oder Abschaffung der Abschläge gestärkt werden.

Man kann einzelne Elemente der Reform kritisieren und an ihrer Stelle für eine moderate Beitragserhöhung eintreten, die über eine längere Anpassungszeit verteilt eventuell verkraftbar wäre.[22] Darüber kann man politisch streiten, auch wenn jede Leistungsverbesserung die Anpassungsprobleme des gesetzlichen Rentensystems in der Zukunft erhöht. Wer aber die Rentenreformen in Bausch und Bogen zurückweist, drückt sich vor der sozialstaatlichen Herausforderung, das System der sozialen Sicherung auch unter Bedingungen zu stabilisieren, die durch den demografischen Wandel – dessen Belastungsphase noch vor uns liegt – gekennzeichnet sind. Diese Problemverweigerung ist Bestandteil einer in Lagern geführten bundesdeutschen Sozialstaatsdebatte.[23] Erkennt man den Reformbedarf an, dann ist es – um es vorsichtig auszudrücken – zumindest äußerst unterkomplex, die Rentenreformer zu den Schuldigen einer künftigen Altersarmut zu erklären. Nichtstun wäre keine Alternative gewesen.

Unverzichtbar: Grundsicherung im Alter

Wenn das Risiko der Altersarmut zunimmt, dann steigt die Bedeutung der Grundsicherung im Alter als letztes Sicherungsnetz. Diese erhalten alle Menschen im Rentenalter, deren Einkommen aus Rente und anderen Quellen nicht ausreicht, um das soziokulturelle Existenzminimum zu decken. Die Höhe der Grundsicherung im Alter entspricht grundsätzlich der Grundsicherung für Arbeitsuchende; wie bei Hartz-IV-Empfängern werden zusätzlich zum Regelbedarf die (als angemessen anerkannten) Kosten für Unterkunft und Heizung und die Kranken- und Pflegeversicherungsbeiträge übernommen. Bei der Grundsicherung im Alter kann im Einzelfall auch ein individueller Bedarf berücksichtigt werden, etwa bei einer Gehbehinderung.[24] Bei der Berechnung der Leistungsansprüche werden die Einkünfte voll angerechnet, selbstverständlich die Rente, aber auch alle Einkünfte aus privater oder betrieblicher Altersvorsorge. Auch Grundsicherungsempfänger dürfen im Alter noch etwas hinzuverdienen, ohne dass alles in Abzug gebracht wird, aber die Regelungen sind ungünstiger als bei Hartz-IV-Empfängern. 30% des Arbeitseinkommens, maximal 202 Euro, werden nicht angerechnet;[25] von einem Minijob mit dem Höchstbetrag von 450 Euro verbleiben somit 135 Euro. Knauserig ist die Vermögensanrechnung, nur ein Schonvermögen bis 2600 Euro ist frei.[26] Dieser Betrag ist seit Einführung der Grundsicherung nicht erhöht worden, der Realwert des Schonvermögens sinkt also schleichend. Der Bezug der Grundsicherung im Alter bedeutet somit ein Leben auf Sozialhilfeniveau. Dabei gibt es einen sehr gravierenden Unterschied zu Hartz-IV-Empfängern: Wer im Alter Grundsicherung bezieht, ist in aller Regel ohne jegliche Perspektive, diese Abhängigkeit wieder zu überwinden.

Damit ist es für die von Hilfe abhängigen Menschen im Rentenalter noch entscheidender, wie großzügig oder knauserig die politischen Entscheidungen zur Grundsicherung ausfallen und wie der verfassungsgemäße Anspruch, ein «Mindestmaß an Teilhabe» zu sichern, umgesetzt wird. Die in Kapitel 5 (Hartz IV – Armut per Gesetz?) dargestellten Vorschläge zu einer besseren Berechnung des Regelbedarfes kämen den Empfängern der Grundsicherung im Alter unmittelbar zugute. Mit der Erhöhung, die sich hieraus ergibt, würde die Grundsicherung besser als heute den Anspruch erfüllen, Armut zu bekämpfen. Und wenn es einen politischen Konsens gäbe, die Grundsicherung so auszubauen, dass die Spielräume für gesellschaftliche Teilhabe deutlich größer wären als heute, dann würde die Grundsicherung Armut nicht nur bekämpfen, sondern auch besiegen.

Aber auch hier träte der gleiche Effekt ein wie bei einer Erhöhung von Hartz IV: Die Zahl der Hilfeempfänger nähme deutlich zu. Das geschähe auch, wenn man Bedürftigen im Rentenalter erlauben würde, ein höheres Schonvermögen oder einen höheren Zuverdienst zu behalten. Jede dieser Verbesserungen hätte mehr Leistungsberechtigte zur Folge, denn mehr Bezieher von kleinen Renten würden ergänzende Hilfen erhalten. Auch hier bestünde die Gefahr, dass in der empörungsgesättigten Sozialdebatte, wie sie in Deutschland geführt wird, die Verbesserung des Hilfesystems, nachdem sie ihren Niederschlag in den Sozialdaten gefunden hätte, als Beleg für eine wachsende soziale Schieflage gedeutet würde. Die Politiker, die eine höhere Solidaritätsbereitschaft mit armen Menschen durchsetzen, würden am Ende für die vermeintliche Verschlechterung der Lage verantwortlich gemacht.

Dass diese Befürchtung nicht aus der Luft gegriffen ist, zeigt, wie der Anstieg der Empfängerzahl der Grundsicherung im Alter seit 2003, dem Jahr ihrer Einführung, öffentlich rezipiert wird. 2003 erhielten 258 000 Menschen Altersgrundsicherung, 2014 waren es 512 000; ihr Anteil an den über 65-Jährigen stieg von 1,7% auf 3,1%.[27] Dies zeige die alarmierende Situation älterer Menschen, so der Paritätische Wohlfahrtsverband. «Die Zahl derer, die damit nicht aus eigener Kraft ihren Lebensunterhalt im Alter bestreiten können, hat sich damit innerhalb von zehn Jahren nahezu verdoppelt.»[28] Bei der Bewertung der Daten wird aber etwas sehr Entscheidendes ausgeblendet: Mit der Einführung der Grundsicherung im Alter im Jahr 2003 wurde das Hilfesystem für arme alte Menschen substantiell verbessert, da auf den Rückgriff auf das Einkommen der Kinder, den die bis dahin gültige Sozialhilfe kannte, faktisch verzichtet wurde.[29] Ausschlaggebend hierfür war, dass viele ältere Arme bis dahin keinen Sozialhilfeantrag gestellt hatten, um ihren Kindern nicht zur Last zu fallen.[30] Der Gesetzgeber wollte somit verdeckte Armut bekämpfen. Dies entsprach auch den Empfehlungen sozialpolitisch engagierter Verbände. In der Armutsuntersuchung des Deutschen Caritasverbandes Anfang der 1990er Jahre gaben etwa die Hälfte der in verdeckter Armut lebenden Nutzer der Caritas-Dienste an, Sozialhilfe nicht zu beantragen, damit ihre Kinder kein Geld an das Sozialamt zahlen müssen. Die Caritas forderte damals, zur Reduzierung der verdeckten Armut die Regressmöglichkeit der Sozialämter zu begrenzen.[31] In den ersten Jahren nach Einführung der Grundsicherung im Alter ist die Zahl der Hilfeempfänger im Rentenalter sprunghaft gestiegen. Es ist äußerst plausibel, dass ein Teil der bedürftigen älteren Menschen aufgrund des fehlenden Unterhaltsrückgriffs erstmalig Grundsicherungsleistungen bezogen hat und damit nicht mehr unterhalb des soziokulturellen Existenzminimums lebt. Ein substantieller Teil des Anstiegs in den Jahren nach 2003 ist demnach nicht Niederschlag einer alarmierenden Entwicklung, sondern Folge einer deutlichen Verbesserung des Hilfesystems. Auch hier wieder zeigt sich die Verwundbarkeit des Sozialstaats gegenüber unfairer Zuspitzung.

Auch heute ist die verdeckte Armut im Alter keineswegs überwunden.[32] Es gibt weiterhin eine erhebliche Zahl alter Menschen, deren Renten und sonstige Einkünfte das soziokulturelle Existenzminimum nicht decken, die aber auf ergänzende Grundsicherungsleistungen verzichten. Dies kann, nachdem der Grund für die Sorge um eine Belastung der Kinder entfallen ist, auch an mangelndem Wissen über bestehende Rechtsansprüche liegen.

Auch hier ist der Gesetzgeber 2003 tätig geworden, indem er die Träger der Rentenversicherung und der Grundsicherung gesetzlich zur Beratung und Hilfe bei der Antragstellung verpflichtet hat. Der Rentenversicherungsträger muss Personen mit einer Rente unterhalb des soziokulturellen Existenzminimums zudem ein Antragsformular für die Gewährung der Grundsicherung zukommen lassen.[33]

Wenn es durch bessere Aufklärung und eine weitere Entstigmatisierung der Grundsicherung im Alter gelänge, dass alle Menschen, die Anspruch auf ergänzende Hilfe haben, diese auch beantragten, würde die Zahl der Empfänger weiter steigen. Dies sollte dann aber als Verbesserung des Hilfesystems attribuiert werden und nicht als Indikator sich verschlechternder Lebensverhältnisse oder gar eines Versagens des Sozialstaats.

Riestern für Arme?

So wichtig eine ausreichend bemessene Grundsicherung im Alter ist, sie kann nicht die einzige Antwort auf das Risiko wachsender Altersarmut sein. Ein zentrales Element der Rentenreform ist die staatliche Förderung der ergänzenden privaten Vorsorge. Möglichst alle sollen «riestern». Auf zwei, idealerweise auf drei Säulen soll die Altersvorsorge der Zukunft ruhen: der gesetzlichen Rente, der Riesterrente und einer betrieblichen Altersversorgung. Die Riesterrente war, so Axel Börsch-Supan, in dem Maße ein Erfolg, in dem man es erwarten konnte. Sie unterstützt die Mitte der Gesellschaft dabei, sich für den demografischen Wandel zu wappnen. Gehobene Einkommensschichten sind hierbei nicht auf die Riesterförderung angewiesen. Menschen mit niedrigen Einkommen dagegen werden bisher kaum erreicht.[34] Für sie wäre die zusätzliche Vorsorge aber besonders dringlich. Denn sie haben nicht nur geringe Renten, häufig arbeiten Niedriglohnbezieher zudem bei tariflich nicht gebundenen Unternehmen und können von einer betrieblichen Altersvorsorge nur träumen. Selbstredend ist es für Niedrigeinkommensbezieher schwierig, überhaupt zusätzlich anzusparen. Die Nöte und Sorgen des Alltags wiegen schwerer als die Vorsorge für eine Zeit, die als noch weit in der Zukunft liegend empfunden wird. Aber die Belastung durch das Riestern dürfte nicht der alleinige Grund für die geringe Teilnahme im unteren Einkommensbereich sein. Aufgrund der Zulagen können Alleinstehende mit Kindern und Ehepaare mit Kindern, bei denen nur ein Partner regulär abhängig beschäftigt ist und die niedrige Einkommen beziehen, bereits mit einem geringen Prozentsatz ihres sozialversicherungspflichtigen Einkommens von ein oder zwei Prozent riestern.[35] Bereits mit einem Riestersparbetrag von 5 Euro pro Monat kann ein verheirateter Alleinverdiener mit zwei Kindern dank staatlicher Förderung auf eine Sparleistung von jährlich 738 Euro kommen.[36] Wer bereits in frühen Jahren gleich beim Einstieg ins Berufsleben damit beginnt, kann somit auch mit vergleichsweise kleinen Sparbeträgen Ansprüche aufbauen. Es stimmt also nicht, dass die Riesterrente keine Menschen erreichen könnte, die später von Altersarmut bedroht sind.

Die Politik könnte private Vorsorge zusätzlich fördern, wenn sie die Abführung von Beiträgen zu einer privaten ergänzenden Vorsorge zur Regel machen würde. Wenn man hier keinen unmittelbaren Zwang einführen will, könnte bestimmt werden, dass derjenige, der keine private Vorsorge will, sich ausdrücklich gegen die Teilnahme entscheiden muss (Opt-out-Möglichkeit). Jetzt scheitert die Vorsorge oft daran, dass keine bewusste Auseinandersetzung mit der Frage einer weiterreichenden Absicherung für das Alter erfolgt.

Für Menschen mit sehr niedrigen Einkommen ist eine weitere Änderung erforderlich. Im Zusammenspiel von Riesterförderung und Grundsicherung gibt es einen gravierenden Konstruktionsfehler: Alle Einkünfte aus der Riesterrente und auch aus einer betrieblichen Altersvorsorge werden auf die Grundsicherung im Alter angerechnet, ohne jeden Freibetrag. Das scheint auf den

ersten Blick konsequent; denn die Grundsicherung soll dann einsetzen, wenn das soziokulturelle Existenzminimum aus anderen
Einkommensquellen nicht gedeckt werden kann. Die Vollan-
rechnung hat aber eine sehr nachteilige Konsequenz: Ergänzende
Vorsorge ist für alle nutzlos, die trotz Vorsorge kein Alterseinkommen oberhalb des Grundsicherungsanspruchs erreichen.
Dies ist ein kontraproduktiver Anreiz, denn viele antizipieren
dies und richten ihr Verhalten darauf aus. Zwar ist es für junge
Menschen schwierig, ihre Berufsbiographie vorauszusehen, wer
aber in mittleren Jahren als Niedriglohnbezieher vor der Entscheidung steht, zu riestern oder nicht zu riestern, trifft eine
durchaus rationale Entscheidung, wenn er auf eine ergänzende
Vorsorge verzichtet. Niemand will am Schluss der Dumme sein,
der lange gespart hat, ohne dass er seine Situation verbessern
konnte.

Was tun? Hier sollte das Alterssicherungssystem Anleihe nehmen an der vielgescholtenen Zuverdienstregelung bei der Grundsicherung für Arbeitsuchende. Dort wird nicht das gesamte
Einkommen aus einer Beschäftigung angerechnet; bei einem
Minijob von 450 Euro beispielsweise erhöht sich das verfügbare
Einkommen um 170 Euro. 170 Euro haben oder nicht haben, ist
bei einem Leben nahe dem Grundsicherungsniveau ein bedeutender Unterschied. Diese Regelung war mit den Hartz-Gesetzen
geschaffen worden, damit auch Langzeitarbeitslose, denen der
Sprung in den regulären Arbeitsmarkt nicht gelingt, ihre materielle Situation durch eine geringfügige Arbeit oder eine Teilzeitarbeit verbessern können und somit auch ein materielles Interesse
daran haben, diese zu suchen und anzunehmen.

Eine solche Regel brauchen wir auch bei der Grundsicherung
im Alter. So könnten beispielsweise die ersten 100 Euro aus einer
Riesterrente oder anderen zusätzlichen Alterssicherungssystemen
anrechnungsfrei sein und darüberliegende Beträge bis zu einer
Obergrenze von 300 Euro nur anteilig angerechnet werden. Die
Ausgestaltung wäre Gegenstand einer politischen Abwägung,
denn selbstverständlich führte sie zu höheren Ausgaben des Bun-

des. Unweigerlich stiege auch die Zahl der Empfänger der Grundsicherung im Alter, und zwar nicht, es sei nochmal betont, weil sich die sozialen Verhältnisse verschlechtert hätten, sondern – ganz im Gegenteil – weil das Hilfesystem deutlich verbessert worden wäre.

Grundsicherungsempfänger im Alter auf diese Weise besserzustellen, trüge auch dazu bei, ein Gerechtigkeitsdefizit in der derzeitigen Ausgestaltung des Rentensystems abzubauen: Wer sein Leben lang zu den Bedingungen des Mindestlohns arbeitet, hat dennoch nur gesetzliche Rentenansprüche unterhalb der Grundsicherung. Er ist also auf ergänzende Hilfe angewiesen und stellt sich im Alter materiell nicht besser als jemand, der nur wenige Jahre oder nie gearbeitet hat. Aus diesem Grund wird der zum Jahresbeginn 2015 eingeführte gesetzliche Mindestlohn auch «von links» scharf kritisiert: Er verfehle das Ziel, Altersarmut zu vermeiden.[37] Die Forderung, dann eben den Mindestlohn so zu erhöhen, dass bei einer lebenslangen Vollzeiterwerbstätigkeit die Rente oberhalb der Grundsicherung liegt, erscheint zwar auf den ersten Blick naheliegend. Aber hierzu müsste der Mindestlohn deutlich über 10 Euro liegen. Und würden Hartz-IV-Leistungen und die Grundsicherung, wie in Kapitel 5 vorgeschlagen, erhöht, um den Empfängern mehr Flexibilität bei ihrer Lebensgestaltung zu ermöglichen, müsste der Mindestlohn noch weiter erhöht werden. Eine verantwortliche Mindestlohnpolitik kann aber nicht einfach den Mindestlohn nach Belieben festsetzen, sondern muss Rückwirkungen auf den Arbeitsmarkt berücksichtigen.

Der Mindestlohn in Deutschland wurde in einer Phase eingeführt, in der sich der Arbeitsmarkt als sehr robust erwies, sodass bisher keine Verwerfungen beobachtbar waren. Je höher aber der Mindestlohn festgesetzt wird, je stärker aufgrund der Mindestlohnsetzung Löhne und Preise steigen, umso größer ist die Gefahr, dass Arbeit technisch ersetzt oder ins Ausland verlagert wird: Statt Wachmänner zu beschäftigen, werden elektronische Anlagen eingesetzt oder die Hotelwäsche wird statt in Deutschland in Polen gereinigt. Aber auch wenn, wie bei vielen Dienstleistungen, die technische Substitution oder die Verlagerung ins Ausland nicht möglich sind, bestehen Risiken. Steigende Preise können dazu führen, dass die Nachfrage zurückgeht: Büros werden in größeren Zeitabständen gereinigt, der Friseurbesuch wird hinausgeschoben, auf den Cafébesuch öfter verzichtet, die Beschäftigung in Randzeiten abgebaut. Auch die Verdrängung bisher legaler Arbeit in die Schwarzarbeit ist ein Problem. Ein Mindestlohn nutzt aber nur dem, der seine Arbeit behält. Also ist eine verantwortliche Mindestlohnpolitik gut beraten, mit einem niedrigen Mindestlohn zu starten und ihn behutsam zu erhöhen, sofern sich die negativen Beschäftigungswirkungen als beherrschbar erweisen. Wer dies als Inkaufnahme von Armut verdammt, ignoriert entweder ökonomische Zusammenhänge oder weigert sich, für die Wirkungen, die seine sozialpolitischen Forderungen hätten, Verantwortung zu übernehmen.

Somit bleibt also das Problem, dass es Menschen gibt, die ihr Leben lang ganztags gearbeitet haben und dennoch im Alter auf ergänzende Grundsicherung angewiesen sind oder eine Rente gerade auf diesem Niveau beziehen. Dies ist, nachdem lange Jahre das Problem einer in Zukunft zunehmenden Altersarmut ausgeblendet wurde, auch von der Politik wahrgenommen worden. Der Koalitionsvertrag von CDU, CSU und FDP von 2009 führte hierzu aus: «Wir verschließen die Augen nicht davor, dass durch veränderte wirtschaftliche und demographische Strukturen in Zukunft die Gefahr einer ansteigenden Altersarmut besteht. Deshalb wollen wir, dass sich die private und betriebliche Altersvorsorge auch für Geringverdiener lohnt und auch diejenigen, die ein Leben lang Vollzeit gearbeitet und vorgesorgt haben, ein Alterseinkommen oberhalb der Grundsicherung erhalten, das bedarfsabhängig und steuerfinanziert ist.» Der damals angekündigte Vorschlag einer fairen Neuregelung steht allerdings weiterhin aus. Hier sollte nun endlich gehandelt werden.

Kinderreichtum – Altersarmut?

Ein weiterer dringender Handlungsbedarf besteht innerhalb des umlagefinanzierten Rentensystems selbst. Wie in Kapitel 3 dargestellt, haben Alleinerziehende und Familien mit drei und mehr Kindern ein stark erhöhtes Armutsrisiko. 24% der Paare mit drei und mehr Kindern und sogar 36% der Paare mit vier und mehr Kindern leben mit einem Einkommen unterhalb der 60%-Schwelle.[38] Sie haben zudem ein erhöhtes Risiko, auch im Alter arm zu sein. Alleinerziehende arbeiten oft über mehrere Jahre nicht oder nur in Teilzeit, auch wenn verbesserte Kinderbetreuungsmöglichkeiten und wachsende Offenheit der Arbeitgeber gegenüber flexibleren Regelungen zur Vereinbarung von Familie und Beruf hier heute Erleichterung schaffen. Insbesondere die Eltern von kinderreichen Familien, weiterhin in erster Linie die Mütter, schränken ihre Erwerbstätigkeit über einen längeren Zeitraum ein. Mittlerweile werden für jedes ab 1992 geborene Kind drei Entgeltpunkte (bei vor 1992 geborenen Kindern zwei Entgeltpunkte) einem oder aufgeteilt beiden Elternteilen gutgeschrieben, was die Rente derzeit in den alten Bundesländern um 91 Euro und in Ostdeutschland um 86 Euro erhöht.

Bei der großen Rentenreform von 1957, Grundlage des heutigen Rentensystems, wurde die Rente dynamisiert und das Umlageverfahren gestärkt; die erwerbstätige Generation unterstützt die Generation im Rentenalter. Daher wird das umlagefinanzierte Rentensystem als «Generationenvertrag» bezeichnet. Zu einem vollständigen Vertrag zwischen den Generationen gehört aber auch die Verantwortung der erwerbstätigen Generation gegenüber der Generation der Kinder und Jugendlichen. Die Rentenreform von 1957 berücksichtigte jedoch nicht, dass Eltern durch die Erziehung und Ausbildung ihrer Kinder die entscheidende Vorleistung für die dauerhafte Finanzierbarkeit des umlagefinanzierten Rentensystems erbringen. Im Vorfeld der Reform war intensiv diskutiert worden, diese Leistung mittels einer Kindheits-

und Jugendrente anzuerkennen, doch dieser Vorschlag fand keine ausreichende Unterstützung. Bundeskanzler Konrad Adenauer hielt ihn wohl schlicht für überflüssig. Ihm wird das Diktum zugeschrieben: «Kinder kriegen die Leute immer.»[39] Über die Erziehungszeiten findet heute eine gewisse Anerkennung des sogenannten generativen Beitrags statt, diese ist jedoch weiterhin äußerst ungenügend.[40]

Das Bundesverfassungsgericht hat sehr eindeutig auf die «bestandssichernde Bedeutung» der Kindererziehung hingewiesen. «Denn die als Generationenvertrag ausgestaltete Rentenversicherung läßt sich ohne die nachrückende Generation nicht aufrechterhalten.» Das höchste deutsche Gericht hat einen Reformauftrag an den Gesetzgeber erteilt, der bisher allerdings nicht zu einer deutlich besseren Anerkennung des generativen Beitrags geführt hat: «Unabhängig davon, auf welche Weise die Mittel für den Ausgleich aufgebracht werden, ist jedenfalls sicherzustellen, daß sich mit jedem Reformschritt die Benachteiligung der Familie tatsächlich verringert. Dem muss der an den Verfassungsauftrag gebundene Gesetzgeber erkennbar Rechnung tragen.»[41]

Eltern von drei oder mehr Kindern haben während der Zeit der Kindererziehung ein deutlich erhöhtes Armutsrisiko. Sofern die Eltern in Berufen mit niedrigen Verdiensten arbeiten, haben sie auch als Paar im Alter ein hohes Armutsrisiko, wenn ein Partner für längere Zeit nicht arbeitet. Die Prävention von Altersarmut bei Eltern von drei oder vier Kindern kann nicht allein auf dem Ratschlag beruhen, das (aus guten Gründen) deutlich ausgebaute Angebot an Krippen und Kitas zu nutzen und rasch nach der Geburt möglichst in Vollzeit die Arbeit wieder aufzunehmen. Das hat eine Doppelbelastung über viele Jahre zur Folge, aufgrund derer kinderreiche Familien zu einer raren Ausnahmeerscheinung werden. Auch sollte sich eine reiche Gesellschaft den Luxus leisten können, dass Eltern Zeit für ihre Kinder haben – ohne damit der Rückkehr zum Ernährermodell das Wort reden zu wollen.

Für eine stärkere Berücksichtigung des Erziehungsbeitrags für unser Sicherungssystem gibt es mehrere Ansätze, die hier nicht näher ausgeführt werden können: Kinderfreibeträge bei der Beitragserhebung, eine spezielle «Kinderrente» oder eine erweiterte Anrechnung von Kindererziehungszeiten in der gesetzlichen Rentenversicherung.[42] Konsens sollte aber sein, dass diejenigen, die in besonderer Weise dazu beitragen, dass Kinder aufwachsen und so die Zukunft unserer Gesellschaft sichern, nicht allein deswegen, weil sie diese Verantwortung wahrnehmen, im Alter arm sind. Populär würden solche Reformen allerdings nicht sein. Denn sie müssten Lasten umverteilen, die heute bei den Familien liegen.

9.
Armut macht krank

Der irritierende Befund

«Armut macht krank.»[1] Auch in Deutschland gilt diese Aussage. Es gibt einen irritierenden Zusammenhang zwischen sozialer Lage und gesundheitlicher Situation. In früheren Epochen machte Armut allein schon deshalb krank, weil es Armen oft nicht möglich war, unhygienischen Lebensbedingungen zu entkommen. So konnten sie etwa kein sauberes Trinkwasser nutzen und hatten keinen Zugang zu einer umfassenden medizinischen Versorgung. Arme hatten früher geringere Chancen, Erkrankungen zu vermeiden und Heilung zu erfahren. In einem Teil der Entwicklungsländer gelten diese Gründe, warum Armut krank macht, auch heute noch. Zwar gibt es heute in den meisten Entwicklungsländern ein öffentliches Gesundheitssystem. Aber wenn das Krankenhausbett nur gegen eine Bestechungszahlung zu erhalten ist, Medikamente privat bezahlt werden müssen oder dringend benötigte Spezialisten nur in Privatkliniken konsultiert werden können, dann macht Armut dennoch krank.

Deutschland hat ein im internationalen Vergleich gutes Gesundheitssystem, das nahezu alle Bürger erfasst. Alle deutschen Staatsbürger (und, abhängig von ihrem Aufenthaltsstatus und ihrer Beschäftigungssituation, auch die in Deutschland lebenden Ausländer[2]) haben das Recht auf Mitgliedschaft in einer Krankenversicherung und sind gleichzeitig hierzu verpflichtet. Seit 2007 ist dies in der Gesetzlichen Krankenversicherung und seit

2009 in der Privaten Krankenversicherung geregelt.[3] Damit sollte der Zugang zu einer guten Gesundheitsversorgung für alle gesichert sein, und für die ganz große Mehrheit der Menschen in Deutschland ist das auch der Fall. Dafür gibt es einen breiten politischen Konsens. Eine Spaltung des Landes über die Frage, ob allen Bürgern eine Krankenversicherung zusteht, wie in den USA, ist in Deutschland nicht denkbar.

Es gibt allerdings weiterhin Randgruppen bei uns, insbesondere wohnungslose Menschen oder Menschen in der aufenthaltsrechtlichen Illegalität, die keinen oder nur einen ungenügenden Zugang zu medizinischer Versorgung haben. Asylbewerber erhalten nur eingeschränkte Leistungen. Auf diese Gruppen komme ich am Ende des Kapitels zurück.

Die Aussage «Armut macht krank» gilt aber auch für Menschen, denen der Zugang zu einer guten medizinischen Behandlung offensteht. Es gibt in Deutschland – wie in anderen entwickelten Sozialstaaten auch[4] – einen deutlichen Zusammenhang zwischen sozioökonomischem Status und Gesundheitszustand. In den hierzu verfügbaren Erhebungen wird der sozioökonomische Status anhand der Variablen Einkommen (dem Nettoäquivalenzeinkommen, wie es in Kapitel 2 erklärt wurde), dem Bildungsstand und der beruflichen Stellung erfasst. Bei Menschen im Armutsrisiko kumulieren Risiken, da häufig neben niedrigem Einkommen auch ein niedriger Bildungsstand gegeben ist. Insbesondere Langzeitarbeitslose sind armutsgefährdet und gesundheitlich belastet. Der Gesundheitszustand von armen Menschen ist signifikant schlechter; dies ist empirisch durch viele Studien, etwa des Robert Koch-Instituts, gut gesichert.[5] Auch die Armuts- und Reichtumsberichte der Bundesregierung haben dies regelmäßig thematisiert.

Das Robert Koch-Institut erfasst als Indikatoren für den Gesundheitszustand Diabetes mellitus, Adipositas, eine depressive Symptomatik und sportliche Inaktivität. Auch wird die Selbsteinschätzung des Gesundheitszustandes (der sog. subjektive Gesundheitszustand) erfasst, da dieser sich als guter Indikator für die tatsächliche gesundheitliche Verfassung einer Person erwiesen hat.[6] In allen fünf Variablen gibt es einen engen Zusammenhang zwischen sozioökonomischem Status und Gesundheitszustand, sowohl bei Männern als auch bei Frauen. So schätzen 44% der Frauen zwischen 18 und 79 Jahren, die einen niedrigen sozioökonomischen Status aufweisen, ihren Gesundheitszustand als schlecht oder sehr schlecht ein, bei Frauen mit hohem sozioökonomischen Status sind es nur 12%. Bei Männern ist das Bild ähnlich. Auch bei allen anderen Variablen, Diabetes, Adipositas, der depressiven Symptomatik und der sportlichen Inaktivität, gibt es Unterschiede ähnlichen Ausmaßes zwischen Männern und Frauen mit niedrigem, mittlerem und hohem sozioökonomischen Status. Diese Unterschiede zeigen sich in allen Altersgruppen. Erst in der obersten erfassten Altersgruppe (65–79 Jahre) nehmen die Unterschiede etwas ab, was nicht erstaunlich ist, da Prozesse des biologischen Alterns die sozioökonomisch bedingten Unterschiede überlagern. Aber auch bei den 65- bis 79-Jährigen sind die Unterschiede noch gravierend. So schätzen 28% der Frauen mit hohem, dagegen 55% der Frauen mit niedrigem sozioökonomischen Status dieser Altersgruppe ihren Gesundheitszustand als schlecht oder sehr schlecht ein.[7]

Bereits die Kinder aus Familien mit einem niedrigen sozioökonomischen Status sind betroffen. Das zeigen umfangreiche Befragungen von Eltern und Jugendlichen, die das Robert Koch-Institut im Auftrag des Bundesgesundheitsministeriums durchgeführt hat. In eine zwischen 2009 und 2012 durchgeführte Untersuchung waren mehr als 16 000 Mädchen und Jungen einbezogen. Die große Mehrheit der Kinder und Jugendlichen in Deutschland wächst gesund auf, aber es zeigen sich gravierende soziale Unterschiede. Eltern mit niedrigem sozialen Status schätzen den Gesundheitszustand ihrer Kinder weit häufiger als mittelmäßig bis sehr schlecht ein als Eltern der Mitte oder mit hohem sozialen Status. Während es bei den gängigen Kinderkrankheiten keine großen Unterschiede gibt, treten psychische Auffälligkeiten bei Kindern aus Familien mit niedrigem sozialen

Status (33%) weit häufiger auf als in der Mitte (19%) und mehr als dreimal so häufig wie bei einem hohen sozialen Status (10%). In Familien in und oberhalb der Mitte frühstücken Kinder und Jugendliche weit verlässlicher täglich (67 bzw. 80%) als bei niedrigem sozialen Status (53%). Auch bei den sportlichen Aktivitäten gibt es Unterschiede. Fast ein Viertel der Kinder im Alter zwischen 5 und 17 Jahren mit niedrigem sozialen Status kann nicht schwimmen, im Vergleich zu 10% der Kinder mit hohem sozialen Status. Ein Fünftel der Kinder aus der niedrigen Statusgruppe ist übergewichtig, im Vergleich zu 10% aus der hohen Statusgruppe. Alkoholkonsum unter Jugendlichen ist in allen Statusgruppen gleichermaßen ein Problem, beim Rauchen dagegen gibt es gravierende soziale Unterschiede. Ein deutlich höherer Anteil der Jugendlichen aus Familien mit niedrigem Sozialstatus raucht und ist zu Hause der Belastung durch Passivrauchen ausgesetzt. 28% der Mütter aus der niedrigen Statusgruppe geben an, auch während der Schwangerschaft geraucht zu haben.[8] Das bedeutet, dass ihnen das erhebliche Risiko des Suchtmittelkonsums für den Verlauf der Schwangerschaft und die spätere Entwicklung des Kindes nicht bewusst ist oder es ihnen nicht gelingt, hieraus Konsequenzen zu ziehen. Nach Status der Eltern ausgewertete Schuleingangsuntersuchungen zeigen zudem, dass Kinder mit niedrigem sozialen Status häufiger Defizite in der Sprachentwicklung aufweisen.[9]

Auch die Lebenserwartung unterscheidet sich nach sozioökonomischem Status. Hier gibt es Untersuchungen, die nach Menschen im Armutsrisiko, in der Mitte und in relativer materieller Wohlhabenheit differenzieren. Die Einteilung erfolgt anhand der Nettoäquivalenzeinkommen in fünf Gruppen. Die unterste Gruppe hat weniger als 60%, die oberste Gruppe mehr als 150% des Medians des Nettoäquivalenzeinkommens. Die durchschnittliche Lebenserwartung bei Geburt liegt bei den Frauen der untersten Einkommensschicht bei 76,9 Jahren, bei denen der obersten Einkommensschicht bei 85,3 Jahren. Bei den Männern betragen die Werte 70,1 und 80,9 Jahre. Die Spannbreite beträgt also bei den Frauen 8,4 und bei den Männern 10,8 Jahre.[10] Deutliche Unterschiede zeigen sich auch im Anteil der Personen, die vor ihrem 65. Geburtstag sterben. Bei den Männern im Armutsrisiko sind dies 31% im Vergleich zu den Männern in relativer Wohlhabenheit mit 13%, bei den Frauen betragen die entsprechenden Werte 16% und 7%.[11]

Untersuchungen des Robert Koch-Instituts lassen den Schluss zu, dass ein Teil der Unterschiede auf das riskantere Gesundheitsverhalten der niedrigeren Statusgruppe zurückgeführt werden kann. Doch auch wenn Rauchen, Adipositas und sportliche Inaktivität bei den Variablen kontrolliert werden, bleiben erhebliche Unterschiede bestehen.[12] Das ist ein für die Gesundheitspolitik sehr entscheidender Befund: Das persönliche Verhalten ist wichtig, kann jedoch allein die gravierenden Unterschiede nicht erklären. Prävention muss sowohl beim Verhalten als auch den Verhältnissen ansetzen.

Die Diskrepanzen zwischen der Gesundheitssituation der sozialen Milieus haben sich im Zeitverlauf nicht abgebaut. In den letzten Dekaden ist zwar auch die Lebenserwartung der Bezieher niedriger Einkommen gestiegen. Die Lebenserwartung bei Geburt der Männer im Armutsrisiko 2005 liegt mit 70 Jahren etwa bei der Lebenserwartung aller Männer in Deutschland (West) Anfang der 1980er Jahre.[13] Auch die Gesundheitssituation der Armen hat sich also verbessert. Wie Daten der Rentenversicherung zeigen, hat die Lebenserwartung der Bezieher hoher Einkommen stärker zugenommen, sodass sich der absolute Unterschied in den Lebenserwartungen noch vergrößert haben dürfte.[14]

Diese Unterschiede sind eine Herausforderung an unser Gerechtigkeitsgefühl. Wir akzeptieren, dass Menschen mit höherem Einkommen «schöner wohnen, exquisiter essen, bequemer fahren und sich exklusiver kleiden» können. Aber «Gesundheit ist ein Gut, dass einen besonderen existenziellen Stellenwert hat. … Das soziale Gewissen sträubt sich, wenn dann die Heilungs- oder Linderungsaussichten vom Geldbeutel abhängen.»[15]

Untaugliche Erklärungsversuche

Es hat nicht an Versuchen gefehlt, diese Diskrepanzen auf aktuelle sozialpolitische Entscheidungen zurückzuführen, beispielsweise auf Sparbeschlüsse in der Gesundheitspolitik wie die Zuzahlungen bei Medikamenten oder die Praxisgebühr, oder auf die
Hartz-Reformen.[16] Diese Erklärungsversuche erweisen sich als
untauglich. Diskrepanzen im Gesundheitszustand und der Lebenserwartung finden sich in allen Wohlfahrtsstaaten, also in
Sozialsystemen ganz unterschiedlicher Ausprägung. Sie bestanden bereits, als es in Deutschland weder Zuzahlungen noch eine
Praxisgebühr gab. Zwar ist es richtig, dass die Praxisgebühr in der
Gefahr stand, arme Menschen von einem notwendigen Arzt-
besuch abzuhalten (während sie bei den Menschen der Mitte ihre
steuernde Wirkung verfehlte) und ist somit 2013 zu Recht abgeschafft worden. Auch Zuzahlungen für Medikamente stellen
eine Belastung armer Haushalte dar. Aber als Erklärung für die
hohen Diskrepanzen bei Gesundheitszustand und Lebenserwartung taugt beides nicht. Auch gibt es keine Indizien, dass sich die
gesundheitliche Lage in Deutschland seit Mitte des letzten Jahr-
zehnts, also der Zeit seit der Einführung der Hartz-Gesetze, verschlechtert hätte.

Auch der Hinweis auf die knappen Regelsätze des Arbeitslosengeldes II taugen als Erklärung wenig. Wie in Kapitel 5
(Hartz IV – Armut per Gesetz?) erläutert, ist es gut begründet,
hier eine Besserstellung zu fordern. Aber: Teil des Problems ist ja
auch ein erhöhtes gesundheitliches Risikoverhalten bei Menschen mit niedrigem sozioökonomischen Status, das im Vergleich
zu einer gesunden Lebensführung mit deutlichen Mehrkosten
verbunden ist, insbesondere das Rauchen und der Konsum von
Softdrinks.[17] Auch das in vielen Familien fehlende regelmäßige
Frühstück scheitert nicht in erster Linie am Geld. Es ist wohl
auch kaum realistisch anzunehmen, dass ein pro Monat um 50
oder 100 Euro erhöhter Regelsatz (höhere Beträge wären utopi-

sche Dimensionen) allein dazu aufgewandt würde, die gesundheitliche Situation beispielsweise durch eine gesündere Ernährung zu verbessern. Die Forderung nach höheren Regelsätzen speist sich weniger aus der Intention, eine gesunde Ernährung zu sichern, sondern daraus, mehr Raum für die Teilhabe am gesellschaftlichen Leben zu schaffen. «Natürlich», so der Gesundheitswissenschaftler Rolf Rosenbrock, «kann eine Harz-IV-Empfängerin, wenn sie ganz viel Lebenskraft, Aufmerksamkeit und Zeit darauf verwendet, auch mit den Regelsätzen für sich und ihre Familie gesund kochen».[18] Es ist das Dauererleben mangelnder Teilhabe und das Gefühl mangelnder Selbstwirksamkeit, das der Selbstsorge im Wege steht.

Ebenso geht die Forderung nach einer Bürgerversicherung als Antwort auf gesundheitliche Ungleichheit ins Leere. So wichtig es ist, sich über die angemessene Finanzierung eines solidarischen Gesundheitssystems zu streiten, liegt hier nicht der Schlüssel dafür, die gesundheitliche Benachteiligung Armer abzubauen. Denn sonst wäre nicht erklärbar, warum Sozialstaaten mit ganz unterschiedlichen Finanzierungssystemen in diesem Punkt sehr ähnliche Probleme aufweisen. Gleiches gilt für die überkommene Spaltung zwischen gesetzlichen Krankenkassen und Privatversicherungen, die man nur aus der historischen Entwicklung der deutschen Sicherungssysteme erklären kann. Auch wenn es ärgerlich ist, als gesetzlich Versicherter länger auf einen Facharzttermin zu warten als der privatversicherte Nachbar, davon stirbt man nicht zehn Jahre früher. Außerdem: Etwa 90% der Bürgerinnen und Bürger in Deutschland sind in der Gesetzlichen Krankenversicherung, auch innerhalb dieser großen Gruppe sind die sozial bedingten Unterschiede in der Lebenserwartung anzutreffen.

Wo aber ansetzen?

Auf den ersten Blick naheliegend ist es, gesundheitlich riskantes Verhalten durch Aufklärung, Information und Kampagnen zurückzudrängen. Solche Bemühungen gibt es zuhauf. Ihr Nutzen beim Abbau gesundheitlicher Ungleichheit ist begrenzt. Kursangebote der Krankenkassen erreichen überwiegend Angehörige der Mittelschicht mit hoher Gesundheitsmotivation[19] und werden teilweise auch als Wettbewerbsinstrument der Kassen um «gute Risiken», also um Mitglieder mit einem guten Gesundheitszustand, genutzt. Aufklärungskampagnen zur Prävention von Krankheiten, die allein am Verhalten der Zielgruppen ansetzen wollen, erreichen Menschen in prekären Lebenslagen und spezifischen Milieus kaum oder gar nicht. Gesundheitsschädliche Verhaltensweisen wie Fehl- oder Überernährung, Bewegungsmangel oder Suchtmittelkonsum werden durch Erziehung, Sozialisation und Alltagskultur geprägt und entwickeln sich in Wechselwirkung mit den Lebensbedingungen. Einmal verfestigt, haben sie eine hohe Beharrungskraft.[20]

Prävention von Krankheiten und der Schutz der Gesundheit müssen also über das Angebot der Krankenversorgung und ihrer Institutionen hinausgehen. Wer beispielsweise seit langem arbeitslos ist und sich deshalb als wenig selbstwirksam erfährt, wird von Informationskampagnen allein nicht gesünder werden. Gerade Langzeitarbeitslosigkeit ist ein großer Risikofaktor.[21] Langzeitarbeitslose Menschen haben eine deutlich schlechtere gesundheitliche Situation, denn hier kumulieren häufig verschiedene Risiken: eine schlechtere Ausbildung, ein hohes Armutsrisiko und die psychische Belastung, die mit unsicheren oder fehlenden Perspektiven verbunden ist. Daher ist eine aktive Beschäftigungspolitik eine Herausforderung, die für das Ziel der Gesundheitsgerechtigkeit höchst relevant ist. Sie darf sich deshalb nicht allein auf diejenigen beschränken, die bereits fit für den ersten Arbeitsmarkt sind oder schnell dazu fit gemacht werden können.

Sinnstiftende Arbeit ist Teilhabe, sie schafft persönliche Perspektiven. In Kapitel 11 komme ich hierauf zurück.

Auch Stadt- und Verkehrspolitik haben eine gesundheitspolitische Dimension. Wer arm ist, hat es deutlich schwerer, Wohnlagen mit schädigendem Verkehrslärm auszuweichen. Programme der sozialen Stadt, die nicht auf Bauten fixiert sind, sondern die Bezüge im Sozialraum verändern helfen, können Raum schaffen für Bürger, sich für die Verbesserung ihres unmittelbaren Lebensumfeldes zu engagieren. Dadurch erfahren Bürger Selbstwirksamkeit, was auch für ihr gesundheitliches Veralten förderlich sein dürfte.

Das ist die Grundidee des Setting-Ansatzes. Hierzu Rolf Rosenbrock: «Viele Interventionen entfalten erst dann ihre Wirksamkeit, wenn sie nicht nur (und oft nicht einmal primär) auf die Veränderung der Lebensweise, des Lifestyle bzw. Verhaltens abzielen, sondern auch materielle und soziale, belastende ebenso wie stärkende Faktoren und Anreize der physischen und sozialen Umwelt einbeziehen. Damit geraten Faktoren in den Blick, die die Lebensweise, den Lifestyle, das Verhalten prägen; die Intervention erfolgt um ein oder mehrere Glieder der Kausalkette früher.»[22]

In einem solchen Kontext kann und muss man auch Fragen des individuellen Verhaltens thematisieren. Sozial engagierte Akteure haben eine geradezu irrationale Angst vor einer vermeintlichen «Individualisierung» sozialer Notlagen. Das hemmt eine umfassende Analyse der Probleme. Die Warnung vor Individualisierung ist fester Bestandteil der Sozialdebatten. Natürlich gibt es Argumentationsmuster, die Notlagen allein als Folge individuellen Fehlverhaltens sehen, meist dann in Verbindung mit einer Abwehr solidarischer Verpflichtungen. Sie kann man mit guten Argumenten zurückweisen. Aber: Eine vorurteilsfreie Erfassung der Kausalketten wird nicht außer Acht lassen können, dass der Zusammenhang zwischen Lebenslage und gesundheitlicher Situation auch verhaltensbedingte Gründe hat. Auch eine Präventionspolitik, die an den Lebensverhältnissen ansetzt, ist darauf angewiesen, dass Menschen für ihre persönliche Gesundheit Verantwortung übernehmen und ihr risikobehaftetes Verhalten ändern. Am Schluss muss, um nur ein Beispiel aufzugreifen, der Anteil der Mütter aus niedrigen Sozialmilieus, die während der Schwangerschaft rauchen, deutlich zurückgehen.

Aus dieser Einsicht folgt nicht, dass man sich mit einem achselzuckenden «Selber Schuld» von den Betroffenen abwenden dürfe. Sie sollte vielmehr Ansporn dafür sein, auch Menschen in prekären Lebenslagen und spezifischen Milieus durch eine Politik gesundheitlicher Prävention zu erreichen, die auf eine Änderung der Verhältnisse ebenso zielt wie des Verhaltens. In einem solchen Verständnis ist die Einbeziehung der in prekären Milieus verbreiteten gesundheitlich riskanten Gewohnheiten bezüglich Ernährung, Bewegung und Rauchen in die Analyse und Therapie gesundheitlicher Ungleichheit keine «Individualisierung» sozialer Notlagen, sondern Bedingung für eine erfolgreiche Arbeit.

Prävention ist leichter gefordert als erfolgreich durchgeführt. Die Kausalketten zwischen Lebenslage und Gesundheit verlaufen zu wesentlichen Teilen außerhalb des Systems der Krankenbehandlung. Sorge für die Gesundheit ist weit mehr als das, was die Krankenkasse bezahlt. Die irritierende gesundheitliche Ungleichheit fordert die Sozialpolitik auf vielen Feldern heraus, die auf den ersten Blick nicht gesundheitsrelevant erscheinen. Notwendig ist auch eine bessere Verzahnung zwischen den Akteuren der medizinischen Versorgung und sozialen Diensten. Hier steht sich der Sozialstaat häufig selbst im Weg (siehe auch Kapitel 12).

Einer Präventionspolitik, die Menschen in prekären Milieus wirksamer als heute erreicht und unter anderem die Anforderungen des Setting-Ansatzes aufgreift, wird es zwar möglich sein, die gesundheitliche Ungleichheit abzubauen; Diskrepanzen nach sozioökonomischen Milieus werden auf niedrigerem Niveau aber Bestand haben. Im gesundheitlichen Bereich gibt es keine einfachen Stellschrauben mit Wirkungsgarantie. Jede staatliche Intervention muss die autonomen Entscheidungen der Bürger respektieren. Auch mit der besten Absicht wird man ihr Leben nicht fürsorglich belagern dürfen. Gesundheitliche Ungleichheit an sich ist noch kein Zeichen für das Scheitern des Sozialstaats. Insofern sollte man auf vorschnelle Skandalisierungen verzichten, die zudem folgenlos bleiben. Gesundheitliche Ungleichheit in dem Ausmaß, wie wir sie heute vorfinden, trotz eines ausgebauten Sozialstaats, muss aber ein Stachel im Fleisch unseres Gerechtigkeitsverständnisses bleiben.

Die draußen stehen: Wohnungslose und Menschen in der Illegalität

Trotz rechtlicher Garantien gibt es auch bei uns Gruppen, die keinen Zugang zu einer Krankenversicherung haben. Menschen scheitern daran, eine Krankenversicherung abzuschließen, obwohl die Kassen zum Vertragsabschluss verpflichtet sind. Aktuell (Jahresmitte 2015) sind knapp 80 000 Menschen nicht versichert, die Anspruch auf Versicherungsschutz hätten, unter ihnen vor allem Ausländer, Soloselbständige und wohnungslose Menschen. 2003 waren es noch fast 200 000 Menschen.[23] Das Recht auf Krankenversicherung greift also. Damit haben 99,9 % der Versicherungsberechtigten auch einen Versicherungsschutz. Doch woran scheitern diejenigen, die keinen haben?

Das Recht auf eine Krankenversicherung und die Versicherungspflicht gehören unabdingbar zusammen. Sonst wäre es möglich, das Solidarsystem auszubeuten, indem man in gesunden Zeiten der Versicherung fernbleibt, sein Recht auf Krankenversicherung aber im Krankheitsfall geltend macht. Deswegen gilt der gesicherte Zugang zur Krankenbehandlung nicht bedingungslos. Wer seiner Beitragspflicht nicht nachkommt oder Beitragsschulden anhäuft, hat nur Zugang zur Akut- und Notfallversorgung. So berechtigt diese Regel ist, sie kann zur Exklusion armer Menschen aus unserem Gesundheitssystem führen. Was passiert, wenn wohnungslose Menschen die Aufnahme in eine

Krankenkasse beantragen? An den Kosten für die laufenden Beiträge scheitert es nicht. Denn ihnen steht in aller Regel die Grundsicherung für Arbeitsuchende zu, das Jobcenter führt die Beiträge an die Krankenversicherung ab. So weit ist alles sozialrechtlich ausreichend geregelt. Es gibt aber wohnungslose Menschen, die lange keine Grundsicherung beantragt haben und auch nicht versichert waren. Wenn sie einen Antrag stellen, werden sie mit hohen aufgelaufenen Beitragsschulden konfrontiert, denn schließlich hätten sie sich ja bereits seit langem versichern müssen. Diese aufzubringen ist in ihrer Situation jedoch völlig illusorisch.

Der Verweis auf aufgelaufene Beitragsschulden ist von den Kassen teilweise bewusst genutzt worden, um Antragsteller abzuwimmeln, die nun nicht gerade zu ihren Wunschkunden gehören. Von dem gesetzlich eingeräumten Ermessensspielraum, Beitragsschulden zu stunden oder (teilweise) zu erlassen,[24] haben die Kassen häufig keinen Gebrauch gemacht, wie die Wohlfahrtsverbände aus ihren Beratungsdiensten erfuhren. Nachdem diese Erkenntnisse kontinuierlich dem Bundesgesundheitsministerium berichtet wurden, übte dieses erheblichen Druck auf die Krankenkassen aus, um das Recht auf Versicherung durchzusetzen. Zudem wurde 2013 eine befristete Regelung zum Erlass von Beitragsschulden eingeführt, die zu einer weiteren Senkung der Zahl der Nichtversicherten führte. Doch diese hat das Problem nicht abschließend lösen können.[25] Auch weiterhin sollten bei besonders prekären Gruppen Ausnahmen von der konsequenten Durchsetzung der Zahlungsverpflichtung gemacht werden, sonst kann der Zugang zu einem Sicherungssystem, das für alle Bürger gelten soll, für manche doch verschlossen bleiben, beispielsweise für wohnungslose Menschen.

Aber auch wenn wohnungslose Menschen versichert sind, scheuen sie häufig den Weg in eine Arztpraxis. Im Wartezimmer sind sie Besucher aus einer anderen Welt. Sie fürchten die Zurückweisung seitens des Praxispersonals und der anderen Patienten. So werden Krankheiten verschleppt. Auch die Zuzahlungen

sind für diese Gruppe ein großes Problem. Zwar gilt eine Über-
forderungsgrenze. Der Nachweis dieser Grenze ist jedoch in
hohem Maße verwaltungsaufwendig. Wohnungslose Menschen
beispielsweise müssten dazu Belege sammeln, was viele in ihrer
Lebenslage schlicht nicht leisten können. Zudem fehlen für sie in
vielen Orten niedrigschwellige Angebote zur gesundheitlichen
Versorgung. In einer Reihe von Städten gibt es Straßenambulan-
zen. Dieses Angebot muss dringend ausgebaut werden.

Außen vor sind auch Menschen, die ohne legalen Aufenthalts-
titel in Deutschland leben. Sie fehlen in jeder Sozialstatistik.
Auch sie haben de jure einen Anspruch auf ärztliche Behandlung.[26] Viele haben jedoch Angst, dass eine kostenpflichtige Behandlung zur Aufdeckung ihres Status führt. Deswegen scheuen
auch sie den Besuch beim Arzt oder den Gang in ein Krankenhaus. Jede ernsthafte Krankheit bringt sie somit in Existenz-
nöte. Frauen ohne legalen Aufenthaltsstatus nehmen während
der Schwangerschaft meist keine Vorsorge wahr und werden teilweise nicht einmal während der Geburt medizinisch betreut.
Auch wenn es das Recht des Staates ist, einem illegalen Aufenthalt entgegenzutreten – aus humanitären Gründen brauchen
Menschen, die in aufenthaltsrechtlicher Illegalität in Deutschland leben, medizinische Behandlung, ohne ihre Daten preisgeben zu müssen. Das Land Niedersachsen führt seit 2015 auf Beschluss des Landtags ein Modellprojekt mit anonymisierten
Krankenscheinen durch.[27] Eine grundlegende Verbesserung erfordert eine Einschränkung der Datenübermittlung an die Ausländerbehörden.[28]

Asylbewerber, Geduldete und Bürgerkriegsflüchtlinge haben
zwar Zugang zur medizinischen Versorgung, aber nur eingeschränkt. Auch dies ist im Asylbewerberleistungsgesetz geregelt.
Sie sind nicht krankenversichert, sondern haben für die ersten
15 Monate ihres Aufenthalts lediglich einen Anspruch auf ärztliche Behandlung bei akuten Erkrankungen, Schmerzzuständen,
Schwangerschaft und Geburt. Doch fehlende Behandlung kann
eine Krankheit chronisch werden lassen. Berichte aus der Praxis

deuten darauf hin, dass Ärzte einige Kreativität dabei aufwenden, Erkrankungen bei Flüchtlingen so zu diagnostizieren, dass eine angemessene Behandlung finanziert wird. Ob im Einzelfall psychotherapeutische Behandlung gewährt wird, steht im Ermessen der Behörden, ein völlig unbefriedigender Zustand, wenn Menschen, die aus Bürgerkriegsgebieten oder vor politischer Verfolgung geflohen sind, an einer schweren posttraumatischen Belastungsstörung leiden. Diese gesetzliche Regelung gilt auch für Kinder und Jugendliche, die oftmals besonders belastet sind. Den Mitarbeitenden im Sozialamt fehlt für eine fachgerechte Entscheidung in aller Regel die medizinische Kompetenz.

Diese gesetzliche Regelung sollte nach einem Urteil des Bundesverfassungsgerichts vom 18.07.2012 eigentlich hinfällig sein. Dieses Gericht hatte über die abgesenkten Leistungen im Rahmen des Asylbewerberleistungsgesetzes zu urteilen. Zwar bezog sich das Urteil nur auf die Höhe der Leistungssätze, die das Gericht als evident zu niedrig bewertete. Es traf dabei eine eindeutige Feststellung: Die im ersten Satz des Grundgesetzes «garantierte Menschenwürde ist migrationspolitisch nicht zu relativieren.»[29] Zur Gewährleistung eines menschenwürdigen Existenzminimums gehört nach der Rechtsprechung des Bundesverfassungsgerichts auch die Gesundheitsversorgung. Obwohl es evident sein sollte, dass der derzeitige Leistungsumfang des Asylbewerberleistungsgesetzes keine verfassungskonforme Gesundheitsversorgung sicherstellt, ist eine Lösung innerhalb der Bundesregierung weiterhin blockiert.

Der Deutsche Caritasverband hat 2012 in einer repräsentativen Stichprobe etwa 2000 Bürgerinnen und Bürger befragt, wie sie über die Einbeziehung von Asylbewerbern, Bürgerkriegsflüchtlingen und Geduldeten in die Krankenversicherung denken. Die Befragten wurden zudem um eine Antwort gebeten, ob sie auch zu entsprechenden Mehrzahlungen als Beitragszahler bereit sind und wie hoch ihre Zahlungsbereitschaft wäre. Auch wurden ihre parteipolitischen Sympathien erfragt. 62% waren dafür. In allen politischen Lagern fand sich eine Mehrheit. Etwa die Hälfte der

Befragten erklärte, zu einer Zahlung bereit zu sein, im Durchschnitt aller Befragten (einschließlich derer, die zu keiner Zahlung bereit waren) wurden 4 Euro genannt.

Zum Zeitpunkt der Befragung waren 4 Euro ein Vielfaches dessen, was nötig gewesen wäre, alle Menschen aus der Zuständigkeit des Asylbewerberleistungsgesetzes in die Krankenversicherung zu überführen. Gerade mal 24 Cent hätte jeder der etwa 50 Millionen gesetzlich versicherten Erwachsenen 2012 monatlich aufbringen müssen, um eine volle Versorgung der Flüchtlinge solidarisch zu tragen.[30] Dennoch war dies nicht durchsetzbar. Wie die Umfrage zeigt, liegt dies nicht an einer allgemeinen Gleichgültigkeit der Bevölkerung. Heute ist unsere Solidaritätsbereitschaft in einem deutlich höheren Maße gefordert. Aber auch an 3 Euro pro Monat sollte es nicht scheitern, allen Menschen, die hier dauerhaft leben, eine uneingeschränkte Krankenversorgung zu bieten.

10.
Bildungsarmut ist (kein) Schicksal

Zwillinge: Geringe Qualifikation und Armutsrisiko

Der Befund ist eindeutig: Wer keinen Berufsabschluss hat, wem sogar ein Schulabschluss fehlt, der hat ein sehr hohes Risiko, arbeitslos zu werden. Langzeitarbeitslose sind in aller Regel auf Hartz IV angewiesen. Durch das hohe Risiko der Arbeitslosigkeit und zudem den geringen Verdienst, den Erwerbstätige ohne berufliche Qualifikationen beziehen, gibt es einen engen Zusammenhang zwischen fehlender Ausbildung und materieller Armut – sowohl während des Erwerbslebens als auch im Alter. Damit ist die Bildungspolitik ein wichtiges Feld der Armutsbekämpfung, wenn der Anspruch, präventiv zu wirken, ernst genommen wird.

Wie eng, ja geradezu dramatisch eng, der Zusammenhang zwischen Qualifikationsniveau und Arbeitsmarktchancen heute ist, zeigen die Arbeitslosenquoten differenziert nach Qualifikationsstufen. Auf dem Höhepunkt der Arbeitslosigkeit im vereinigten Deutschland im Jahr 2005 war jede vierte Erwerbsperson ohne Berufsausbildung arbeitslos, im Vergleich zu jeder 10. mit einer Berufsausbildung und jeder 25. mit einem Hochschulabschluss. Mit den arbeitsmarktpolitischen Erfolgen seit 2005 hat sich die Arbeitslosigkeit bei allen Qualifikationsgruppen verringert. Heute ist jeder Fünfte ohne Berufsausbildung arbeitslos, im Vergleich zu jedem 20. mit einer Berufsausbildung und jedem 40. mit einem Hochschulabschluss.[1] Wer eine Fachschul-, Meister-

oder Technikerausbildung abgeschlossen hat, ist ähnlich gut vor Arbeitslosigkeit geschützt wie ein Hochschulabsolvent.[2] Am schlimmsten sind diejenigen dran, denen selbst ein Schulabschluss fehlt: Fast jeder Dritte von ihnen ist arbeitslos,[3] und haben sie Arbeit, ist diese oft niedrig bezahlt. Geringqualifizierte sind die Verlierer auf dem Arbeitsmarkt und damit Kandidaten für Armut und Altersarmut.[4]

Auch in Zukunft wird sich daran nichts ändern. Hier auf eine Entlastung durch den demografischen Wandel zu hoffen, wäre sträflicher Leichtsinn. Zwar ist die Gruppe derjenigen, die neu auf den Arbeitsmarkt kommen, deutlich kleiner als die Gruppe derjenigen, die in den Ruhestand gehen, und dieses Verhältnis wird dauerhaft anhalten. Damit wird das Arbeitslosigkeitsrisiko der Gutqualifizierten weiter zurückgehen. Es deutet aber nichts darauf hin, dass diejenigen vom demografischen Wandel profitieren werden, die keinen Schulabschluss haben oder die trotz eines mit Ach und Krach erreichten Schulabschlusses nicht über ausreichende Grundlagen für eine Ausbildung verfügen.

«Vererbtes» Armutsrisiko

Zum vollständigen Bild des Zusammenhangs zwischen Bildungsferne, Arbeitslosigkeit und Armut gehört die weiterhin enge Verbindung zwischen der sozialen Herkunft von Kindern und ihrem Bildungserfolg. Erfasst man die soziale Herkunft über den Bildungshintergrund der Familien, so zeigt sich: Je niedriger der allgemeine Schulabschluss und die berufliche Ausbildung der Eltern, desto häufiger sind ihre Kinder auf der Hauptschule (bzw. der integrierten Haupt- und Realschule) und desto seltener auf dem Gymnasium.[5] Kinder aus Elternhäusern mit niedrigem sozialen Status haben also weit geringere Chancen, die Bildungsabschlüsse zu erzielen, die besonders gut vor Arbeitslosigkeit und Armutsrisiko schützen.

Ein hohes Armutsrisiko haben diejenigen, die keinen Berufsabschluss erreichen. Auch hier zeigt sich ein Phänomen sozialer Vererbung, wie eine für den vierten Armuts- und Reichtumsbericht der Bundesregierung erstellte Studie ergeben hat.[6] Differenziert nach Alterskohorten wurde darin untersucht, welcher Anteil der Personen, deren Väter ungelernte Arbeiter waren, ebenfalls keine Berufsausbildung hat. Für die Gruppe der zwischen 1970 und 1980 Geborenen beträgt dieser Anteil ein Drittel und ist damit nahezu genauso hoch wie bei der zwischen 1920 und 1929 geborenen Generation. Für die Generationen der Kriegs- und Nachkriegszeit waren diese Werte besser: Nur etwa jeder Vierte, der in den 1950er Jahren geboren wurde und aus einer Familie ungelernter Arbeiter stammte, blieb selbst ohne berufliche Ausbildung.[7] Die Werte haben sich also trotz der Bildungsexpansion wieder verschlechtert. Dieser Befund muss beunruhigen, denn er ist unvereinbar mit den stark gestiegenen Qualifikationsanforderungen an die Beschäftigten heute. Die in den 1920er Jahren Geborenen konnten, auch wenn sie keine Ausbildung hatten, dennoch auf Beschäftigung hoffen. Handlangerdienste wurden in der Landwirtschaft und der Industrie benötigt, denn sie waren dort noch nicht durch Maschinen ersetzt worden.

Nun würde auch ein optimal ausgestaltetes Bildungssystem ein gewisses Maß an sozialer Vererbung von Bildungspositionen und die damit verbundene Weitergabe des sozialen Status auf die nächste Generation nicht verhindern können. Kinder aus höheren sozialen Schichten erhalten eine Sozialisation, die auf den Erhalt des gesellschaftlichen Status ausgerichtet ist. Sie werden bewusst und unbewusst gefördert (manchmal auch überfördert) und erhalten im Elternhaus Anregungen und Sprachkompetenzen, die für den Bildungserfolg nützlich sind. Sie erleben dort ein soziales Umfeld, das geeignet ist, die Bedeutung von Bildung zu vermitteln und die Motivation für den Bildungserwerb zu fördern (auch wenn bildungsbürgerliche Eltern dies in der mehr oder weniger leidvollen Begleitung der Schulzeit ihrer Kinder, insbesondere ihrer Söhne, nicht immer so empfinden mögen).

Kinder aus höheren sozialen Schichten haben aufgrund ihrer Herkunft günstigere Lernvoraussetzungen und deutlich höhere Chancen, den schulischen Anforderungen gerecht zu werden und auf das Gymnasium zu wechseln. Zu diesem primären Effekt sozialer Herkunft gesellt sich ein sekundärer Effekt, denn auch bei gleichen Leistungen beenden Kinder aus Familien mit niedrigerem Bildungsstatus ihre schulische Ausbildung häufig früher. Und viele derer, die gegen widrige Umstände die Hochschulzulassung erlangen konnten, scheuen schließlich vor einem Studium zurück.[8]

Bildungssystem: Fern von den Bildungsfernen?

Auch wenn das Bildungssystem die Effekte sozialer Herkunft nicht einfach aufheben kann, könnte hier mehr geleistet werden. Wenn Bildungsferne sich sozial vererbt, dann auch, weil das Bildungssystem zu fern ist von den «Bildungsfernen» und sich seine Akteure damit abgefunden haben. Überhaupt ist der Begriff «bildungsfern» problematisch, insbesondere, wenn er inflationär benutzt wird und diejenigen als nur schwer bildbar ausgrenzt, die nicht aus einer Akademikerfamilie oder dem gehobenen Facharbeitermilieu kommen.

Es gibt einen sehr einfachen Indikator für die Leistungsfähigkeit des Bildungssystems: Wie hoch ist der Anteil der Jugendlichen, die die Schule ohne einen allgemeinbildenden Schulabschluss verlassen, die also nicht wenigstens einen Hauptschulabschluss erreichen konnten? Im Jahr 2014 lag dieser Anteil bei 5,7%. Mit einem Hauptschulabschluss stehen jungen Menschen weniger Türen offen als mit dem Abschluss einer weiterführenden Schule. Wem aber auch dieser Abschluss fehlt, der macht häufig die sein weiteres Leben prägende Erfahrung, gescheitert zu sein. Es entstehen massive Nachteile, denn der Schulabschluss hat eine weitreichende Steuerungsfunktion für die Integration in Ausbildung und Arbeitsmarkt.[9] Wer den Hauptschulabschluss verpasst hat, dem sind noch nicht alle Wege verbaut. Es gibt in Deutschland ein großes und aufwendiges Übergangssystem, dem es gelingt, einen erheblichen Teil derjenigen nachzuqualifizieren, die in der Schule gescheitert sind. Aber dieser Weg ist steinig und mit Nachteilen verbunden. Potentielle Arbeitgeber erkennen aus dem Lebenslauf den holprigen Start, schließen daraus auf ein geringeres Leistungspotential und stellen Bewerber aus dem Übergangssystem daher oft hintenan.

Nun kann es Gründe für Schulversagen geben, die nicht der Schule zuzurechnen sind. Wenn Kinder und Jugendliche ohne familiären Rückhalt in ungeordneten oder zerrütteten Verhältnissen aufwachsen, sich aufgrund ständigen Streits oder gar Gewalterfahrungen in ihrer Familie nicht auf den Unterricht konzentrieren können, kann dies die Schule selbst bei bestem Willen aller Beteiligten nicht kompensieren. Auch kann ein kleiner Teil der Schüler aufgrund etwa einer geistigen Behinderung selbst mit guter Förderung keinen Hauptschulabschluss schaffen. Aber – und das ist der entscheidende Punkt – dies kann nicht die gravierenden Unterschiede erklären, die zwischen den Regionen innerhalb Deutschlands bestehen. Der Anteil der Schüler ohne Schulabschluss wird jedes Jahr vom Deutschen Caritasverband in der kontinuierlich aktualisierten Studie «Bildungschancen vor Ort» untersucht.[10] So scheitert in Sachsen-Anhalt jedes 11., in Hessen jedes 20., im Landkreis Günzburg jedes 13., im Landkreis Unterallgäu dagegen nur jedes 40. Schulkind.[11] Schaubild 7 zeigt die Bundesrepublik als einen Flickenteppich des Scheiterns. Der verpasste Hauptschulabschluss in der Regelschule muss also auch Gründe jenseits individueller und familiärer Bedingungen haben. Würde es gelingen, die Bildungsergebnisse in den schwächeren Regionen auf das andernorts erreichte Niveau zu verbessern, würden deutlich weniger Jugendliche in der Schule scheitern. Dies wäre ein äußerst wirksamer Beitrag zur Armutsprävention.

Um dieses Potential auszuschöpfen, ist es wichtig, die Gründe für die massiven regionalen Unterschiede zu verstehen. Es ist naheliegend zu vermuten, dass die sozialen Verhältnisse den Schulerfolg beeinflussen: Dort, wo die Arbeitslosigkeit hoch ist, wo also mehr Schüler mit Arbeitslosigkeit in ihrem Umfeld konfrontiert sind als anderenorts, kann sich dies negativ auf ihre Lernmotivation auswirken. Dort, wo der wirtschaftliche Wohlstand niedrig ist, gibt es weniger Aussichten auf einen guten Arbeitsplatz. Dort, wo viele Eltern keine Berufsausbildung haben, gibt es mehr Kinder, die von ihren Eltern nicht ausreichend unterstützt werden können. Wo viele Schüler mit Migrationshintergrund leben, können mangelnde Sprachkenntnisse den Unterricht hemmen und ist mehr Eltern als anderenorts das deutsche Schulsystem nicht vertraut. Möglicherweise fehlen in überschuldeten Kommunen Mittel für ergänzende Angebote. Vielleicht sind die sozialen Verhältnisse auf dem Land stabiler als in den Städten, auch das könnte die regionalen Unterschiede erklären. Oder liegt es an den unterschiedlichen Schulsystemen? Schließlich ist Bildungspolitik Ländersache. Müssen die Schulsysteme vereinheitlicht werden, damit weniger Kinder in der Schule scheitern?

Auf der Grundlage der Daten der etwa 400 Kreise und kreisfreien Städte in Deutschland kann man mit ökonometrischen Methoden untersuchen, ob diese Hypothesen tragen.[12] Wenn zahlreiche Faktoren eine Rolle spielen, können so die statistischen Zusammenhänge ermittelt und Fehlschlüsse vermieden werden. Die Ergebnisse der Studie waren überraschend und zeigen, dass sich die vor Ort Verantwortlichen nicht einfach mit dem Verweis auf die sozialen Verhältnisse von ihrer Verantwortung freisprechen können.

Völlig konträr zu den Erwartungen hat die Pro-Kopf-Verschuldung der kommunalen Ebene keinen nachweisbaren Einfluss auf den Schulabgang ohne Hauptschulabschluss. Im Klartext heißt dies: So wichtig die Auseinandersetzung um die finanzielle Ausstattung der Kommunen ist, die vehemente Klage ihrer Vertreter, aufgrund der Mittelsituation seien Städte und Gemeinden die Hände gebunden, ist – jedenfalls in diesem Fall –

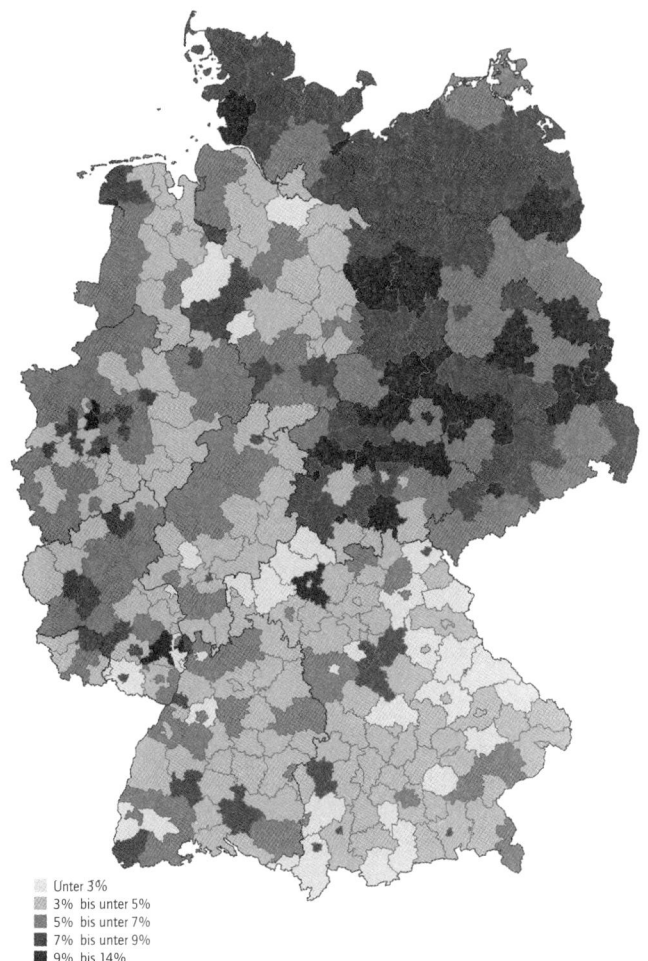

Unter 3%
3% bis unter 5%
5% bis unter 7%
7% bis unter 9%
9% bis 14%

Schaubild 7: Anteil der Schulabgänger ohne Abschluss 2014

nicht durch die Daten gedeckt. Wenn der politische Wille da ist, schaffen es auch verschuldete Kommunen, Kinder aus benachteiligten Milieus zu fördern.

Ebenso ohne Einfluss ist der Anteil der Hauptschüler an der Gesamtschülerzahl. Dies ist bemerkenswert. Ob also in einem Kreis viele oder wenige Schüler die Hauptschule besuchen, wirkt sich nicht auf den Anteil derer aus, die in der Schule scheitern. Dies sei zur Ehrenrettung der Hauptschule gesagt. Ebenfalls keinen nachweisbaren Einfluss haben die Stadt-Land-Unterschiede. Vermutungen über vermeintlich heile Verhältnisse auf dem Land gegenüber besonders belasteten Bedingungen in den Städten erklären die irritierenden regionalen Unterschiede nicht.

Einen nur sehr minimalen Einfluss – und dies war die zweite große Überraschung – hat der Anteil der ausländischen Schüler.[13] Die naheliegende Vermutung, dass dort, wo große Integrationsaufgaben zu bewältigen sind, die Leistungsbilanz der Schule zwangsläufig schlechter ausfällt, bestätigt sich nicht. In Salzgitter ist der Ausländeranteil unter den Schülern mit 15% doppelt so hoch wie im Bundesdurchschnitt, aber bezüglich der Quote der Kinder, die in der Schule scheitern, steht Salzgitter vergleichsweise gut da (4%). Dagegen hat Gelsenkirchen mit 17% einen kaum höheren Anteil ausländischer Schüler als Salzgitter, dort aber scheitern 13% der Kinder in der Schule. In den Schulen der ostdeutschen Bundesländer lernen wiederum nur sehr wenige ausländische Kinder, dort scheitert im deutschlandweiten Vergleich der höchste Anteil der Schüler an einem Abschluss.

Einen gewissen Einfluss dagegen hat die örtliche Arbeitsmarktsituation: Steigt die Arbeitslosenquote um einen Prozentpunkt, liegt die erwartete Quote der Schulabgänger ohne Hauptschulabschluss um 0,23 Prozentpunkte höher. Das verdeutlicht die sozialen Auswirkungen der Arbeitslosigkeit. Erfolge in der Arbeitsmarktpolitik sind somit auch bildungspolitisch von Vorteil. Die Werte zeigen aber auch, dass die Arbeitslosenquote nur ein Faktor unter mehreren ist. Einen weit geringeren Einfluss haben zwei weitere Faktoren: Dort, wo es viele Eltern ohne Berufsausbildung gibt, ist der Anteil der Kinder, die in der Schule scheitern, ein wenig höher. Und dort, wo der wirtschaftliche Wohlstand höher ist, ist der Anteil ein wenig niedriger. Aber erklären können die genannten Faktoren die massiven Unterschiede zwischen den Regionen nicht.

Es muss also andere Gründe geben. Damit kommen wir zum

dritten markanten Befund der Datenauswertung. Am stärksten wirkt sich der Anteil der Sonder- und Förderschüler aus. Steigt dieser um einen Prozentpunkt, liegt die erwartete Quote der Schulabgänger ohne Hauptschulabschluss um 0,6 Prozentpunkte höher. Diese starke Auswirkung spiegelt auch wider, dass nur wenige Förderschüler überhaupt einen Hauptschulabschluss erreichen. Sonder- und Förderschulen können für ein Kind die beste Alternative darstellen, wenn besondere Einschränkungen vorliegen und die Regelschule, zumindest in ihrer derzeitigen Ausstattung, nicht adäquat helfen kann. Aber: Der Verweis auf individuelle Einschränkungen kann nicht erklären, warum Kinder in Mecklenburg-Vorpommern dreimal so häufig Sonder- und Förderschulen besuchen wie in Schleswig-Holstein. Bei der Förderquote gibt es deutschlandweit eine extreme Bandbreite, von Kreisen, in denen jedes 15. Kind eine Sonder- oder Förderschule besucht, bis hin zu Kreisen, in denen nur jedes 50. Kind außerhalb der Regelschulen lernt. Dieser Einflussfaktor erklärt sich nicht aus den regionalen sozialen Verhältnissen. Es sind die im Schulsystem Handelnden selbst, die hier in der unmittelbaren Verantwortung stehen. Denn sie entscheiden, welches Kind in der Regelschule bleibt und welches nicht. Dort wo viele Schüler mit Lernschwierigkeiten oder Verhaltensauffälligkeiten vorschnell aus Regelschulen in Sonder- und Förderschulen verwiesen werden, ist die Quote der Schüler ohne Hauptschulabschluss besonders hoch.[14] Für viele derjenigen, die besser inklusiv in einer Regelschule hätten gefördert werden können, erweist sich dies als bildungspolitische Sackgasse.

Kooperation vor Ort macht einen Unterschied

Die Studie «Bildungschancen vor Ort» hat gezeigt, dass auch Kreise und kreisfreie Städte mit ähnlicher sozioökonomischer Struktur massive Unterschiede aufweisen. Da solche Unterschiede auch innerhalb des gleichen Bundeslands gegeben sind, können diese nicht allein auf die Kulturhoheit der Länder und die Unterschiedlichkeit der Bildungssysteme zurückgeführt werden. Da die Länder den Löwenanteil der Schulkosten tragen, bestehen auch unter ähnlichen Finanzierungsbedingungen große Unterschiede. Das wiederum verweist auf Verbesserungspotentiale auch innerhalb bestehender Mittelausstattung. Geld ist wichtig, Geld ist aber nicht alles.

Sehr entscheidend ist, inwieweit die Handlungsoptionen vor Ort genutzt werden. Ohne diese Dimension kann man nicht verstehen, warum die Karte des Scheiterns so gesprenkelt ist. Der politische Wille, die Zahl der Jugendlichen ohne Hauptschulabschluss zu senken, ist ein lokaler Erfolgsfaktor. Doch dieser Wille ist regional unterschiedlich stark ausgeprägt. Das zeigten auch die Reaktionen auf die Bildungsstudie der Caritas. Es gab beleidigte Stimmen, beispielsweise der Hinweis aus dem Oberbürgermeisteramt einer reichen deutschen Landeshauptstadt, dass nach ihren Unterlagen die Quote der Schüler ohne Abschluss einen halben Prozentpunkt niedriger sei. Es gab aber auch Verantwortungsträger, die großes Interesse zeigten und wissen wollten, was man vor Ort konkret tun könne, um mehr Kindern zum Erfolg in der Schule zu verhelfen. Politischer Wille war auch die entscheidende Ressource in denjenigen Kommunen, welche die Schulsozialarbeit bereits ausbauten, bevor der Bund diese finanziell zu fördern begann (entgegen den Regeln föderaler Zuständigkeit).[15] Politischer Wille ist außerdem Voraussetzung dafür, dass die Verantwortlichen wissen wollen, in welchen Schulen und damit in welchen Wohngebieten Jugendliche besonders häufig scheitern.

Politischer Wille ist förderlich für den Ausbau von Kooperationsstrukturen zwischen Schulen, dem Schulamt, dem Jugendamt, dem Jobcenter, den Diensten der Wohlfahrtsverbände und ortsansässigen Unternehmen. Wo Schulen sich gegenseitig unterstützen, kann es gelingen, Schülern mit Lernschwierigkeiten und Verhaltensauffälligkeiten die Abschulung in eine Förderschule zu ersparen. Wo Netzwerke der Zusammenarbeit mit sozialen Diensten entstehen, ist es leichter, schulmüde Kinder und Jugendliche sowie Schulverweigerer aufzufangen und sie nach einer Phase intensiver, falls notwendig auch außerschulischer Betreuung wieder an den Besuch des Unterrichts heranzuführen. Wo hingegen Schulabstinenz regelwidrig geduldet wird, auch weil das Fehlen «schwieriger» Schüler den Unterricht entlasten kann, findet eine besonders gravierende Form des Bildungsausschlusses statt.[16]

In Zusammenarbeit mit dem Jobcenter und örtlichen Betrieben kann eine Berufseinstiegsbegleitung in den Schulalltag integriert werden; längere Praktika können Einblicke in den Arbeitsalltag vermitteln und die Motivation fördern, den Hauptschulabschluss zu erlangen. Das kann sehr entscheidend sein für Jugendliche, in deren direktem Umfeld eher Arbeitslosigkeit als Arbeit der Normalfall ist. Ein Jugendlicher, der in einem solchen Umfeld groß wurde und in einem Projekt der Caritas bei seinem Berufseinstieg unterstützt wurde, drückte seine Ferne von der Berufswelt so aus: «Ich habe viel mehr Angst zu arbeiten als arbeitslos zu sein.»[17]

Nur die Spitze des Eisbergs

Ob diese Netzwerke der Befähigung existieren und wie wirksam sie sind, hat nicht nur Bedeutung dafür, ob es möglichst vielen Jugendlichen gelingt, die Schule mit zumindest einem Hauptschulabschluss zu verlassen. Von ihnen hängt auch ab, wie gut die Voraussetzungen der Absolventen für den Abschluss einer anschließenden Berufsausbildung sind. Denn der Hauptschulabschluss ist keine Garantie dafür, dass sie hierfür ausreichend vorbereitet sind. Wie die PISA-Ergebnisse für 2012 zeigen, kommen 44% der Hauptschüler im Alter von 15 Jahren (und 26% der Schüler aus verbundenen Haupt- und Realschulen) nicht über sehr basale Leseanforderungen einfach strukturierter Texte zu vertrauten Themen hinaus. Bezogen auf alle Schüler sind das 14,5%, somit jeder siebte Schüler. Etwa 10% der Hauptschüler schaffen es nur, in einem kurzen, einfachen Text aus einem gewohnten Kontext, dessen Form ihnen vertraut ist, beispielsweise einer einfachen Liste oder Erzählung, eine einzige, explizit ausgedrückte und leicht zu erkennende Information zu lokalisieren. Damit erreichen sie die allerunterste Stufe der Lesekompetenz, welche die PISA-Studie überhaupt noch erfassen kann.[18]

Da die PISA-Werte bei 15-jährigen Schülern erhoben werden, ist es nicht ausgeschlossen, dass einige von ihnen sich im Endspurt auf den Hauptschulabschluss noch verbessern. Generell aber sind mit einer niedrigen Lesekompetenz in diesem Alter auch deutlich schlechtere Chancen auf dem späteren Ausbildungs- und Berufsweg verbunden.[19] Schlechte Leseleistungen sind damit ein ernstzunehmender Warnhinweis auf die Gefahr späterer Armut. Wenn fast 15% der 15-jährigen Schüler eine so niedrige Lesekompetenz haben, muss man annehmen, dass viele von ihnen nur unzureichend auf eine Ausbildung und spätere Berufslaufbahn vorbereitet sind. Die Quote der Jugendlichen ohne Schulabschluss ist somit nur die Spitze des Eisbergs.

Hier dürfen auch nicht allein die schlechteren Chancen für eine Ausbildung gesehen werden. Wer bereits am Ende seiner Schulzeit nur sehr basale Lesefähigkeiten hat, ist in der Gefahr, selbst diese im späteren Leben wieder zu verlieren. Der 4. Armuts- und Reichtumsbericht der Bundesregierung thematisiert die Existenz einer großen Gruppe funktionaler Analphabeten. Betroffen sind 7,5 Millionen Menschen in der Altersgruppe zwischen 18 und 64 Jahren, die keine zusammenhängenden Texte lesen oder schreiben können, darunter 2 Millionen Menschen, denen selbst das Lesen und Schreiben einzelner Wörter schwerfällt. Etwa 1,5 Millionen der funktionalen Analphabeten sind jung, zwischen 18 und 29 Jahren, bei ihnen hat also die noch nicht lange zurückliegende Schulzeit keine bleibende Wirkung erzielt. Immerhin die Hälfte der funktionalen Analphabeten hat einen Berufsabschluss, aber auch dieser konnte sie nicht davor schützen, ihre Schreib- und Lesekompetenz wieder zu verlieren. Fast 60% der funktionalen Analphabeten schaffen es, dennoch berufstätig zu sein. Sie dürften dabei immer wieder in Situationen kommen, in denen sie ihr Defizit mühsam verbergen müssen, immer in der Angst, enttarnt zu werden. Ob sie nun arbeiten oder nicht, sie tragen ein hartes persönliches Schicksal.[20] Analphabetismus ist in unserer Gesellschaft eine besonders krasse Form des sozialen Ausschlusses, verbunden mit einem hohen Armutsrisiko während des Erwerbslebens und im Alter.

Kultusminister: Nichtwissen schützt vor Ärger

Schulpolitik ist Ländersache. Wie dargestellt, gibt es auch innerhalb der Bundesländer große Unterschiede, das Scheitern von Schulkindern kann also nicht allein auf die Schulpolitik der Länder geschoben werden. Aber es gibt auch große Unterschiede zwischen den Bundesländern.

Jeder, der weniger Kinder in der Schule scheitern sehen will, sollte auch die Gründe für diese Unterschiede besser verstehen wollen. Die vergleichende Bildungsforschung könnte hierbei helfen. Es gibt Bildungsdatensätze, die Ländervergleiche zu den unterschiedlichsten Fragen ermöglichen. Aus diesen Vergleichen könnte man Schlüsse für eine bessere Bildungspolitik ziehen. Aber die Bildungspolitiker der Länder wollen dies ganz offensichtlich nicht. Die Kultusministerkonferenz blockiert einen solchen Vergleich. Sie kann dies, denn sie entscheidet, unter welchen Auflagen die Daten genutzt werden dürfen. Bei Datensätzen wie dem Nationalen Bildungspanel wird eine ländervergleichende Auswertung häufig untersagt oder massiv behindert. Zum Teil wird die Bundeslandkennung aus Datensätzen bewusst entfernt, um Vergleiche schlicht unmöglich zu machen. Peinlicherweise kann Deutschland aufgrund dieser Behinderungen die Datenanforderungen internationaler Organisationen nicht vollständig erfüllen und die international genutzten Indikatoren nicht auf Ebene der Bundesländer darstellen.[21] Halten sich Wissenschaftler nicht an restriktive Auflagen zur Datennutzung, so drohen ihnen drakonische Geldstrafen. Zudem riskieren sie, vom Zugang zu den Daten gesperrt zu werden – für empirisch arbeitende Wissenschaftler eine Katastrophe.

Die Kultusminister fürchten ganz offensichtlich, dass solche Vergleiche Debatten erzeugen, die sie unter Druck setzen könnten. Die wenigen Vergleiche, die es gibt, lösen schnell hysterische Reaktionen aus. Bildungspolitiker aus Ländern, die beim jeweiligen Vergleich gut abschneiden, klopfen sich selbstbewusst auf die Schulter. Dort, wo es weniger gut aussieht, werden Bildungspolitiker angegriffen, ob nun ihre Politik dafür ursächlich ist oder nicht. Wissenschaftlern deswegen aber solche Ländervergleiche zu verbieten, ist obrigkeitsstaatliche Machtausübung und kommt einem partiellen Forschungsverbot gleich.

Dabei sind die gewonnenen Erkenntnisse aus derartigen Vergleichen von großer Bedeutung. Die Erfahrungen seit dem PISA-Schock vor mehr als 10 Jahren zeigen, dass Verbesserungen durchaus möglich sind. Bildungsbenachteiligung ist kein Schicksal. Im Jahr 2000 lagen die Leseleistungen in Deutschland deutlich unter dem Durchschnitt der westlichen und asiatischen Länder mit marktwirtschaftlichem Wirtschaftssystem (OECD-Staaten). Der Anteil der leseschwachen Schüler auf den untersten Kompetenzstufen lag damals bei 23%. Fast jeder vierte Schüler war somit auf eine Vielzahl von Alltags- und Ausbildungssituationen schlicht nicht vorbereitet.[22] Auch vor PISA hätte man über Defizite im Bildungssystem informiert sein können. Aber erst der Schock, den der internationale Vergleich auslöste, hat zu vielfältigen Bemühungen zur Verbesserung der Lesekompetenz geführt, in und jenseits der Grundschulen.[23] Leseförderung wurde auch zu einem wichtigen Feld ehrenamtlichen Engagements. Heute liegt die Leseleistung in Deutschland über dem OECD-Durchschnitt. Der Anteil derjenigen mit der schwächsten Lesekompetenz ist mit 14,5% deutlich niedriger als damals.

Mit der Verbesserung der Lesekompetenz ist auch der Zusammenhang zwischen sozialer Herkunft und Bildungserfolg schwächer geworden. PISA 2000 hatte gezeigt, dass es damals nur wenige OECD-Staaten gab, in denen dieser Zusammenhang so eng war wie in Deutschland. Das immerhin ist besser geworden. Zeigten damals fast 40% der Kinder un- und angelernter Arbeiter eine Leseleistung auf den untersten Kompetenzstufen, so waren es 2012 «nur» noch 22%.[24] Es bleibt viel zu tun. Beispielsweise haben 30% der Jugendlichen mit Migrationshintergrund, darunter auch diejenigen, die in Deutschland geboren wurden, nur eine sehr geringe Lesekompetenz. Und Jungen sind gegenüber Mädchen weiterhin deutlich abgehängt.[25] PISA zeigt, dass Fortschritte möglich sind, aber auch, dass es keinen Grund für zufriedenen Stillstand gibt.

Übrigens liegt der Anteil der Schülerinnen und Schüler mit sehr hoher Lesekompetenz mit knapp 9% etwa auf OECD-Durchschnitt; Finnland, Kanada und Japan beispielsweise haben hier deutlich bessere Werte. Das soll hier nur als Hinweis dienen, dass ein der Überwindung von Bildungsferne und dem Abbau von Armutsrisiken verpflichtetes Bildungssystem gleichzeitig auf gute Bildung für alle setzen und auch Spitzenkompetenzen hervorbringen muss. Ziel muss ein Bildungssystem sein, dass einen hohen Grad an Kompetenzvermittlung mit einem Abbau sozialer Disparitäten verbindet.

Wie wird sich die Mitte der Gesellschaft zu dieser Herausforderung stellen? Eine Bildungspolitik, die versuchte, die Weitergabe von Statushierarchien über das Bildungssystem zu durchbrechen, indem sie die Bildungsaspirationen der bürgerlichen Mitte hintanstellt, würde an deren massivem Widerstand scheitern. Dazu Heinz Bude: «Diesen Schichten zuzumuten, sie sollten sich zu sozialem Märtyrertum bekennen[,] und ihre Kinder als Einsätze für die Aushandlung eines neuen gesellschaftlichen Kompromisses zu sehen, ist wirklichkeitsfremd. ... Die Gewinner der letzten Bildungsexpansion in Deutschland wollen mit Blick auf die Zukunft ihrer Kinder nicht als Verlierer der jetzigen Bildungsreformen dastehen.»[26] Notwendig ist also eine Bildungspolitik, die Kinder und Jugendliche aus bildungsfernen Milieus fördert und befähigt und gleichzeitig den Bildungsaspirationen der Mitte gerecht wird. Dies ist umso schwieriger, je stärker sich Abstiegsängste in der bürgerlichen Mitte festsetzen. Wäre die Mitte hier gelassener, könnte sie erkennen, dass es auch in ihrem ureigenen Interesse ist, dass sich bildungsferne Milieus nicht verfestigen und über Generationen hinweg Bestand haben. Denn die Mitte wird die Folgen der Exklusion in Form von Steuern und Sozialabgaben zu großen Teilen zu tragen haben und dafür aufkommen müssen, dass das soziokulturelle Existenzminimum auch für diejenigen gewahrt wird, die aufgrund fehlender Bildung und Ausbildung nicht selbst für sich sorgen können. Sollte die Mitte in Deutschland – was hoffentlich nie eintreten wird – eines Tages den sozialstaatlichen Konsens aufkündigen, ohne den es dauerhaft nicht möglich sein wird, dass das Grundrecht auf Gewährleistung eines menschenwürdigen Existenzminimums im faktischen Rechtsvollzug Bestand hat, bedeutete dies für sie ein Leben in ständiger Konfrontation mit großen Gruppen exkludierter Menschen. Auch jenseits von Gerechtigkeitsüberlegungen und Wertfragen also sollte die bürgerliche Mitte aus ihrem wohlverstandenen Eigeninteresse heraus das Grundrecht auf Bildung für alle unterstützen. Denn das Worst-Case-Szenario im demografischen Wandel wäre ein Land, dessen wirtschaftliche Leistungsfähigkeit und Innovationskraft aufgrund eines wachsenden Fachkräftemangels gehemmt wird und das gleichzeitig Menschen aus bildungsfernen Schichten dauerhaft von produktiver Tätigkeit ausschließt, weil das Bildungssystem sie in jungen Jahren nicht zu erreichen vermochte.

11.
Menschen am Rande:
Chancen auf Arbeit?

Die gute Nachricht: Die Arbeit geht uns nicht aus

1995 prophezeite der weltbekannte amerikanische Zukunfts-
forscher Jeremy Rifkin das nahe Ende der Erwerbsarbeit.[1] In
Gesellschaften mit rasch steigender Arbeitslosigkeit fiel diese
Weissagung auf fruchtbaren Boden. Massenarbeitslosigkeit schien
unvermeidlich; wer es gegen den Trend steigender Arbeitslosen-
zahlen dennoch für möglich hielt, die Beschäftigung wieder zu
steigern oder gar in die Nähe der Vollbeschäftigung zurückzu-
kehren, galt als realitätsfremder Phantast. Auf dem Höhepunkt
der Arbeitslosigkeit in Deutschland sprach der Soziologe Ulrich
Beck vom Kapitalismus ohne Arbeit. «Es geht», so Beck, «längst
nicht mehr um die Umverteilung von Arbeit – Umverteilung von
Arbeitslosigkeit lautet die Aufgabe.»[2] Es zeichne sich die Brasi-
lianisierung des deutschen Arbeitsmarktes ab. Wenn der Trend an-
halte, werde in absehbarer Zeit die Hälfte der Beschäftigten in
Deutschland «‹brasilianisch› arbeiten»[3], also in informellen und
prekären Verhältnissen.

Arbeitsmarktpessimismus beeinflusst die Wahrnehmung der
Perspektiven, die Bildungsmaßnahmen und soziale Arbeit eröffnen. Wenn bereits gut qualifizierte Menschen befürchten müssen, infolge der technischen Revolution ihre Arbeit zu verlieren,
dann sind Menschen am Rande der Gesellschaft, Jugendliche aus

bildungsfernen Milieus oder Erwerbstätige mit gesundheitlichen Einschränkungen, völlig chancenlos. Alle Bildungs- und Qualifizierungsbemühungen seien dann vergebens, weil sie es doch nicht vermöchten, Benachteiligte auf den Level zu bringen, auf dem sich nur noch eine immer kleiner werdende Gruppe von Privilegierten behaupten könne. In den ersten Jahren nach Einführung von Hartz IV konnte man in Diskussionen immer wieder die Einschätzung hören: Für einen Teil der Jugendlichen wären alle Bemühungen um Qualifizierung letztlich fruchtlos. Bei Millionen fehlender Jobs sei es ehrlicher, sie auf ein Leben mit Hartz IV vorzubereiten.

Angesichts des Anstiegs der Arbeitslosigkeit über einen Zeitraum von 30 Jahren und angesichts von 5 Millionen registrierten Arbeitslosen Mitte der Nullerjahre war es verständlich, dass sich Pessimismus breitmachen konnte. Doch dieser prägte die Sozialdebatte auch noch, als die Arbeitslosigkeit in Deutschland wieder sank. Christoph Butterwegge ließ sich noch 2014 so in der Tageszeitung zitieren: «Dieses Versprechen, die Armut mit Bildung zu bekämpfen, kann vielleicht für Einzelfälle funktionieren. … Bei besserer Bildung würden die jungen Menschen aber womöglich nur auf höherem geistigen Niveau um die immer noch massenhaft fehlenden Arbeitsplätze konkurrieren, unbezahlte Praktika machen und es würden mehr Taxifahrer mit Hochschulabschluss herumfahren.»[4]

Ein weit verbreiteter Arbeitsmarktpessimismus entmutigt nicht nur Bildungsanstrengungen. In einer Welt des unüberwindbaren Mangels an Arbeit nimmt, wer nicht vorzeitig in Rente geht oder gar über das Rentenalter hinaus arbeitet, den Jungen den Job weg. Um diesen vermeintlichen Konflikt zwischen Jung und Alt zu entschärfen, war die deutsche Arbeitsmarktpolitik in Zeiten hoher Arbeitslosigkeit auf Altersteilzeit und Frühverrentung fixiert. Ein Anstieg der Frauenerwerbstätigkeit muss unter diesen Umständen ebenfalls als Problem erscheinen. Wenn die Arbeit ausgeht, sind schließlich auch Flüchtlinge und Zuwanderer eine Gefahr für die Beschäftigung derer, die bereits hier leben. Die bürokratische Prüfung durch die Arbeitsagenturen, wenn Ausländer, die nur einen nachrangigen Zugang zum Arbeitsmarkt haben, eine Stelle annehmen wollen, rührt von einem solchen Arbeitsmarktpessimismus her. Die Prüfung stellt sich oft als Hemmnis für eine rasche Integration heraus. Welcher Arbeitgeber will schon auf den Ausgang eines mehrwöchigen Überprüfungsverfahrens warten, wenn er bereits jemand anderen für den Job hat?

Rifkins von Teilen der Öffentlichkeit so gläubig aufgenommene Weissagung traf nicht ein, auch nicht die schwarzen Visionen von Ulrich Beck. Wir erleben kein Ende der Erwerbsarbeit. Auch die sehr hohe Arbeitslosigkeit in einigen südlichen Mitgliedsstaaten der Europäischen Union ist nicht Vorbote eines unaufhaltsamen Trends wachsender Massenarbeitslosigkeit. Sie ist vielmehr Begleiterscheinung massiver Haushaltskrisen und der Konsolidierungsmaßnahmen, die unvermeidlich wurden, als die durch Verschuldung «gekaufte Zeit» nicht weiter verlängert werden konnte und die Verschuldungsstaaten zu Konsolidierungsstaaten wurden.[5] Diese Situation kann nur in einem langwierigen Anpassungsprozess überwunden werden, so bitter dies ist. Wirksamere Unterstützung für die Länder im Süden der Europäischen Union, etwa für Ausbildungs- und Beschäftigungsprojekte, damit aus der gebeutelten jungen Generation keine verlorene Generation wird, wäre dringend nötig. Dies liegt aber außerhalb des Themenbereichs dieses Buches.

Als die Arbeitslosigkeit in Deutschland am höchsten war, drohte der Begriff der «Überflüssigen» sich in sozialpolitischen Debatten festzusetzen.[6] Wie die Entwicklung in Deutschland nach 2005 jedoch gezeigt hat, kann der Arbeitsmarkt wachsen. Wenn mehr Menschen arbeiten wollen, kann die Arbeitslosigkeit dennoch sinken. Aufgrund der langen Erfahrung der Massenarbeitslosigkeit steht die «Kuchentheorie» des Arbeitsmarktes noch immer hinter vielen Debattenbeiträgen. Doch der Arbeitsmarkt ist kein Kuchen, bei dem die Stücke für alle immer kleiner werden müssen oder einige leer ausgehen, sollte dieser zu klein sein. Das Produktionsvolumen ist keine von außen gesetzte Größe, die durch unverrückbare Beschränkungen der Nachfrage oder andere Bedingungen zwangsläufig begrenzt ist. Im Verlauf der wirtschaftlichen Entwicklung der heutigen Industrieländer hat der technologische Fortschritt nicht zu einer dauerhaften Massenarbeitslosigkeit geführt, sondern zu einer Verbesserung der materiellen Güterversorgung und zu einer Ausdehnung der Freizeit.[7] Krisenhafte Entwicklungen mit hoher Arbeitslosigkeit allerdings sind ein wiederkehrender Bestandteil dieser Entwicklung. Aber nichts rechtfertigt einen Bildungs- und Beschäftigungspessimismus, der «überflüssige» Gruppen am Rande der Gesellschaft zurücklässt. Wie der radikal ausgrenzende und daher unakzeptable Begriff der «Überflüssigen» zeigt, taugt eine anwaltschaftlich verstandene Zuspitzung nicht immer dazu, für ein soziales Anliegen zu mobilisieren, sie kann auch lähmen.

Die primäre ethische Verpflichtung: Arbeit ermöglichen

Die Arbeit geht uns nicht aus. Trotz dieses positiven Befunds gibt es Gruppen, die nur schwer Zugang zum regulären Arbeitsmarkt finden oder daran so lange scheitern, bis sie entmutigt aufgeben. Je schlechter das individuelle Bildungsniveau, desto größer sind die Hürden. Daher ist keine erfolgreiche Beschäftigungspolitik denkbar, die nicht Hand in Hand geht mit einer Bildungspolitik, die das Mögliche tut, damit die Gruppe der Geringqualifizierten möglichst klein bleibt.

Wie groß diese Hürden sind, hängt aber auch und sehr wesentlich von der jeweiligen Situation des Arbeitsmarktes ab. Je schlechter die Arbeitsmarktlage ist, desto schlechter sind die Chancen für Menschen mit geringen beruflichen Qualifikationen oder Vermittlungshemmnissen. Denn dann finden Verdrängungsprozesse statt: Gut Qualifizierte nehmen notgedrungen

Jobs an, die nur eine mittlere berufliche Qualifizierung erfordern, und Menschen mit mittleren Qualifikationen besetzen Stellen, die eigentlich Bewerbern ohne Berufsausbildung Chancen böten. Eine Politik der Beschäftigungssicherung, die zum Joberhalt bei «Normalarbeitnehmern» beiträgt, ist somit auch für diejenigen nützlich, die schlechtere Chancen haben. Ob die Arbeitslosenrate 11% oder 6% beträgt, macht auch für sie einen großen Unterschied.

Doch woher kommen Jobs, die Menschen mit geringer Qualifikation Arbeit bieten können? Auch wenn der Staat ein bedeutender Arbeitgeber ist, werden die meisten Arbeitsplätze von privaten Unternehmen bereitgestellt. Diese beschäftigen Menschen, wenn sie erwarten, dass der Ertrag ihrer Beschäftigung über den Kosten liegt. Sie wollen nichts verschenken, und oft unterliegen sie einem so intensiven Wettbewerb, dass sie nichts zu verschenken haben. Eine Arbeitsmarktpolitik, die Menschen am Rande wirklich helfen will, darf sich an dieser grundlegenden Bedingung einer Marktwirtschaft nicht vorbeidrücken wollen.

Das heißt nicht, dass *jede* Arbeit besser ist als keine und man den Arbeitsmarkt möglichst weitgehend liberalisieren sollte. Es bedarf Kontrollen, um zu verhindern, dass Unternehmen beispielsweise mittels Scheinselbständigkeit die soziale Absicherung ihrer Beschäftigten aushebeln oder durch die Nichterfassung von Teilen der Arbeitszeit den Mindestlohn unterlaufen. Regulierung ist auch erforderlich, damit nicht mittels des Einsatzes von Leiharbeit jenseits des legitimen Interesses an kurzfristiger Flexibilität das Prinzip der gleichen Bezahlung für gleiche Arbeit dauerhaft verletzt wird. Kontrollen sind notwendig, damit Fairness nicht zum Wettbewerbsnachteil für Arbeitgeber wird, sonst ist der faire Arbeitgeber der Dumme. Gleichzeitig darf staatliche Regulierungspolitik private Interessen nicht missachten, sondern muss auf mögliche Rückwirkungen ihrer Regelsetzung auf den wirtschaftlichen Handlungsspielraum von Unternehmen und ihre Gewinnerwartungen Rücksicht nehmen. Tut sie das nicht, können gut gemeinte staatliche Eingriffe zum dauerhaften Ausschluss von einem Teil der Erwerbstätigen führen und damit das Ziel der Teilhabegerechtigkeit massiv verletzen.

Jobs, die auch für Geringqualifizierte offenstehen, sind häufig Jobs im Dienstleistungssektor. Diese Jobs werden häufig als «atypisch» oder gar als «prekär» bezeichnet, da sie weniger geschützt sind als tariflich gesicherte Jobs im produzierenden Gewerbe. Aus der Sicht derjenigen, die lange keinen Zugang zum Arbeitsmarkt fanden, sind jedoch auch Jobs wertvoll, die zunächst keine dauerhafte Beschäftigungsperspektive bieten. Teilzeitstellen oder befristete Arbeitsverhältnisse können eine Chance zum Einstieg in den Arbeitsmarkt bieten und dabei helfen, die Dequalifizierung und den Verlust sozialer Kompetenzen zu vermeiden, die sehr häufig bei einer Arbeitslosigkeit über mehrere Jahre auftreten. Sie können zu neuer Zuversicht führen, auch einen anderen Job schaffen zu können. Aus einer Mittelschichtsperspektive mag ein Job im Coffee-Shop am Bahnhof mit monotoner Arbeit, unattraktiven Arbeitszeiten, ohne Aufstiegsperspektive und zum Mindestlohn wenig attraktiv sein. Wenn aber Langzeitarbeitslosigkeit die Alternative ist, ist dieser Job jedenfalls besser als kein Job.

In der deutschen Sozialdebatte gibt es eine abweisende, in Teilen hochnäsige Haltung gegenüber «amerikanischen Verhältnissen». Sie stört auch amerikanische Intellektuelle, die in Fragen sozialer Gerechtigkeit äußert sensibel sind. In der Tat gibt es keinen Grund, mit dem amerikanischen Sozialsystem tauschen zu wollen. Der breite sozialstaatliche Konsens, für den wir in Deutschland dankbar sein sollten, ist dort nicht gegeben. Aber ein wenig Differenzierung täte auch hier gut. Der Wirtschaftsnobelpreisträger Amartya Sen empfindet die Haltung in Europa als selbstgefällig und weist auf die sehr unterschiedlichen Sichtweisen sozialer Prioritäten in den USA und Europa hin. Laut Sen ist es den europäischen Staaten besser gelungen, Einkommensungleichheit in Grenzen zu halten. Aber die ausschließliche Konzentration auf die Einkommensungleichheit führe zu einer stark verzerrten Perspektive, denn das hohe Niveau der europäischen

Arbeitslosigkeit sei ein ebenso gewichtiges Problem der Ungleichheit.[8] Arbeitslosigkeit bedeute einen Mangel an Verwirklichungschancen, der durch soziale Transfers nicht ausgeglichen werden könne. So kompensierten soziale Transfers beispielsweise nicht die weitreichenden, über den unmittelbaren Einkommensverlust hinausgehenden Auswirkungen, wie «psychische Beeinträchtigung, Verlust an Arbeitsmotivation, Können und Selbstvertrauen, Zunahme an körperlichen Leiden und Kränklichkeit (sogar eine Steigerung der Sterblichkeitsrate), Auflösung der Familienbande und des sozialen Lebens, Verschärfung von sozialer Ausgrenzung, ethnische Spannungen und ungleiche Behandlung der Geschlechter».[9] Joseph Stiglitz, amerikanischer Wirtschaftsnobelpreisträger und pointierter Kritiker der dort hohen Ungleichheit,[10] äußert sich geradezu genervt über die pauschale europäische Kritik an den US-amerikanischen Dienstleistungsjobs: «Ihr Europäer habt eine seltsame Art zu klagen. Das klingt wie: ‹Ihr Amerikaner habt zwar viele Jobs geschaffen, aber das sind lausige Jobs. Wir Europäer haben keine Jobs geschaffen, aber hätten wir das getan, wären es gute Jobs gewesen.›»[11]

Um nicht missverstanden zu werden: Natürlich ist es notwendig, auch den Dienstleistungsbereich angemessen zu regulieren, beispielsweise sittenwidrige Entlohnung zu verhindern und angemessene Arbeitsbedingungen zu sichern. Zusätzlich zur staatlichen Regulierung wäre es wünschenswert, dass leistungsfähige Betriebsräte auch hier die Interessen der Beschäftigten wirksamer als bisher vertreten. Nur: Unter den Bedingungen einer engen internationalen Verflechtung wird die Leistungsverdichtung im produzierenden Gewerbe anhalten, bei grenzüberschreitend handelbaren Gütern kann nur in hochproduktiven Betrieben der Produktionsstandort in Deutschland gehalten werden. Verbunden damit sind in der Regel hohe Leistungsanforderungen an die Beschäftigten. Menschen ohne berufliche Qualifikationen und Menschen am Rande der Gesellschaft sind diesen Anforderungen häufig nicht gewachsen. Sie werden deshalb vorrangig in einem flexiblen Dienstleistungssektor Zugang zum Arbeitsmarkt finden. Daher ist auch die Mindestlohnpolitik nur dann sozial vertretbar, wenn sie so moderat erfolgt, dass die Beschäftigungschancen im Dienstleistungssektor davon nicht massiven Schaden nehmen. Ergänzende Sozialtransfers, die Arbeitseinkommen von Beschäftigten mit Familienverantwortung aufstocken, sind deshalb auch kein Zeichen für das Versagen des Arbeitsmarktes, sondern notwendig, um auch unter Bedingungen starker internationaler Verflechtung einen hohen Beschäftigungsstand und gleichzeitig soziale Absicherung gewährleisten zu können. Die primäre ethische Verpflichtung des Sozialstaats ist es, Teilhabe durch Arbeit zu ermöglichen. Hilfe bei Arbeitslosigkeit, so unverzichtbar diese ist, kann nur eine sekundäre Verpflichtung sein, wenn die Erfüllung der primären Verpflichtung nicht gelingt.

Der harte Kern der Langzeitarbeitslosigkeit

Eine Beschäftigungspolitik, die dazu beitragen will, Armut durch mehr Beschäftigung zu vermeiden, kann sich nicht einfach auf die Aufnahmemöglichkeiten des ersten Arbeitsmarktes verlassen. Sie muss aktiv fördern. Auch die Zahl der Langzeitarbeitslosen, also derjenigen, die länger als ein Jahr arbeitslos waren, ging in den Jahren nach der Einführung von Hartz IV deutlich zurück, von 1,9 Millionen im Jahr 2006 auf eine Million im Jahr 2015. Doch seit einigen Jahren gibt es kaum noch Fortschritte.[12] Tatsächlich gibt es deutlich mehr Menschen in der Grundsicherung, die über längere Zeit keinen Kontakt mehr zum Arbeitsmarkt hatten. Denn bereits eine kurzfristige Beschäftigung oder ein Ein-Euro-Job von mehr als sechs Wochen führt dazu, dass die Dauer der Arbeitslosigkeit wieder auf null gesetzt wird.[13] Durch diese beschönigende Vorgabe wird die Qualität der an sich aussagefähigen Beschäftigungsstatistik mutwillig geschwächt.

Trotz stagnierender Zahl sind die eine Million Langzeitarbeitslosen keine homogene oder konstante Gruppe. Es kommen Menschen hinzu, deren Dauer der Arbeitslosigkeit die Jahresgrenze überschreitet, andere verlassen die Gruppe, da sie eine Ausbildung beginnen, Arbeit finden oder das Rentenalter erreichen. Aber es gibt einen harten Kern: 579 000 Menschen waren im Jahr 2015 länger als zwei Jahre und unter ihnen 225 000 länger als vier Jahre arbeitslos. Von allen Langzeitarbeitslosen des Jahres 2015 haben nur knapp 200 000 eine Arbeit auf dem regulären Arbeitsmarkt aufnehmen können, bei einem Teil von ihnen war die Beendigung der Arbeitslosigkeit nicht nachhaltig.[14] Trotz der erfreulichen und angesichts der düsteren Prognosen Mitte der Nullerjahre unerwartet guten Arbeitsmarktlage wird der Kern der Arbeitslosigkeit demnach «zwar kleiner, zeigt aber weitere Verfestigungstendenzen».[15]

Langzeitarbeitslosigkeit muss kein unüberwindbares Schicksal sein. Prävention ist wichtig, damit weniger Menschen an einer fehlenden Ausbildung scheitern. Auch helfen Initiativen, die eine zweite Chance eröffnen, wenn der erste Anlauf gescheitert ist, wie das Projekt «AusBILDUNG wird was – Spätstarter gesucht» der Bundesagentur für Arbeit, das sich an junge Arbeitslose ohne Ausbildung wendet. Eine Modularisierung von Ausbildungsgängen würde jungen Menschen mit geringem Durchhaltevermögen und Prüfungsangst helfen, Teilqualifizierungen und im Idealfall sukzessive einen vollwertigen Berufsabschluss erwerben zu können. Beratung und die Vermittlung durch die Arbeitsagenturen kann dabei helfen, dass aus der Kurzarbeitslosigkeit keine Langzeitarbeitslosigkeit wird.[16] Für diejenigen, die bereits seit Jahren arbeitslos sind, kommt Prävention allerdings zu spät.

Erfolge sind nicht möglich, wenn die sozialen Probleme ignoriert werden, die einer Integration in den Arbeitsmarkt entgegenstehen. Zu nennen sind hier insbesondere Überschuldung, gesundheitliche und psychische Probleme, Suchtprobleme und familiäre Konflikte. Der Gesetzgeber hat zu ihrer Überwindung kommunale Eingliederungsleistungen in den Leistungskatalog aufgenommen.[17] Doch so löblich dies war, die Umsetzung war zäh. In den Jahren nach der Einführung von Hartz IV wurden, wie eine Auswertung aufgezeichneter Beratungsgespräche aus den Jahren 2008 und 2009 zeigt, soziale, psychische und gesundheitliche Probleme im Beratungsprozess nur äußerst ungenügend angesprochen. Und das, obwohl sie ein erheblicher Teil der Ratsuchenden aufweist und sie einer erfolgreichen Integration in den Arbeitsmarkt entgegenstehen.[18] 2013 stellten Wissenschaftler des Instituts für Arbeitsmarkt- und Berufsforschung, dem Think Tank der Bundesagentur für Arbeit, außerdem fest: «Die Kundengruppen mit multiplen Problemlagen weisen die geringsten Kontaktdichten auf; in den Grundsicherungsstellen haben Personen ohne größere Probleme tendenziell am häufigsten ein Beratungsgespräch.»[19]

Viele Fallmanager arbeiteten auf befristeten Stellen, waren also verständlicherweise stets auf dem Sprung, eine sichere Perspektive zu finden, was Kontinuität in der Beratung sehr erschwerte. Dieses Problem ist heute überwunden. Auch wird mittlerweile viel in die Qualifizierung der Fallmanager investiert. In einem Teil der Kommunen mangelt es aber auch heute noch am Zugang zu den notwendigen sozialen Dienstleistungen. Damit unzufrieden war auch das Bundesarbeitsministerium und hat hierzu einen Forschungsauftrag vergeben. Die Forscher kamen 2012 zu einem recht harschen Urteil: Es gebe empirische Hinweise darauf, dass verglichen mit der Häufigkeit der entsprechenden Problemlagen bei erwerbsfähigen Leistungsberechtigten die kommunalen Eingliederungsleistungen wie Schuldnerberatung und psychosoziale Betreuung nur sehr selten eingesetzt würden.[20] Diese Aussage trifft keineswegs auf alle Kommunen zu, aber unstrittig ist, dass es hier weiterhin großen Handlungsbedarf gibt, wenn mehr Teilhabe gelingen soll.

Fördern in praxisfernen Parallelwelten?

Aber auch bei der besten Unterstützung durch die Jobcenter: Der direkte Sprung in den regulären Arbeitsmarkt, auch erster Arbeitsmarkt genannt, ist für viele Menschen nach einer langen Phase verfestigter Arbeitslosigkeit keine realistische Perspektive. Das gilt insbesondere für Menschen, deren Handicaps bereits in jedem Bewerbungsgespräch offensichtlich werden, die aufgrund der langen Zeit ihrer Ausgrenzung entmutigt sind oder die eine manifeste psychische Erkrankung oder andere schwere gesundheitliche Einschränkungen haben. Sie brauchen staatlich geförderte Orte sinngebender Beschäftigung, an denen sie neue Zuversicht finden und (wieder) an die Realitäten der Arbeitswelt herangeführt werden. Hierzu kann ein öffentlich geförderter «sozialer Arbeitsmarkt» dienen.

Bedauerlicherweise hat öffentlich geförderte Beschäftigung in Deutschland keinen guten Ruf und trifft auf massive Widerstände. Dafür gibt es durchaus Gründe. So sind die Erfahrungen mit umfangreichen Arbeitsbeschaffungsmaßnahmen in der Zeit nach der Wiedervereinigung noch in schlechter Erinnerung. Damals waren sie eine verständliche Reaktion auf den Zusammenbruch der Industrieproduktion und die extrem hohe Arbeitslosigkeit in den neuen Bundesländern. Doch sie erschwerten die Entstehung regulärer, nicht geförderter Arbeitsplätze. Auch die Sorge, öffentlich geförderte Beschäftigung könne dazu genutzt werden, um Regelaufgaben der öffentlichen Hand zu erfüllen, war berechtigt; dies ging zu Lasten regulärer Beschäftigung.[21] Auch führten die Arbeitsbeschaffungsmaßnahmen nicht in dem Maße zu Erfolgen bei der Eingliederung in den regulären Arbeitsmarkt wie erhofft.[22] Allerdings fehlte den meisten ostdeutschen Arbeitslosen in den Jahren nach der Wiedervereinigung zur Arbeitsaufnahme nichts weiter als ein Arbeitsplatz. Sie hatten keine Vermittlungshemmnisse und mussten auch nicht an die Bedingungen der Arbeitswelt herangeführt werden. Sie konnten in einer Fördermaßnahme aus dem Stand heraus reguläre Arbeit übernehmen. Dazu sind die Menschen aus dem harten Kern der heutigen Langzeitarbeitslosigkeit nicht in der Lage. Die Gefahr der Verdrängung regulärer Arbeit durch öffentlich geförderte Beschäftigungsprogramme ist somit heute viel geringer.

Auch der massenhafte Einsatz von Arbeitsgelegenheiten, den sogenannten Ein-Euro-Jobs, hat die Vorbehalte gegenüber öffentlich geförderter Beschäftigung verstärkt.[23] Hinter den Arbeitsgelegenheiten steht eine sinnvolle Idee; sie haben auch heute als Teil einer differenzierten Förderlandschaft ihre Berechtigung. Menschen mit verfestigten Vermittlungshemmnissen erhalten durch diese Jobs eine Möglichkeit, bei öffentlichen Stellen oder gemeinnützigen Organisationen mitzuarbeiten. Sie erhalten weiterhin Leistungen der Grundsicherung, stellen sich aber aufgrund des Zusatzbetrages (1 bis 2 Euro pro Stunde) finanziell besser. Idealerweise sammeln sie Erfahrungen, schöpfen neue Zuversicht, gewinnen eine Tagesstruktur zurück, erfahren Teilhabe und verbessern so ihre Voraussetzungen, erstmals oder wieder auf dem regulären Arbeitsmarkt Fuß zu fassen. Selbst wenn dieses letzte Ziel nicht erreicht wird: Teilhabe verbessert die Lebenssituation der Betroffenen.

Problematisch bei den Ein-Euro-Jobs war ihre massenhafte Anwendung. Sie hatten zwei weitere Zielsetzungen, eine ausgesprochene und eine unausgesprochene: Sie dienten bis 2012 auch der «Überprüfung der Arbeitsbereitschaft». Es galt die Sollvorschrift: «Für erwerbsfähige Leistungsberechtigte, die keine Arbeit finden können, sollen Arbeitsgelegenheiten geschaffen werden.»[24] In Zeiten sehr hoher Arbeitslosigkeit hatten sie zudem den Nebeneffekt, die Statistik zu schönen, denn für die Dauer des Ein-Euro-Jobs wurden (und werden) die Betroffenen widersinnigerweise nicht als Arbeitslose gezählt. Zwischen 2006 und 2010 haben jährlich mehr als eine halbe Million Menschen eine Tätigkeit als Ein-Euro-Jobber aufgenommen.[25]

Das war eindeutig des Guten zu viel. Bei Jugendlichen und jungen Erwachsenen wurde diese Maßnahme besonders häufig eingesetzt – also bei Personen, bei denen die Vermittlung in Ausbildung unter dem Gesichtspunkt der nachhaltigen Überwindung der Hilfebedürftigkeit prioritär gewesen wäre. Bei Jugendlichen und jungen Erwachsenen mit vergleichsweise guten Voraussetzungen kann sich der Ein-Euro-Job sogar nachteilig auswirken, wenn er von einer frühzeitigen Aufnahme einer Ausbildung oder Erwerbstätigkeit abhält, ohne aber die langfristigen Integrationschancen zu verbessern.[26] Dies gilt jedoch nicht in allen Fällen. Denn die Wirkungsforschung zeigt bei einigen Gruppen mit geringen Arbeitsmarktchancen positive Beschäftigungswirkungen. Bei diesen erhöht die Teilnahme an einer Arbeitsgelegenheit auch die Wahrscheinlichkeit, in der Folge an einer betrieblichen Ausbildung teilzunehmen.[27] Es kommt also auf die richtige Dosierung an.

Es braucht weiterhin öffentlich geförderte Beschäftigung im Sinne eines sozialen Arbeitsmarktes – nicht in massenhafter Anwendung, sondern im gezielten Einsatz für Menschen, die unter den heutigen Anforderungen auf dem Arbeitsmarkt keine realistische Chance auf reguläre Beschäftigung haben. Dazu gehören Menschen mit verfestigten Vermittlungshemmnissen, wie einer entsprechenden Entmutigung nach langanhaltender Arbeitslosigkeit, fehlendem Kontakt zur Arbeitswelt, Anzeichen psychischer Labilität oder einer manifesten psychischen Erkrankung und anderen gesundheitlichen Einschränkungen. Auch Menschen mit fehlender Sozialkompetenz, die nur eingeschränkt im Kundenkontakt einsetzbar sind, oder geringer Frustrationstoleranz und fehlender Konfliktfähigkeit können davon profitieren. Im Blick sind auch Menschen, die längere Zeit auf der Straße in ungesicherten, ungeordneten und gesundheitsschädigenden Verhältnissen gelebt haben.[28] Dabei ist öffentlich geförderte Beschäftigung in erster Linie ein sozialpolitisches Instrument,[29] und erst in zweiter Linie eine arbeitsmarktpolitische Maßnahme.

Die Arbeitsverhältnisse in einem sozialen Arbeitsmarkt sollten zumindest nicht in enger Weise befristet sein, sondern Raum für Entwicklung lassen. Sie dienen vorrangig der Sicherung der Teilhabe. Deswegen darf man sie auch nicht allein oder vorrangig am Ziel einer Integration in den ersten Arbeitsmarkt bewerten, dessen Anforderungen die hier umrissene Zielgruppe zunächst oft nicht gewachsen ist. Auch den Erfolg einer Krankengymnastik misst man schließlich nicht am Anteil der Patienten, die nach Abschluss der Behandlung einen Halbmarathon laufen können. Aus Sicht der Betroffenen ist schon das Erreichen weit bescheidenerer Ziele wertvoll. Daher sollte der Teilhabegedanke als explizites Ziel der Arbeitsmarktpolitik gesetzlich verankert werden. Doch auch bei jenen, bei denen zuerst Teilhabe zu sichern ist, sollte mit der Unterstützung möglichst angestrebt werden, Selbstvertrauen und Kompetenzen in einem Maße aufzubauen, dass sich schließlich eine Perspektive auf reguläre Beschäftigung eröffnet.

Ein-Euro-Jobs könnten im Sinne eines sozialen Arbeitsmarkts genutzt werden. Doch die aktuellen Regeln der Arbeitsmarktpolitik hemmen dies in starkem Maße. Diese schreiben vor, dass jede Arbeitsgelegenheit «im öffentlichen Interesse» liegen, «wettbewerbsneutral» sein und «zusätzlich» erfolgen muss. Das zwingt zu marktfernen Parallelwelten und verhindert, dass Menschen, die lange Zeit arbeitslos waren, die Chance erhalten, sich zu bewähren. Selbst bei der Tätigkeit jener Arbeitslosen, die in Tafeln bei der Verteilung von Lebensmitteln an Arme helfen, werden «Wettbewerbsneutralität» und «Zusätzlichkeit» immer wieder in Frage gestellt. Schließlich steht die Verteilung von Lebensmitteln in der Satzung der Tafel. Was aber sollen Ein-Euro-Jobber in einer Tafel tun, wenn sie nicht bei der Verteilung von Lebensmitteln mithelfen dürfen? Mit den gleichen Schwierigkeiten kämpfen Sozialkaufhäuser, die Mitarbeitern eine Chance geben, ihre Ausbildung abzuschließen. Streng betrachtet mag der Verkauf von aufgearbeiteten, alten Möbeln «nicht zusätzlich» sein, weil möglicherweise dadurch der Verkauf eines neuen Möbelstücks in einem Möbelhaus unterbleibt. Aber dass IKEA-Mitarbeiter durch derartige Tätigkeiten arbeitslos wurden, wurde bisher nicht bekannt. Auch das Füttern im Tierheim ist eigentlich nicht «zusätzlich», ist dies doch die Aufgabe der dort regulär Beschäftigten. Es gibt Berichte aus der Praxis über krampfhafte Bemühungen, von der Tierpflege abgrenzbare Zusatzarbeiten wie die «Bespaßung» der dort untergebrachten Tiere zu konstruieren, damit die Arbeitsgelegenheit dennoch genehmigt wird. Etwas überspitzt formuliert: Füttern verboten, streicheln erlaubt. Gespräche mit Mitarbeitenden in Integrationsbetrieben zeigen, dass in der Praxis von Ort zu Ort sehr unterschiedliche Tätigkeiten als «zusätzlich» anerkannt werden. Arbeitsgelegenheiten jenseits dieser Parallelwelten zu gestalten ist schwer. Das muss negative Folgen für das Teilhabeerlebnis der Ein-Euro-Jobber haben. Gerade unter den Gesichtspunkten der Kontakte im Arbeitsumfeld und einer sinngebenden Tätigkeit bewerten sie Arbeitsgelegenheiten positiv.[30] Sinnstiftendes Handeln ist aber oft keine «zusätzliche» Tätigkeit.

Hinter diesen restriktiven Regeln steckt die Angst vor der Verdrängung regulärer Arbeit. Wirtschaftsverbände und insbesondere das Handwerk, aber auch die Gewerkschaften sehen Arbeitsgelegenheiten kritisch und sträuben sich gegen die Aufweichung der restriktiven Vorgaben. Das Risiko einer Verdrängung regulärer Arbeitsplätze wird man nicht völlig ausschließen können. Aber bei der Zielgruppe, auf die sich ein sozialer Arbeitsmarkt beschränken sollte, ist dieses gering. Hier ist die Steuerungsverantwortung der Jobcenter gefordert, die Arbeitsgelegenheiten genehmigen müssen. Zudem kann man, um die Gefahr der Verdrängung weiter einzugrenzen, die Kompetenz der Sozialpartner in den Beiräten der Jobcenter nutzen. Die Leitungen der Jobcenter könnten sich mittels einer Selbstverpflichtung binden, nur die Arbeitsgelegenheiten zuzulassen, die von den im Beirat des Jobcenters vertretenen Akteuren als unproblematisch angesehen werden.[31]

Welches Potential verschenkt wird, wenn dieser Weg nicht genutzt wird, zeigt das Projekt KostBar der Caritas Bonn: Gegen alle Widerstände gelang es dort, Arbeitsgelegenheiten für sinnstiftende Arbeit zu nutzen. Menschen, die intensive psychosoziale Betreuung benötigen oder gar an einer manifesten psychischen Erkrankung leiden, arbeiten in einem Imbissrestaurant, das schmackhafte Suppen anbietet, die besonders bei Studenten und Berufstätigen in der Mittagszeit beliebt sind. Der Bäcker um die Ecke, der anfangs Angst vor einem möglichen Kundenverlust hatte, erfreut sich nun an zusätzlichen Kunden, die nach ihrer Suppe zu ihm weiterziehen. Inzwischen würde er Nachteile befürchten, wenn der Imbiss geschlossen würde. Das Projekt war klug beraten, mit seinem Angebot nicht in Konkurrenz zum Bäcker zu treten, sondern es wertet gemeinsam mit ihm das Quartier auf. Legt man die Regeln so streng aus, wie dies vielerorts erfolgt, ist das eigentlich nicht möglich. Suppe kochen ist nun mal keine «zusätzliche» Tätigkeit, sondern steht in Konkurrenz zu gewerblichen Angeboten. Doch die Gaststättenbetreiber akzeptieren die KostBar, denn sie erkennen die Notlage der dort Beschäftigten an, auch weil die Caritas keine aggressive Verdrängungspolitik betreibt. Und die Verantwortlichen vor Ort interpretieren die Regeln vernünftig, und das heißt flexibel. Dazu gehört etwas Mut. Mut ist eine knappe Ressource. Besser wäre es also, die restriktiven Regeln, die zu praxisfernen Parallelwelten führen, aufzugeben und den Akteuren vor Ort mehr Verantwortung zuzutrauen.

12.
Wie der Sozialstaat sich selbst
im Weg steht

Hilfe: gut – Prävention: nicht ausreichend

Das Netz der sozialen Hilfen spielt eine tragende Rolle, wenn es darum geht, arme Menschen und Menschen in prekären Lebenslagen zu unterstützen und das Mögliche zu tun, um Armut vorzubeugen. Dieses Netz ist in Deutschland eigentlich gut ausgebaut und leistungsfähig. Soziale Hilfen werden überwiegend von den Wohlfahrtsverbänden und anderen gemeinnützigen Organisationen, zum Teil aber auch von den Kommunen bereitgestellt. Die Kosten der Dienste und Einrichtungen werden in Gänze oder zu einem sehr hohen Anteil durch Leistungsentgelte der Sozialversicherungen oder von den Kommunen getragen. In den letzten Dekaden sind die Hilfeangebote stark ausgebaut worden. Sie sind differenzierter geworden, um unterschiedlichen sozialen Bedürfnissen besser gerecht zu werden, und sie sind deutlich professionalisiert worden. Fachkräfte der sozialen Arbeit werden in Deutschland gut ausgebildet. Auf Unterstützung angewiesene Menschen haben in vielen Konstellationen einen Rechtsanspruch auf Hilfe, den sie notfalls auch gerichtlich durchsetzen können. Sie werden somit vom Hilfebedürftigen zum Hilfeberechtigten. Zumindest in den Städten und oft auch auf dem Land, sofern es sich nicht um nur dünn besiedelte ländliche Räume handelt, können Hilfesuchende meist auch wählen, von wem sie sich helfen lassen wollen, ob sie beispielsweise einen Dienst der Caritas, der Diakonie, der Arbeiterwohlfahrt oder eines privat-gewerblichen Anbieters nutzen. Sie können also auch den Anbieter wechseln, wenn sie unzufrieden sind. Das gibt ihnen, trotz aller Beschränkungen, die mit einer Hilfebedürftigkeit verbunden sein können, etwas von der Macht, die Kunden in regulären Märkten haben.

An einigen Stellen könnte und sollte dieses Netz dichter geknüpft sein. So ist es sehr unbefriedigend, wenn Wartelisten der Schuldnerberatungsstellen vor Ort dazu führen, dass überschuldeten Menschen nur mit längerer Verzögerung geholfen werden kann. In hoch verschuldeten Kommunen und insbesondere den Kommunen, die unter Haushaltsaufsicht stehen, gibt es erhebliche Probleme bei der Finanzierung der sozialen Leistungen, auf die Bürger keinen Rechtsanspruch haben. Erreichbarkeit und Qualität dieser Hilfen kann also vom Wohnort abhängen. Auch das ist unbefriedigend. Die Arbeitsbelastung für die Mitarbeitenden im Pflegebereich ist hoch. Es gibt also auch bei sozialen Hilfen Verbesserungsbedarf, trotz des leistungsfähigen Angebots, das auch in jüngster Vergangenheit weiter ausgebaut wurde. Die immer wieder zu hörende pauschale Behauptung, das Sozialsystem werde kaputtgespart, ist empiriefreie Empörung.

Aber dennoch: Es läuft etwas schief. Hilfen greifen häufig erst dann, wenn eine Notlage manifest geworden ist. Die Schwachstelle unseres Sozialstaats ist nicht, dass dann Hilfen fehlten oder verweigert würden, seine Schwachstelle ist die ungenügende Leistungsfähigkeit, soziale Notlagen zu vermeiden. Hilfe für Kinder und Jugendliche am Rande der Gesellschaft setzt häufig erst dann ein, wenn die Probleme im Jugendalter virulent werden und angesichts von Schulversagen, Delinquenz oder Gewalt nicht mehr zu übersehen sind. Der Sozialstaat muss dann versuchen, die Schäden zu reparieren, aber je später er damit ansetzt, umso unsicherer sind die Resultate. Wenn es schlecht läuft, zahlt der Sozialstaat im Extremfall ein Leben lang die Rechnung in Form von Hartz-IV-Leistungen. Die Betroffenen haben dann einen festen

Platz in der Armutsstatistik. Eine Politik der Armutsprävention muss also dafür sorgen, dass das Mögliche getan wird, solche verfestigten Problemlagen nicht entstehen zu lassen. Dazu muss das gut ausgebaute System sozialer Dienste stärker als bisher auf Prävention ausgerichtet und besser mit dem Bildungsbereich verzahnt werden.

Dies scheitert häufig nicht an der mangelnden Bereitschaft der beteiligten Akteure, sondern an Hindernissen, die in der sozialen Fachsprache «Schnittstellenprobleme» heißen. Gemeint sind unterschiedliche Zuständigkeiten verbunden mit Kompetenzkonflikten oder dem Streit, wer die finanziellen Lasten zu tragen hat. Auch können nur schwer vereinbare professionelle Logiken die Kooperation erschweren. Hier stehen sich die Akteure des Sozialstaats selbst im Weg oder sie kommen nicht zueinander.

Erläutert sei dies an einigen «Schnittstellen» zwischen der Kinder- und Jugendhilfe, den medizinischen Hilfen und der aktiven Arbeitsmarktpolitik. Alle drei Systeme befassen sich mit unterschiedlichen Aspekten und Bedarfen von Personen, die oft eben nicht nur ein Problem haben. Die Kinder- und Jugendhilfe liegt in der Trägerschaft und damit in der Finanzverantwortung der Kommunen, die Gesundheitshilfe wird ganz überwiegend aus Beitragsmitteln der Versicherten finanziert, die aktive Arbeitsmarktpolitik für Langzeitarbeitslose und ihre Familienangehörigen zahlt der Bund aus Steuermitteln. Da alle versuchen müssen, ihre Haushalte im Lot zu halten, gibt es darüber, wer im Verschiebebahnhof des Sozialstaats die Weichen stellt, immer wieder Streit. Der komplexe Bau des Sozialstaats ist, wie andere soziale Systeme auch, nicht nach einheitlichen Kriterien geplant worden, sondern nach und nach erweitert worden. Dieses System muss nicht neu erfunden werden, dies wäre ein Unterfangen, das ohnehin alle politischen Kräfte überfordern würde. Es wären so viele Interessen berührt, dass eine Einigung, zumal im deutschen föderalen System, scheitern müsste. Aber in zäher Reformarbeit kann das Hilfesystem so weiterentwickelt werden, dass mehr Prävention als heute gelingt. Dies ist ein Feld, auf dem wir dringend handeln müssen.[1]

Hilfen müssen früh ansetzen: Überwindung von Systemgrenzen

Hilfen müssen früh ansetzen. Dies gilt in besonderem Maße für Kinder und Jugendliche, die in prekären Verhältnissen aufwachsen. Hier ist allerdings Prävention leichter gefordert als unter schwierigen Bedingungen realisiert. Die Sozialpolitik einer freiheitlichen Gesellschaft muss Grenzen respektieren. Das Erziehungsrecht der Eltern ist aus guten Gründen verfassungsrechtlich geschützt.[2] Zwar wacht, so das Grundgesetz, die staatliche Gemeinschaft über die Erziehungstätigkeit der Eltern, aber das Erziehungsrecht gilt auch für diejenigen, die von breit akzeptierten Normvorstellungen abweichen. «Daher müssen die Eltern», so das Bundesverfassungsgericht, «ihre Erziehungsfähigkeit nicht positiv ‹unter Beweis stellen›; vielmehr setzt eine Trennung von Eltern und Kind umgekehrt voraus, dass ein das Kind gravierend schädigendes Erziehungsversagen mit hinreichender Gewissheit feststeht.» «Die Eltern und deren sozio-ökonomische Verhältnisse gehören grundsätzlich zum Schicksal und Lebensrisiko eines Kindes.» «Der Staat [darf] seine eigenen Vorstellungen von einer gelungenen Kindererziehung grundsätzlich nicht an die Stelle der elterlichen Vorstellungen setzen.»[3]

Die Jugendämter, die das Wächteramt der staatlichen Gemeinschaft ausüben, sind dabei in keiner beneidenswerten Rolle. Sie sind seitens der Öffentlichkeit widersprüchlichen Erwartungen ausgesetzt. Trennen sie Kinder in hochproblematischen Lebenssituationen von ihren Eltern, so handeln sie sich den Vorwurf der Übergriffigkeit ein. Verzichten sie in einer äußerst schwierigen Prognoseentscheidung auf eine Inobhutnahme und setzen sie auf eine begleitende Unterstützung der Eltern, so reagiert die Öffent-

lichkeit mit Empörung, wenn es dann doch zu einer Kindeswohlgefährdung kommt. Dann gibt es wenig Verständnis für
die Jugendämter. Sie müssen vermeiden, dass sie gerade von den
Eltern, die über wenige Ressourcen verfügen, als bedrohliche
Gegner wahrgenommen werden, ausgestattet mit der Macht, ihnen die Kinder zu entziehen. Denn sonst werden ihre Fachkräfte
gemieden und können Familien nicht unterstützen.

Aber auch wenn man die verfassungsrechtlichen Grenzen
staatlicher Intervention respektiert: Es könnte deutlich mehr ge-
schehen. Es gibt derzeit vielfältige Bemühungen, ein System Früher Hilfen zu entwickeln. Es soll Familien bereits während der
Schwangerschaft und in den ersten Lebensjahren der Kinder
erreichen und Eltern befähigen, für ein gesundes Aufwachsen
ihrer Kinder sorgen zu können. Dazu ist es erforderlich, Familien
dort zu erreichen, wo sie ohnehin in Kontakt zu Institutionen des
Sozialsystems treten, im Krankenhaus, der Kinderarztpraxis oder
in der Kindertagesstätte. Das Bewusstsein für eine multiprofes-
sionelle Kooperation und die Stärkung von Netzwerken von
Familien ist in den letzten Jahren stark gewachsen. Wie Erfahrungen aus Projekten in Geburtskliniken zeigen, ist es äußerst
hilfreich, wenn dort geschulte «Babylotsen» mit den Eltern oder
der alleinstehenden Mutter in den Tagen des Aufenthaltes nach
der Geburt ihres Kindes ins Gespräch kommen, über mögliche
Belastungssituationen, über Beratungs- und Hilfsangebote informieren und, falls erforderlich, zur Annahme von Hilfen motivieren. Dort können nahezu alle Familien erreicht werden und die
Inanspruchnahme von Hilfe wird nicht als stigmatisierend empfunden. Diese erste Kontaktaufnahme erleichtert es den Eltern
später, wenn sich im Alltag zu Hause Probleme zeigen, professionelle Hilfe aufzusuchen.

Hierbei sind zum einen mentale Systemgrenzen zu überwinden. Mediziner sehen sich nicht als zuständig für die soziale Situation ihrer Patienten. «Um was alles sollen wir uns denn noch
kümmern?» Ihr Fokus ist die fachgerechte medizinische Betreuung. Dort allerdings, wo es meist gegen Widerstände gelang, die

Zusammenarbeit zwischen Mediziner(inne)n und Sozialarbeiter(inne)n aufzubauen, wird sie, so der Eindruck der Beteiligten, auch von den medizinischen Fachkräften als Entlastung empfunden. Denn ihnen bleibt natürlich nicht verborgen, dass sie auch Eltern bei der Geburt ihrer Kinder unterstützen, die in prekären Verhältnissen leben, und sie haben ein ungutes Gefühl, sie dorthin wieder zu entlassen. Aber erst, wenn Frühe Hilfen als Arbeitsfeld in ihrer Klinik etabliert sind, können sie auch angemessen handeln.

Aber mentale Hürden sind es nicht allein, es geht auch schlicht um die notwendigen Ressourcen. Das Gehalt der Sozialarbeiterin, die in einer Geburtsklinik als Ansprechpartnerin für Frühe Hilfen die Eltern kontaktiert, ist in den Fallpauschalen der Gesetzlichen Krankenkasse nicht vorgesehen. Dort, wo «Babylotsen» oder ähnliche Ansätze in Geburtskliniken etabliert werden konnten, wird dies auf Basis befristeter Projekte finanziert. Die Mitarbeitenden hangeln sich von Projekt zu Projekt. Soll der Ansatz wirken und sich nicht auf wenige «Leuchtturmprojekte» beschränken, müssen die Lotsendienste nach einer Phase der Erprobung in der Regelfinanzierung des Gesundheits- und Sozialsystems verankert werden. In einem erweiterten Verständnis könnte man solche Vermittlungsdienste durchaus als eine Aufgabe des Gesundheitssystems verstehen.

Aber aus Sicht der Gesundheitspolitiker sind Frühe Hilfen kein Teil der Krankenbehandlung. Es gibt zaghafte Ansätze, wenigstens die Zeit finanziell zu entschädigen, die Mediziner aufwenden, wenn sie intensiv mit Akteuren anderer Hilfefelder zusammenarbeiten. Das wäre schon ein erheblicher Fortschritt. Aber das Gehalt der Sozialarbeiterin finanzieren, die in der Geburtsklinik arbeitet, das könne, so die Gesundheitspolitiker, die Gesetzliche Krankenversicherung nicht. Gewerkschaften und Arbeitgeberverbände unterstützen sie in dieser Sicht. Sie halten, durchaus mit einem gewissen Recht, die Unterstützung für Familien in prekären Lebensumständen für eine gesellschaftliche Aufgabe. Warum soll sie aus den Sozialversicherungsbeiträgen der abhängig Beschäftigten finanziert werden, und nicht aus Steuern? Zumal die Finanzierung über Beiträge nur die unteren und mittleren Erwerbseinkommen erfasst, nicht aber Einkommen oberhalb der Beitragsbemessungsgrenze. Auch Vermögenserträge werden verschont.

Um Frühe Hilfen verlässlich aus Steuermitteln zu finanzieren, müssten sie als verbindliche Aufgabe der Kinder- und Jugendhilfe gesetzlich verankert werden. Das könnte der Bundestag mit Zustimmung des Bundesrates. Kostenträger der Kinder- und Jugendhilfe sind die Kommunen. Die Länder verstehen sich als Interessenvertreter der Kommunen, daher haben Frühe Hilfen als gesetzliche Pflichtaufgabe derzeit kaum eine Chance. Der Bund darf, selbst wenn er dazu bereit wäre, die Kosten der Kommunen auch nicht direkt übernehmen. Denn das wiederum scheitert an dem seit 2006 im Grundgesetz verankerten Kooperationsverbot; der Bund darf nicht an den Ländern vorbei den Kommunen Aufgaben übertragen und diese dann finanzieren.[4] Diese Bestimmung war Teil der Föderalismusreform, die die Aufgaben zwischen Bund und Ländern entflechten sollte, um politische Blockaden zwischen Bundestag und Bundesrat abzubauen und die Länder zu stärken. Auch für sie gab es gute Gründe.

Nur: In diesem Geflecht von institutionellen Regeln, im zähen Kampf der Kombattanten, wer in unserem Sozialsystem was zu zahlen hat, scheitern auch Innovationen, deren Nützlichkeit und Wirksamkeit von den Beteiligten nicht bestritten werden und die im Vergleich zu den Gesamtkosten des Gesundheitssystems und der Kinder- und Jugendhilfe eher bescheidene Mehrkosten erzeugen. So unterbleiben präventive Hilfen, die früh Menschen in prekären Lebenssituationen unterstützen können und Chancen bieten, Armut vorzubeugen.

Hilfen zur Erziehung und danach

Auch die Hilfen zur Erziehung greifen oft erst, wenn sich Probleme massiv verfestigt haben. Hilfen zur Erziehung sind ein unverzichtbares Feld der Kinder- und Jugendhilfe, um Paare und Alleinerziehende bei ihrem Erziehungsauftrag zu unterstützen oder notfalls auch an ihrer Stelle die Erziehung sicherzustellen. Sie reichen von unterstützenden Angeboten, wie sie in den Erziehungsberatungsstellen geleistet werden, über eine Betreuung durch die sozialpädagogische Familienhilfe oder der Unterstützung von Kindern in Tagesgruppen bis hin zur intensiven sozialpädagogischen Einzelbetreuung oder einem Heimaufenthalt.

Die Erziehungsberatungsstellen sind eigentlich ein niederschwelliges Hilfesystem. Eltern (und auch Jugendliche) können einfach eine Erziehungsberatungsstelle kontaktieren und einen Termin vereinbaren, ohne Antrag beim Jugendamt, ohne Bedarfsprüfung, ohne Kostenbeteiligung. Aber die Expertinnen und Experten, die für die Bundesregierung den 14. Kinder- und Jugendbericht verfasst haben, weisen dennoch auf hohe Zugangshürden hin. Trotz aller Bemühungen herrscht häufig eine Komm-Struktur vor, es bedarf des Wissens und der Initiative der Eltern (oder des Jugendlichen), diesen Schritt aktiv zu gehen. Das gelingt Familien der Mittelschicht leichter, daher der Vorwurf der Mittelschichtsorientierung, dem die Erziehungsberatungsstellen ausgesetzt sind. Es nutzt nichts, darüber zu klagen, dass Eltern der Unterschicht «schwer erreichbar» seien. Die Kinder- und Jugendhilfe sei, so die Autoren des Berichts, vielmehr dazu aufgefordert, «die eigenen institutionellen Hürden – z.B. in Form von starren Komm-Strukturen, hochgradig standardisierten Settings, mittelschichtorientiertem Sprachduktus, der Inszenierung expertokratischer Überlegenheit u.ä. – soweit als irgend möglich abzubauen».[5]

Gerade die Familien, die über sehr geringe Ressourcen verfügen, ihre Probleme selbst zu bewältigen, haben die größten Zugangshürden. Nur für etwa 2% der unter 21-Jährigen wird jährlich eine Erziehungsberatung in Anspruch genommen.[6] Es ist kaum anzunehmen, dass damit auch nur annähernd alle Familien erreicht werden, denen zur Bewältigung von Beziehungsproblemen, Schulschwierigkeiten oder Entwicklungsauffälligkeiten eine Beratung guttäte. Abhilfe ist hier möglich, wenn offene Sprechstunden in Schulen und an Kitas angeboten werden und auch zur Diagnostik und Fallaufklärung aufsuchend in Familien gearbeitet wird.[7] Es gibt hierzu erfolgversprechende Ansätze, etwa das Landesprojekt «Familienzentrum Nordrhein-Westfalen», das die Weiterentwicklung insbesondere von Kindertageseinrichtungen zu Familienzentren befördert, die in ihrem Sozialraum Familien einen niederschwelligen Zugang zu Erziehungs- und Beratungsangeboten ermöglichen, hierzu verbindliche Kooperationen aufbauen und sich als Orte der Familienbildung verstehen.[8]

Teuer für den Sozialstaat sind nicht die Erziehungsberatung und die niederschwelligen Ansätze wie Familienzentren, teuer ist die intensive ambulante Einzelfallbetreuung und insbesondere die Fremdunterbringung von Kindern und Jugendlichen, die dann unvermeidlich wird, wenn sich Probleme massiv verfestigt haben. 7,7 Milliarden Euro haben die Kommunen 2014 für ambulante Leistungen der Hilfen für Erziehung und Fremdunterbringungen ausgegeben, im Jahr 2000 waren es «erst» 4,4 Milliarden Euro.[9] Stark angestiegen sind die ambulanten Hilfen der Erziehung, aber auch die Inobhutnahmen. 1995 gab es bei 10 000 Kindern und Jugendlichen 15 Inobhutnahmen, 2013 waren es mit 31 mehr als doppelt so viele.[10] Das muss nicht bedeuten, dass die Verhältnisse schlimmer geworden sind; die Jugendämter nehmen ihr Wächteramt heute anders wahr als vor 20 Jahren und intervenieren früher, wenn eine Kindeswohlgefährdung droht. Sicherlich spielt auch die Angst eine Rolle, öffentlich Fälle von Kindesmisshandlung verantworten zu müssen.

Die Kommunen erfüllen mit den Hilfen zur Erziehung eine sozialstaatliche Verpflichtung. Auf sie besteht – zu Recht – ein individueller, einklagbarer Rechtsanspruch. Die zuständigen Kommunen können sich dem nicht entziehen. Wenn diese intensiven Hilfen erforderlich sind, dann dürfen sie nicht aus Kostenüberlegungen unterbleiben. Und dennoch befeuert der Kostenanstieg eine politische Debatte, wie dieser begrenzt werden könnte. Sie wird immer wieder in einem vergifteten Ton geführt. Leistungserbringer der Jugendhilfe fühlen sich seitens der Kommunen dem Vorwurf ausgesetzt, aus wirtschaftlichen Interessen heraus die Hilfen auszudehnen und so die Kosten hochzutreiben. Diese revanchieren sich mit dem Vorwurf an die kommunale Seite, ihr ginge es ja nur um ein Sparmodell zu Lasten von Kindern und Jugendlichen aus prekären Familien. Zum Glück gibt es aber auf beiden Seiten besonnene Kräfte, die bereit sind, ihre Schützengräben zu verlassen und zur Weiterentwicklung der Hilfen zur Erziehung eine konzeptionelle Debatte zu führen. Denn die Frage ist legitim, ob nicht Basissysteme wie Kitas und Schulen, Angebote der Familienhilfe oder niederschwellige Angebote für (potentiell) gefährdete junge Menschen so gestärkt werden können, dass ein Teil des hohen Bedarfs an Hilfen zur Erziehung vermieden werden kann.

Bisher besteht für präventive Angebote wie Stadtteilsozialarbeit oder Jugendtreffs keine rechtliche Verpflichtung. Es besteht sogar die Gefahr, dass steigende Kosten für die Hilfen zur Erziehung mancherorts die bestehenden präventiven Ansätze weiter zurückdrängen. Wenn 2020 das als Teil der «Schuldenbremse» im Grundgesetz verankerte grundsätzliche Verbot der Neuverschuldung der Bundesländer greift,[11] wird sich diese Gefahr verschärfen, wenn nicht gegengesteuert wird. Daher ist es geboten, die rechtliche Stellung der präventiven Hilfen im Sozialrecht deutlich aufzuwerten. Wenn dies langfristig Kosten spart, weil Hilfen vermieden werden, ist es natürlich umso besser. Das ist aber nicht einmal das Primäre. Wir müssten die Prävention auch dann stärken, wenn wir im Geld schwimmen würden.

Volljährig, aber weiterhin nicht erwachsen

Werden junge Menschen volljährig, endet nicht zwingend ihr Unterstützungsbedarf. Dies hat der Gesetzgeber anerkannt. Auch jungen Volljährigen soll «Hilfe für die Persönlichkeitsentwicklung und zu einer eigenverantwortlichen Lebensführung gewährt werden, wenn und solange die Hilfe aufgrund der individuellen Situation des jungen Menschen notwendig ist».[12] Mit 21 Jahren ist dann aber in der Regel Schluss, nur in begründeten Einzelfällen soll die Hilfe noch für einen begrenzten Zeitraum fortgesetzt werden. Der Gesetzgeber ging somit davon aus, dass mit Vollendung des 21. Lebensjahres die Persönlichkeitsentwicklung in der Regel ausreichend weit vollzogen und die Voraussetzungen für eine eigenverantwortliche Lebensführung geschaffen sind. Praktiker der Jugendhilfe berichten immer wieder über abgebrochene Hilfen, die mit starren Altersgrenzen begründet werden, aber dem Entwicklungsstand des jungen Menschen nicht entsprechen. Solche Abbrüche treffen junge Erwachsene, die nicht auf den Rückhalt ihrer Herkunftsfamilie zurückgreifen können, wenn sie Probleme bei der Ausbildung haben und ggf. mit über Jahre verfestigten Mehrfachbelastungen wie Schulversagen, Gewalterfahrungen in der Familie und problematischen Jugendhilfekarrieren konfrontiert sind. Kinder der bürgerlichen Mitte können in aller Regel auch dann auf ein familiäres Netzwerk zurückgreifen, wenn sie als junge oder nicht mehr ganz so junge Erwachsene gravierendere Probleme haben.

Brechen Hilfen ab, so besteht im Extremfall die Gefahr, dass junge Menschen sich «entkoppeln», das heißt, aus sämtlichen institutionellen Bezügen herausfallen, sich nicht in Schule oder Ausbildung befinden, keiner Erwerbsarbeit nachgehen, aber auch keinen Kontakt zum Jobcenter haben und somit von dort nicht unterstützt werden. Verbunden ist dies mit massiven sozialen Problemen, gesundheitlichen Einschränkungen, Teenager-Schwangerschaften, Drogenkonsum, Gewalterfahrungen und

Kriminalität. Eine Rückkehr in die Normalität ist mit hohen Hürden verbunden. Die Gefahr, dass dieser Notlage eine langanhaltende Hilfeabhängigkeit folgt, ist groß.[13] Verlässliche Zahlen zur Größe dieser Gruppe gibt es nicht. Aber die Praktiker der Wohnungslosenhilfe schlagen Alarm, dass sie vermehrt mit Jugendlichen und jungen Erwachsenen konfrontiert sind, die nicht von der Jugendhilfe aufgefangen wurden.

Die Gefahr, dass junge Menschen sich entkoppeln, wird auch durch die gültigen Sanktionsregelungen befördert. Arbeitslose Menschen bis 25 Jahre werden weit härter sanktioniert als über 25-Jährige. Bereits bei einer Pflichtverletzung wird der Regelbedarf gestrichen und es werden nur noch die Kosten der Unterkunft weitergezahlt, bei einer wiederholten Pflichtverletzung entfallen auch die Zahlungen für Unterkunft und Heizung, d. h. der junge Mensch erhält keinerlei materielle Unterstützung mehr. Selbst wenn er seine Pflichten wieder erfüllt, können zwar die Kosten der Unterkunft und Heizung erneut erstattet werden, die Streichung des Regelbedarfs kann jedoch frühestens nach sechs Wochen wieder aufgehoben werden. Dieses im Vergleich zu über 25-Jährigen sehr harte und zudem starre Sanktionsregime belastet das Verhältnis zwischen den jungen Arbeitslosen und den Fallmanagern im Jobcenter. Es gibt auch keinen wissenschaftlichen Beleg dafür, dass solche drastischen Sanktionen für eine wirksame Vermittlung zweckdienlich sind.[14] Es besteht die Gefahr, dass vollsanktionierte Jugendliche aus dem Blick des Jobcenters, aber auch aus dem Blick der anderen Institutionen des Sozialstaats geraten. Wären dagegen die Sanktionen beschränkt und insbesondere die Kosten der Unterkunft und Heizung von der Sanktionierung ausgenommen – auch um den Wohnungsverlust zu vermeiden –, träte dieser negative Effekt nicht ein. Leider sind auch mit der neuesten Novellierung des SGB II 2016 die Sonderregeln zur Sanktionierung der unter 25-Jährigen nicht abgeschafft worden. Die SPD und die Mehrheit der Länder wollten dies, es gab aber Widerstand in der Union, hier besonders in der CSU.

Überzogen ist allerdings die immer wieder vorgebrachte Forderung, Sanktionen in Gänze abzuschaffen. Gerade bei jungen Menschen ist dies unangemessen. Das Arbeitslosengeld II wird nicht bedingungslos gewährt. Es wird legitimerweise erwartet, dass der Hilfeberechtigte alle Möglichkeiten ausschöpft, um eine Beendigung der Hilfebedürftigkeit zu erreichen, somit aktiv an den Maßnahmen der Eingliederung in Ausbildung oder Arbeit mitwirkt. Erfahrene Mitarbeitende der Caritas aus der beruflichen Förderung und den Integrationsbetrieben berichten immer wieder von Jugendlichen und jungen Erwachsenen, die erstmal keine größere Lust haben, sich auf die Zumutungen einer betrieblichen oder außerbetrieblichen Ausbildung einzulassen und es als ihr Recht ansehen, Hartz IV zu beziehen. Hier brauchen junge Menschen unmittelbar ein Angebot einer Ausbildung oder einer Orientierungsmaßnahme, in der sie erkunden können, welche Ausbildung zu ihnen passt. Was aber, wenn jeder Schritt hierzu verweigert wird? Ein junger Mensch kommt ständig zu spät, eine Krankmeldung folgt der anderen, häufig fehlt er unentschuldigt, wenn er kommt, arbeitet er provozierend langsam und stellt jede Anforderung grundsätzlich in Frage. Jeder Versuch eines Motivationsgespräches geht ins Leere. Wenn der junge Mensch sich überhaupt zu seinen Zukunftsplänen äußert, gibt er völlig unrealistische Ziele an wie den Wunsch, Profifußballspieler zu werden. Versuche, auch sein familiäres Umfeld einzubeziehen, scheitern; denn dies dürfen die Fachkräfte nur mit seiner Zustimmung, die er versagt. Dann kann eine Sanktion durchaus ein nützliches Element zur Realitätsorientierung sein. Ethisch vertretbar sind Sanktionen dann, wenn junge Menschen Angebote in einem Fördersetting erhalten, in dem ihre verborgenen Potentiale entdeckt und gefördert werden, und wenn sie von Menschen begleitet werden, die ihnen mit Empathie entgegentreten und die den Anspruch haben, zu ihnen eine Beziehung aufzubauen. Auch muss selbstverständlich stets geprüft werden, ob es Gründe für die Verweigerung gibt, die außerhalb der Eigenverantwortung des jungen Menschen liegen, etwa eine psychische Erkrankung.

Wenn es zu einer Sanktion kommt, muss immer eine zweite oder dritte Chance offenstehen und die Sanktion unmittelbar aufgehoben werden, wenn der junge Mensch diese ergreift. Auch während einer Sanktion darf der Kontakt zum Hilfesystem nicht abreißen, die Jugendhilfe muss weiter tätig werden, wenn nötig durch Kontaktaufnahme bei ihm zu Hause oder andere aufsuchende Hilfen. Sie darf den Betroffenen nicht aus dem Blick verlieren. Dies funktioniert allerdings vielerorts derzeit noch nicht befriedigend.

Unangemessen ist auch die vielfach aus der Jugendhilfe vorgebrachte Kritik an der sog. «Stallpflicht» für 18- bis 25-jährige Leistungsempfänger. Gemeint ist damit die gesetzliche Bestimmung, dass diese nur mit Genehmigung des Jobcenters in eine eigene Wohnung ziehen dürfen, ansonsten muss das Jobcenter die Kosten für Unterkunft und Heizung nicht übernehmen.[15] Die Genehmigung ist bei «schwerwiegenden sozialen Gründen» zu erteilen. Natürlich bedeutet dies eine Hürde bei der Verselbstständigung junger Erwachsener von ihrem Elternhaus. Aber der Wunsch, selbständig leben zu können, ist eine wesentliche Motivation, eine tragfähige wirtschaftliche Perspektive, etwa über eine Ausbildung, zu erlangen. Insofern ist die kritisierte Regelung gerechtfertigt, um einen Realitätsbezug zu fördern. Allerdings müssen die Jobcenter ausreichend sensibel sein, wenn der weitere Verbleib in der Herkunftsfamilie nicht förderlich ist. Verweigern die Jobcenter die Genehmigung des Auszugs und die Kostenübernahme, obwohl die Familienverhältnisse zerrüttet sind, besteht das Risiko, dass junge Erwachsene dennoch ausziehen und in sehr prekäre Verhältnisse kommen. Hier gibt es immer wieder Berichte aus der Praxis über problematische Entscheidungen. Auch wenn die Hilfe zu früh beendet wird oder gar der Kontakt zu jungen Menschen abreißt, steht sich der Sozialstaat selbst im Weg.

Hilfen wirklich aus einer Hand?

Hemmend für ein wirksames Hilfesystem sind auch wechselnde Zuständigkeiten zwischen der Jugendhilfe, dem Jobcenter und der Arbeitsagentur. Das Jobcenter ist nur zuständig, wenn der junge Mensch einer Bedarfsgemeinschaft angehört, also Bezieher von SGB-II-Leistungen ist. Finden die Eltern Arbeit und können sie daher ihren Lebensunterhalt und den des bei ihnen lebenden jungen Menschen decken, entfällt also erfreulicherweise die Bedürftigkeit der Familie, entfällt auch die rechtliche Grundlage für die Fördermaßnahmen des Jobcenters für den jungen Menschen. Die Zuständigkeit kann also enden, ohne dass sein eigentliches Problem, nämlich seine fehlende Integration in Ausbildung und Beschäftigung, gelöst ist. Das heißt nicht, dass er nun ohne Hilfe bliebe. Wenn das Jobcenter seine Zuständigkeit verliert, muss gegebenenfalls die Arbeitsagentur einspringen. Der bisherige Fallmanager im Jobcenter, der die Geschichte und Problemlage des jungen Menschen kannte, ist aber nicht mehr für ihn zuständig. Er darf auch nicht die Akte an den Kollegen in der Arbeitsagentur weitergeben, das verbietet der Datenschutz. Aufgebaute Beziehungen, die für den Erfolg der Vermittlungsarbeit grundlegend sind, brechen ab. Auch kann das Jobcenter den jungen Menschen nun nicht mehr in seine zielgruppenspezifischen Programme aufnehmen, auch wenn dies für ihn sinnvoll wäre. Wenn die Zuständigkeit des Jobcenters wegfällt, könnte auch die Jugendsozialarbeit der Kommunen einspringen. Sie kann nachrangig, d. h. wenn andere nicht zuständig sind, für sozial oder individuell benachteiligte junge Menschen «geeignete sozialpädagogisch begleitete Ausbildungs- und Beschäftigungsmaßnahmen»[16] anbieten. Allerdings hat es mit der Zusammenlegung von Arbeitslosenhilfe und Sozialhilfe einen Rückzug der Jugendhilfe aus den Hilfen zur Arbeitsmarktintegration gegeben.

Erschwerend kommt hinzu, dass die Zuständigkeiten auch mehrfach wechseln können. Verlieren die Eltern des jungen

Menschen wieder ihre Arbeit, so lebt er wieder in einer Bedarfsgemeinschaft und das Jobcenter wird wieder für ihn zuständig.
Unterschiedliche Zuständigkeiten können junge Menschen jedoch heillos überfordern. Für eine Jugendliche, die in einer sta-
tionären Einrichtung der Jugendhilfe aufwächst, ist die kommunale Kinder- und Jugendhilfe zuständig. Zieht sie dort mit der
Volljährigkeit aus, erstmal ohne Perspektive auf Ausbildung oder
Arbeit, wird sie vom Jobcenter unterstützt. Findet sie einen Aus-
bildungsplatz und ist sie dann auf Berufsausbildungsbeihilfe angewiesen, erhält sie diese von der Arbeitsagentur. Bekommt sie
während der Ausbildung ein Kind, ist für die ergänzende Unterstützung für ihr Kind nun wieder das Jobcenter zuständig. Wenn
sie wohngeldberechtigt ist, muss sie sich zudem an die kommunale Wohngeldbehörde wenden. In diesem eher alltäglichen
Beispiel befassen sich Mitarbeitende von vier Behörden in wechselnden Zuständigkeiten mit der Jugendlichen und ihrer Lebenslage. Für ihre Entscheidungen sind sie häufig auf wechselseitige
Informationen angewiesen. Was die junge Frau unseres Beispiels
bräuchte, wäre ein Ansprechpartner, der ihre Situation kennt,
zu dem sie ein Vertrauensverhältnis aufbauen kann und der sie
unabhängig von der wechselnden Rechtskreiszuordnung beim
Prozess ihrer Verselbständigung unterstützt.

Der Zuständigkeitswechsel gefährdete lange auch laufende
Maßnahmen des Jobcenters. Sie konnten zwar weitergeführt werden, der junge Mensch musste sie aber auf Darlehensbasis selbst
finanzieren, sich also verschulden. Dazu waren aber viele nicht
bereit. Ein Abbruch der Maßnahme entwertete auch die Arbeit
der Fallmanager, die sie empfohlen oder sogar unter Verweis auf
eine mögliche Sanktion durchgesetzt haben. 2016 ist nun diese
seit 2009 bestehende Darlehensregelung abgeschafft worden.
Dieses Beispiel zeigt, wie inkonsistent Politik sein kann. Denn
die zeitweise eingeführten moderaten Studiengebühren an Hoch-
schulen sind nach heftigen Protesten der Studierenden sehr
schnell wieder zurückgenommen worden. Die jungen Menschen
aus prekären Milieus hatten dieses Protestpotential nicht.

Dass wir dringend handeln müssen, um Hürden zwischen den Unterstützungssystemen zu überwinden, wird nun auch vermehrt von der Politik wahrgenommen. Der Koalitionsvertrag der Großen Koalition von 2013 kündigte an, flächendeckend Jugendberufsagenturen einzurichten. Diese sollen für Jugendliche und junge Erwachsene (bis 25 Jahre) die Leistungen der Grundsicherung für Arbeitsuchende, der Arbeitsförderung und der Kinder- und Jugendhilfe «bündeln». Dies sollte dann zu einer Hilfe wie aus einer Hand führen, auch wenn im Hintergrund die unterschiedlichen rechtlichen Zuständigkeiten erhalten bleiben. Vor einer Neuordnung der Zuständigkeiten schreckten die Koalitionäre zurück, wollten aber immerhin die nachteiligen Folgen abmildern. Dabei sollen datenschutzrechtliche Klarstellungen den für eine Hilfegewährung aus einer Hand notwendigen Informationsaustausch erleichtern.[17] So sehr es einen Fortschritt darstellt, wenn unterschiedliche Akteure verlässlich kooperieren, das für wirksame Hilfen hemmende Faktum wechselnder Ansprechpartner konnten bisher auch die Jugendberufsagenturen nicht aus der Welt schaffen.

In eine solche Kooperation ist unbedingt die Jugendsozialarbeit einzubinden. Jugendliche und junge Erwachsene aus prekären Milieus brauchen Hilfsangebote, die nicht allein auf die Integration in Ausbildung und Arbeit ausgerichtet sind, sondern ihre Entwicklung zu einem selbstverantworteten Leben fördern, ihnen verlässliche Begleitung geben und flexibel auf ihren individuellen Förderbedarf und ihre Lebenssituation eingehen.[18] Das – unbestritten wichtige – Ziel der Integration in Ausbildung und Arbeit kann häufig nicht gelingen, wenn der Förderansatz zu eng ist und die Lebenssituation und der Stand der Persönlichkeitsentwicklung der jungen Menschen ausgeblendet werden. Sinnvoll ist die Einrichtung rechtskreisübergreifender Fallkonferenzen. Die institutionalisierte Zusammenarbeit kann es erleichtern, benachteiligten jungen Menschen in der Unterstützung ein kontinuierliches Beziehungsangebot zu machen oder zumindest die Übergänge in der Unterstützung ohne große Brüche zu gestalten.

Es gibt ungenutzte Potentiale, die Hilfen des Sozialstaats wirksamer zu machen und die Prävention sozialer Notlagen zu fördern. Aber dies scheitert bisher zu oft an administrativen Zuständigkeiten, strittigen Finanzierungsverantwortlichkeiten und nicht passenden Logiken der einzelnen Hilfesysteme. Hier gibt es keine einfache Abhilfe, nicht die eine gesetzliche Regelung, die alle «Schnittstellenprobleme» löst. Träumereien eines radikalen Neuanfangs, völlig losgelöst von den bisherigen Regeln und Strukturen, bleiben ohne Wirkung. Aber es gibt Raum für Verbesserungen im zähen Geschäft des reformerischen Alltags. Dies sollte Teil der Agenda für die nächste Legislaturperiode des Bundestags werden. Politischer Wille ist dabei die alles entscheidende Ressource. Es wird nicht gelingen ohne eine Öffentlichkeit, die Interesse daran entwickelt, wie unser Sozialstaat mit Menschen am Rande der Gesellschaft umgeht, ob er mehr leistet, als sie materiell zu unterstützen, nämlich Perspektiven eröffnet, damit sie ihre Potentiale entfalten können. Ein Diskurs zu Armut und Armutsvermeidung, der diese Herausforderung nicht aufgreift, nützt den Armen nichts.

13.
Flüchtlinge: Armut droht,
wenn die Integration scheitert

Die Herausforderung

«Alle werden ärmer werden!» So titelte Focus Money vom 21. Oktober 2015 zur «Flüchtlingskrise». Hans-Werner Sinn, der dieser Aussage auf dem Titel bildlich Autorität verleihen sollte, verwies im Heft auf hohe Ausgaben, die mit der Aufnahme von Flüchtlingen verbunden seien, verstieg sich aber nicht zu der Vorhersage, wir würden deswegen alle verarmen. Die erschreckende Zahl von 91 Milliarden Euro jährlich stellte der Focus bei 7 Millionen Asylbewerbern in den Raum, verbunden mit dem Verweis, das dies im Bundeshaushalt den Ausgaben für Verteidigung, Verkehr und Infrastruktur, Bildung, Familie und Gesundheit zusammen entspricht.[1] Für die unterstellten 7 Millionen Asylbewerber gibt es aber keine seriöse Grundlage, dies wären Dimensionen, die weit jenseits der heutigen Herausforderungen liegen. Andere einflussreiche Ökonomen sind dagegen verhalten zuversichtlich: Marcel Fratzscher, Präsident des Deutschen Instituts für Wirtschaftsforschung in Berlin, kritisiert, es werde nur auf die zweifellos hohen Kosten geschaut, die kurzfristig anfallen, dies verstelle aber den Blick auf die Chancen, die die Zuwanderung vieler oftmals junger Menschen biete. Die Integration von Flüchtlingen sei eine «langfristig lohnende Investition».[2] Auch der Sachverständigenrat zur Begutachtung der gesamtwirtschaftlichen Entwicklung sieht Chancen auf eine positive Entwicklung, wenn die Herausforderungen der Integration aufgegriffen werden.[3]

Fast eine Million Menschen sind 2015 zu uns gekommen, um Schutz zu suchen oder, was ebenfalls sehr verständlich ist, der Perspektivlosigkeit ihrer Heimatländer zu entkommen. Wie viele es genau waren, kann niemand sagen, weil nicht alle registriert wurden und ein nicht bekannter Teil von ihnen auch weitergewandert ist. Aber unbestritten stellt sich eine Integrationsaufgabe, mit der wir in den letzten Dekaden nicht mehr konfrontiert waren. Sie fordert alle Kräfte, die bereit sind, gesellschaftliche Verantwortung zu übernehmen. Die Menschen kommen nicht, um das Erwerbspersonenpotential in Deutschland zu erhöhen oder den Fachkräftemangel zu mildern. Sie kommen in der Hoffnung auf ein besseres Leben. Und auch die vielen Ehrenamtlichen, die das freundliche Bild Deutschlands mitgetragen haben, sind nicht durch wirtschaftspolitische Überlegungen motiviert worden. Soweit es um die Aufnahme von Verfolgten geht, denen europäische Regelungen, unsere Verfassung und die Genfer Flüchtlingskonvention ein Recht auf Schutz zugestehen, sind Kosten-Nutzen-Kalküle ohnehin nicht maßgeblich. Schutz muss auch dem Verfolgten zustehen, der aufgrund von Alter oder Gebrechlichkeit nicht wirtschaftlich aktiv sein kann oder der mehr Unterstützung aus unseren Sicherungssystemen benötigt, als er über seine Beiträge zu leisten in der Lage sein wird.

Welche Folgen wird die Aufnahme der vielen Flüchtlinge in Deutschland haben? Wird Armut zunehmen? Wird sich die Lage der bereits bei uns lebenden Menschen in prekären Lebenssituationen verschlechtern? Was bedeutet dies für den Arbeitsmarkt oder die Wohnraumversorgung, für zwei Felder also, in denen es zur Konkurrenz zwischen «alten» und «neuen» Armen kommen könnte? Gesicherte Antworten hat niemand, noch wissen wir zu wenig über diejenigen, die zu uns kommen und über ihre Potentiale. Und: Die Folgen hängen davon ab, wie wir in naher Zukunft politisch handeln.

Wettrennen um günstige Wohnungen?

Eine Herausforderung ist allein schon die Wohnraumversorgung. Erstaufnahmeeinrichtungen und Massenunterkünfte sollten nur ein Provisorium für eine begrenzte Zeit bleiben. Es gibt Regionen mit größeren Leerständen, die je nach Zustand ab sofort genutzt oder in Stand gesetzt werden können. Aber die Leerstände sind zu einem großen Anteil nicht dort, wo Schutzsuchende nach ihrer Anerkennung hinziehen wollen, weil sie auf Arbeit hoffen können oder Angehörige dort bereits wohnen. Eine Herausforderung ist es auch, eine Ballung von Flüchtlingen in problembelasteten Stadtteilen zu vermeiden.

Wir haben bereits heute ein großes Defizit bei der Wohnraumversorgung. Dringend nötig ist die Ausweitung des Wohnungsangebots für Bezieher niedriger und mittlerer Einkommen insbesondere in den städtischen Ballungsräumen. Hier ist viel versäumt worden; die öffentliche Förderung für den sozialen Wohnungsbau war gering, Wohnungsbaupolitik stand nicht im Fokus des politischen Interesses. Erst die Herausforderung, Flüchtlinge in hoher Zahl aufzunehmen, hat ein Problem wieder in das öffentliche Bewusstsein gehoben, das bereits lange vorher bestand. Die Wohnungspolitik muss alle im Blick haben, deren Wohnraumversorgung schwierig ist. Ihre Neubelebung wäre auch dann ein unverzichtbarer Teil der Armutsprävention, wenn 2015 und 2016 nur wenige Flüchtlinge zu uns gekommen wären.

In der Unterstützung für Niedrigeinkommensbezieher erfüllt das Wohngeld eine wichtige Funktion, es wirkt als vorgelagertes Sicherungssystem. Es muss regelmäßig dynamisiert werden, um dazu beizutragen, dass Menschen, die regulär arbeiten, nicht zu Hartz-IV-Aufstockern werden. Aber das Wohngeld kann nur helfen, dass arme Haushalte auf dem Wohnungsmarkt mithalten können, oft eher schlecht als recht. Die Mietpreisbremse kann den Anstieg der Mieten in Regionen mit Unterversorgung zu hemmen versuchen, aber sie schafft keinen neuen Wohnraum.

Es muss dringend gebaut werden, um den bereits bisher bestehenden Mangel zu überwinden, um Flüchtende und zudem auch zuziehende EU-Bürger aufzunehmen. Der genaue Bedarf ist nicht leicht zu prognostizieren, da dies vom weiteren Zugang von Schutzsuchenden, der Anerkennungsquote und auch dem Umfang des Familiennachzugs abhängt. Das Bundesbauministerium setzt den Bedarf an neuen Wohnungen pro Jahr mit 350 000 an.[4] Das Institut der deutschen Wirtschaft beziffert den jährlichen Baubedarf bis 2020 auf etwa 400 000 Wohnungen, darunter etwa 100 000 zur Deckung der Wohnungsnachfrage von Asylberechtigten.[5] Dafür muss die Bautätigkeit massiv gesteigert werden; 2015 sind nur 248 000 Wohnungen fertiggestellt worden, und dies war im Vergleich zu den Vorjahren ein Jahr starker Bautätigkeit.[6] Je verzögerter der weitere Ausbau erfolgt, desto stärker wird die Konkurrenz um günstige Wohnungen in einem Teil der Städte zunehmen. Für Randgruppen, zum Beispiel für Wohnungslose oder Strafentlassene, wird es dann ganz schwierig.

Um mehr Wohnraum für Menschen mit geringem Einkommen zu schaffen, sind Bund, Länder und Kommunen gemeinsam gefordert.[7] Seit der Föderalismusreform von 2006 liegt die Gesetzgebungskompetenz für den sozialen Wohnungsbau ausschließlich bei den Ländern. Der Bund hat sich bis 2019 zu Kompensationszahlungen an die Länder in Höhe von 518 Millionen Euro pro Jahr verpflichtet[8] und hat sie in Reaktion auf die hohe Zahl von Flüchtlingen auch erhöht. Das Grundgesetz verbietet dem Bund aber, dies mit einer Zweckbindung zu versehen, die Länder können die Mittel also auch für andere investive Zwecke einsetzen.[9] Davon haben sie, um ihre Haushalte zu entlasten, reichlich Gebrauch gemacht. Immerhin haben sich die Länder angesichts der Herausforderung, Flüchtlinge unterzubringen, nun selbst verpflichtet, die zusätzlichen Mittel des Bundes für den Wohnungsbau auch wirklich dafür einzusetzen. Die Bundesmittel reichen aber nicht, um die Aufgabe zu bewältigen. Die Länder, bei denen die Zuständigkeit liegt, sollten entsprechend der großen Herausforderung mehr eigene Mittel zur Verfügung stellen.

Viele Kommunen haben in der Vergangenheit die Flächen, die sie bereitgestellt haben, vorrangig unter dem Gesichtspunkt vermarktet, Erträge für ihren Haushalt zu erwirtschaften. Sie sind gefordert, stärker darauf zu achten, preiswerten Wohnraum auch für Niedrigeinkommensbezieher und kinderreiche Familien zu schaffen. Damit die Kommunen im Interesse armer Haushalte Einfluss auf den Wohnungsmarkt nehmen können, sollten sie auch einen gewissen Bestand an Sozialwohnungen und kostengünstigen Wohnungen selbst halten oder sich zumindest Belegungsrechte sichern.

Auch die beste Wohnungsbaupolitik kann nicht erreichen, dass alle Menschen in den von ihnen bevorzugten Lagen leben. Aber regionale Entwicklungskonzepte, die Randgebiete der Ballungszentren und Umlandgemeinden besser erschließen und verkehrstechnisch anbinden und diese damit aufwerten, können zur Entspannung beitragen.

Investoren bauen nur preisgünstigen Wohnraum, wenn es sich für sie rechnet. Wer das ignoriert, hilft den Armen nicht. Entsprechend müssen die Förderbedingungen des sozialen Wohnungsbaus ausgestaltet werden. Dazu können höhere Förderpauschalen und Tilgungszuschüsse beitragen. Ein Problem ist auch, dass die Mietpreisbindung im sozialen Wohnungsbau nach einem mit der Förderung festgelegten Zeitraum ausläuft und somit immer neue Sozialwohnungen gebaut werden müssen, soll ein ausreichender Bestand an Sozialwohnungen erhalten bleiben. Werden diese Fristen verlängert oder aufgehoben, müssen allerdings die Förderkonditionen entsprechend angepasst werden, um Investoren nicht abzuschrecken. Da Mieter aus Sozialwohnungen oft nicht ausziehen wollen, wenn sich ihre Einkommenssituation verbessert, sollte man auch über die Wiedereinführung der sog. Fehlbelegungsabgabe oder über einkommensabhängige Mieten nachdenken. Es gibt also viele Ansätze, um mehr Wohnraum für Menschen mit niedrigem Einkommen zu schaffen.

Der dringend notwendige Neubau von Wohnungen wird nur mittelfristig greifen können, er muss daher unmittelbar angegangen werden. Die Zeiträume zwischen Planung und Realisierung von Wohnbauprojekten sind sehr lang. Wenn Kommunalverwaltungen die Erschließung brachliegender Flächen gegen Widerstand beschleunigen, erhalten sie wütenden Protest gegen ihre «Hauruckplanung», obwohl sie das aus sozialer Verantwortung Gebotene tun. Teil des Problems sind dabei auch Menschen, die ihre Vorbehalte gegen neue Nachbarn ökologisch verbrämen und jeden Maisacker in Stadtrandlage zum unantastbaren Naturschutzgebiet erklären. Mit ihrem Protest verzögern oder verhindern sie den Bau neuer bezahlbarer Wohnungen, meist in dem unerschütterlichen Bewusstsein, stets auf der Seite des Guten zu stehen.

Arbeitsmarkt: Verschärfte Konkurrenz unten?

Zum Glück stellt sich die Herausforderung der Integration von einigen hunderttausend zusätzlichen Erwerbstätigen in den Arbeitsmarkt in einer Zeit, in der sich dieser als äußerst robust erweist. Integration muss beginnen, sobald als Ergebnis eines rechtsstaatlichen Asylverfahrens die Anerkennung erfolgt ist. Auch ein Teil derjenigen, deren Asylverfahren mit einem negativen Bescheid endete, werden bei uns bleiben, weil Gründe für eine Duldung ihres Aufenthaltes in Deutschland vorliegen und damit ein längerer Aufenthalt zu erwarten ist. Auch bei ihnen sollte Integration beginnen, sobald dies abzusehen ist. Die Asylverfahren sollten deutlich beschleunigt werden. Den Schutzsuchenden, deren Verfahren aus welchen Gründen auch immer über längere Zeit nicht abgeschlossen werden können, muss dann bereits während des Verfahrens gestattet werden zu arbeiten.

Es gibt bisher keine repräsentativen Daten zu den Qualifikationen, die die Flüchtlinge mitbringen, die 2015 und 2016 zu uns gekommen sind. Wir haben ein Bild über die Asylbewerber und Flüchtlinge, die 2013 nach Deutschland kamen und denen es gelang, in Deutschland eine Aufenthaltserlaubnis zu erhalten. Von ihnen verfügten 13% über ein abgeschlossenes Hochschulstudium, 24% über einen mittleren Bildungsabschluss und 58% hatten keine abgeschlossene Berufsausbildung. Aktuellere, nicht repräsentative Erhebungen zeichnen ein ähnliches Bild.[10] Von den Asylantragstellern des Jahres 2014 war mehr als die Hälfte unter 24 Jahre alt, also noch im Schulalter oder in dem Alter, in dem üblicherweise eine Ausbildung absolviert wird. Das Bildungspotential ist folglich sehr hoch.[11]

Dies zeigt Chancen, aber auch enorme Herausforderungen für das Schul- und Ausbildungssystem in Deutschland auf. Ein Teil der Flüchtlinge hat kriegsbedingt nicht oder nur sehr wenige Jahre eine Schule besuchen können. Unter den erwachsenen Flüchtlingen aus dem Irak ist dieser Anteil mit einem Drittel besonders hoch.[12] In einigen Herkunftsländern ist zudem die allgemeine Schulbildung schlecht. Syrien, eines der Hauptherkunftsländer, war 2011 einbezogen in internationale Schulleistungstests. Zwei Drittel der Schüler in Syrien, so der Bildungsökonom Ludger Wößmann, erreichen nicht die in diesen Tests definierte unterste Kompetenzstufe, können somit nur eingeschränkt lesen und schreiben und nur einfachste Rechenaufgaben lösen. Gegenüber deutschen Schülern gleichen Alters liegen sie vier bis fünf Jahre zurück. Sie müssen «in Bezug auf die Beteiligung an einer modernen Gesellschaft als funktionale Analphabeten gelten».[13] Auch mit einem im Herkunftsland erlangten Schulabschluss ist es somit ein weiter Weg, bis die Anforderungen, die sich hier in einer dualen Ausbildung stellen, bewältigt werden können.

Damit zeigt sich für die Integration in den Arbeitsmarkt in Deutschland ein gravierendes Problem. So gut die allgemeine Arbeitsmarktlage derzeit ist, ein Fünftel der Menschen ohne Berufsausbildung ist arbeitslos. Je schlechter es gelingt, die hierbleibenden Schutzsuchenden auszubilden, desto größer ist die Gefahr, dass sich die Konkurrenz um Arbeitsplätze am unteren Ende der Berufsskala weiter verschärft.

Gerade weil diese Gefahr besteht, wäre ein abgesenkter Mindestlohn für Flüchtlinge, wie im Herbst 2015 diskutiert, ein äußerst riskantes Unterfangen. Wenn er wirkt, also dazu führt, dass Flüchtlinge aufgrund geringerer Lohnkosten den bereits hier lebenden Erwerbstätigen vorgezogen würden, würde er eine Konkurrenz unter Benachteiligten erzeugen und damit Aversionen auslösen. Die Befürchtung «Die Ausländer nehmen den Deutschen den Job weg», die Zuwanderung in hoher Zahl ohnehin immer auslöst, würde im Niedriglohnsektor des Arbeitsmarktes durch eine diskriminierende Unterscheidung zwischen Flüchtlingen und anderen Erwerbstätigen zur Realität. Das würde die Debatte zur Integration in eine völlig falsche Richtung lenken und könnte sogar Ängste bei Erwerbstätigen mit mittleren und guten Qualifikationen auslösen, die sich keine Sorgen um Verdrängung ihres Arbeitsplatzes machen müssen. Ein erster Zugang zum Arbeitsmarkt dürfte vielen Flüchtlingen vorrangig bei einfacheren Dienstleistungen gelingen. Generelle Verdrängungsgefahren, die auch Beschäftigte mit mittleren und hohen Qualifikationen betreffen, sind dagegen nicht zu erwarten.[14]

Das Plädoyer gegen eine spezifische Absenkung des Mindestlohns für Flüchtlinge heißt nun nicht, dass nicht auch die Mindestlohnpolitik gefordert sein könnte, flexibler auf die neue Situation zu reagieren. Die Mindestlohnkommission, die über Erhöhungen des Mindestlohns zu befinden hat, steht vor der höchst verantwortungsvollen Aufgabe abzuwägen, was vertretbar ist angesichts der Herausforderung, zusätzliche Arbeitskräfte mit geringen Qualifikationen in den Arbeitsmarkt zu integrieren. Sie kann sich an einem erfolgreichen Vorbild orientieren: Die seit 1998 arbeitende britische Mindestlohnkommission, der je drei Gewerkschaftsvertreter, Unternehmervertreter und unabhängige Wissenschaftler angehören, hat es nach zähem Ringen stets geschafft, sich im Konsens an das Mindestlohnniveau heranzutasten (Strategie des «Topfschlagens»[15]), das Verwerfungen auf dem

Arbeitsmarkt vermeidet und gleichzeitig das Potential für eine Lohnsicherung am unteren Ende der Beschäftigungsskala ausschöpft. Zentrales Element ist die Mitwirkung von unabhängigen Wissenschaftlern. Auch in der deutschen Mindestlohnkommission arbeiten zwei Wissenschaftler mit, allerdings nicht in unabhängiger Rolle.

Es ist auch sehr darauf zu achten, dass die Mindestlohnanforderungen nicht Praktika und andere niederschwellige Zugänge zu Erfahrungen im Betrieb unterbinden. Denn diese können den Flüchtlingen helfen, ihre Sprachdefizite oder andere Einschränkungen zu überwinden, um danach eine Ausbildung beginnen oder eine reguläre Arbeit aufnehmen zu können. Bezüglich Praktika ist die Regulierung sehr eng gezurrt. Sie unterliegen nicht dem Mindestlohn, wenn es sich um ein Pflichtpraktikum im Rahmen einer Ausbildungs- oder Studienordnung handelt. Praktika zur Berufsorientierung sind nur unter drei Monaten vom Mindestlohn ausgenommen. Außerhalb des Mindestlohns liegt auch eine von der Arbeitsagentur genehmigte Maßnahme zur Aktivierung und beruflichen Eingliederung,[16] sie dauert aber nur maximal acht Wochen, bei Langzeitarbeitslosen und unter 25-Jährigen maximal zwölf Wochen.[17] Sollte sich dieser Rahmen als zu eng erweisen, dann muss hier nachgesteuert werden, allerdings nicht in einer «Lex Flüchtlinge», sondern offen für alle, die Unterstützung beim Zugang zum Arbeitsmarkt benötigen.

Um die Gefahr einer wachsenden Konkurrenz am unteren Ende der Lohnskala zu mindern, sollte Ausbildung Vorrang vor einer gering qualifizierten Beschäftigung haben. Das ist leichter gesagt als durchgesetzt. Es gibt Hinweise aus der Praxis, dass auch ein Teil der Flüchtlinge, die gute Voraussetzungen für eine Ausbildung mitbringen, eine direkte Beschäftigung ohne Qualifikation der Durststrecke einer niedriger vergüteten Ausbildungszeit vorzieht.[18] Eine solche Entscheidung ist verständlich angesichts des Wunsches, im Alltag in Deutschland Fuß zu fassen und sich hier einzurichten. Oder Flüchtlinge haben sich für die Flucht verschuldet oder stehen in der Verpflichtung, andere Familienmitglieder zu unterstützen. Aber die Entscheidung gegen eine Ausbildung ist aus individueller Sicht langfristig sehr nachteilig.

Unverzichtbar ist, möglichst viele Flüchtlinge dabei zu unterstützen, die Voraussetzungen für eine Ausbildung zu erwerben. Dazu gehören Sprachkurse und erforderlichenfalls auch Angebote zur Alphabetisierung. Berufs- und ausbildungsbegleitend muss zudem der Erwerb fachspezifischer Sprachkenntnisse unterstützt werden. Wer aus dem Herkunftsland nur eine Schulbildung erhielt, die geringe Kompetenzen vermittelte, scheitert möglicherweise an den hohen Anforderungen einer hiesigen Ausbildung. Daher brauchen wir neben den regulären Ausbildungswegen auch modulare Zugänge, die schrittweise und mittelfristig zu einem Abschluss führen und während dieses Weges schon Beschäftigungsperspektiven eröffnen. Eine begleitende Unterstützung während der Ausbildung kann dazu beitragen, dass dieser Weg auch durchgehalten werden kann und Ausbildungsabbrüche vermieden werden.

Diejenigen, die bereits vor ihrer Flucht eine Berufsausbildung abgeschlossen haben, brauchen Unterstützung bei der Bewertung und Anerkennung ihrer Abschlüsse, damit sie hier nicht unter Wert arbeiten. Da ihre Ausbildung nicht die Erfordernisse des deutschen Arbeitsmarktes berücksichtigen konnte, sind auch Angebote der nachholenden Berufsqualifizierung und Weiterbildung dringend erforderlich.

Für diejenigen, die ein Studium oder eine Ausbildung aufnehmen wollen, die über das Bundesausbildungsförderungsgesetz gefördert wird, können sich die dort bestimmten Altersgrenzen als Falle erweisen. Eine Ausbildung muss vor dem 30., ein Masterstudium vor dem 35. Geburtstag begonnen werden. Für Normalbiographien sind dies angemessene Fristen. Aber wer bedingt durch seine Flucht wertvolle Jahre verloren hat, muss auf großzügige Ausnahmeregeln setzen können.

Erforderlich sind eine intensive Beratung und Vermittlung der Flüchtlinge in den Jobcentern. Damit Fallmanager Zeit für Beratung aufbringen können, wird man den (zu Unrecht viel gescholtenen) Verwaltungsetat der Bundesagentur für Arbeit erhöhen müssen, aus dem die Personalkosten getragen werden. Das ist auch deswegen notwendig, damit der Ausbau der Beratung nicht zu Lasten der aktiven Fördermittel für die Menschen geht, die bereits heute in der Langzeitarbeitslosigkeit verharren.[19]

Wie gut die Integration in den Arbeitsmarkt gelingt, hängt nicht allein von der staatlichen Arbeitsmarktpolitik ab, sondern ganz wesentlich auch vom Verhalten der Unternehmen. Nach anfänglich recht optimistischen Äußerungen seitens der Wirtschaft über die Chancen, die Flüchtlinge bei der Bewältigung des Fachkräftemangels bieten können, werden nun die großen Herausforderungen bei der Integration deutlicher gesehen. Nur Unternehmen, die sich auf den mühsamen Weg machen, Flüchtlinge auszubilden, werden die Potentiale wirklich nutzen können. Hier können sich auch Chancen für die Personalgewinnung sozialer Dienstleistungsträger eröffnen, allerdings nur, wenn diese nicht auf den sprichwörtlichen syrischen Arzt spekulieren, sondern ausbilden. Es gibt bereits positive Beispiele. So bildet das Pflege- und Förderzentrum St. Anna der Caritas in Gießen ehemalige unbegleitete minderjährige Flüchtlinge zu Pflegefachkräften aus. Sprachkurse in speziellen Lerngruppen, die ganz auf deren Bedürfnisse ausgerichtet sind, und eine engmaschige Begleitung durch eine hierfür ausreichend freigestellte Praxisanleiterin haben zum Erfolg beigetragen. Diese und ähnliche Versuche könnten vervielfältigt werden. Bedarf ist da, Träger im Pflegebereich suchen händeringend nach Personal, auch im fernen Ausland. Prioritär sollte sein, die Menschen, die nun einmal zu uns gekommen sind, auszubilden, statt mit aufwendigen Akquisitionsmaßnahmen auf dem ganzen Globus Fachkräfte aus anderen Ländern abzuwerben, die dort dringend gebraucht werden.

Auch Erfahrungen aus der Ausbildung von Begleitkräften in der Altenhilfe zeigen, dass selbst junge Menschen mit einem schlechten Hauptschulabschluss, schwierigen Schulbiographien, Sprachdefiziten oder sozialen Problemen wie Überschuldung mit intensiver Begleitung in einem für sie angepassten Setting Ausbil-

dungserfolge zeigen können, die man ihnen zuvor nicht zuge-
traut hätte. Wenn nun aber einerseits ein Fachkräftemangel droht,
andererseits Menschen ihre Potentiale nicht entfalten können
und deswegen von dem langfristigen Risiko der Arbeitslosigkeit
bedroht sind, so schreit dies geradezu danach, Benachteiligte zu
qualifizieren, um diesen Mangel zu mildern. Es hilft, zwei Probleme gleichzeitig anzugehen: das Unrecht der Exklusion und den
Mangel helfender Hände.[20]

Anstieg der Armut?

Die Integration der Flüchtlinge in den Arbeitsmarkt und das
Sozialsystem wird sich in den Sozialdaten niederschlagen, und
zwar auch dann, wenn staatliche Instanzen, Unternehmen und
Akteure der Zivilgesellschaft das Menschenmögliche tun, damit
sie gelingt. Die bisherigen Erfahrungen zeigen, dass der Prozess
der Integration Zeit braucht, und zwar deutlich mehr Zeit als bei
anderen Migrantengruppen. Das ist auch nicht weiter erstaunlich. Diejenigen, die nicht als Flüchtende zu uns kommen, verfügen im Durchschnitt über deutlich bessere Qualifikationen.
Die Migrationsstichprobe des Sozio-oekonomischen Panels er-
gab, dass nach fünf Jahren erst knapp die Hälfte der Flüchtlinge
im Alter zwischen 15 und 64 Jahren beschäftigt waren, nach
10 Jahren waren es 60%. Erst nach 14 Jahren wurde mit 70% der
Wert eingeholt, den die anderen Migrantengruppen weit, weit
früher erreicht haben.[21]

Vielleicht gelingt es, dass die Integration der Flüchtlinge in
den Arbeitsmarkt künftig etwas schneller erfolgt. Aber zwangsläufig wird durch ihre Aufnahme die Zahl der Arbeitslosen und
der Empfänger von Hartz-IV-Leistungen zunehmen. Um wie
viel, kann heute niemand verlässlich sagen. Erwerbstätige mit
Familie, die in niedrigen beruflichen Positionen arbeiten, werden
auf ergänzendes Arbeitslosengeld II angewiesen sein. Solange der

Prozess der Integration nicht abgeschlossen ist, dürfte auch die Armutsrisikoquote steigen. Bei zusätzlich 500 000 Menschen mit einem Einkommen unterhalb der 60%-Grenze stiege die Armutsrisikoquote um 0,6 Prozentpunkte, kein Riesensprung, aber doch ein merklicher Anstieg.

Auch die Grundsicherung im Alter dürfte stärker gefordert sein, und zwar auch dann, wenn Integration gelingt. Nehmen wir als Beispiel einen Flüchtling, der mit 37 Jahren zu uns kommt, für Spracherwerb, berufliche Nachqualifizierung und Jobsuche drei Jahre benötigt und dann 27 Jahre lang ohne Unterbrechung in Vollzeit bis zur Rente mit 67 arbeitet, ohne je wieder arbeitslos zu werden. Nehmen wir zudem an, er sei durchgängig sozialversicherungspflichtig beschäftigt mit 80% des durchschnittlichen Erwerbseinkommens. Das wäre ohne Zweifel ein durchaus erfolgreicher Integrationsverlauf. Diese Person erhielte 27 Beitragsjahre lang 0,8 Rentenpunkte, also insgesamt 21,6 Rentenpunkte. Sie erhielte (nach dem Rentenwert vom Juli 2016) eine Bruttorente von 658 Euro in den alten, und von 619 Euro in den neuen Bundesländern, wäre also auf ergänzende Grundsicherung angewiesen. Es ist nicht sinnvoll, deswegen das Rentensystem zu geißeln. Wenn man keine sehr gut bezahlte Arbeit hat, sind 27 Berufsjahre in einer Gesellschaft des langen Lebens einfach nicht genug, um im Alter ohne ergänzende soziale Unterstützung auszukommen. Das Beispiel zeigt, dass das Grundsicherungssystem unverzichtbar ist. Wir dürfen es nicht diskreditieren, sondern müssen es weiterentwickeln. Der Flüchtling unseres Beispiels hätte unter den heutigen Bedingungen nichts davon, ergänzend privat für sein Alter vorzusorgen. Das jedenfalls kann und sollte man ändern.

Mit der Herausforderung der Integration steigen also die Indikatoren, an denen üblicherweise eine soziale Schieflage festgemacht wird, die Arbeitslosenquote, die Armutsrisikoquote und der Anteil der Grundsicherungsempfänger im Alter. Das flaue Gefühl, dass dies in der empörungsgesättigten deutschen Sozialdebatte skandalisiert werden könnte, beschlich auch Bundesarbeitsministerin Andrea Nahles. In der Bundestagsdebatte zum Bundeshaushalt 2016 ging sie auf die Integration von Flüchtlingen ein: «In der Arbeitslosenstatistik wird sich das niederschlagen. Ich wünsche mir, dass sich alle, die heute sagen: ‹Das wollen wir stemmen; wir wollen die Menschen bei uns aufnehmen›, daran noch in einem Jahr erinnern; denn das ist dann kein Zeichen gescheiterter Arbeitsmarktpolitik, sondern ein Zeichen dafür, dass wir eine große, eine andauernde Aufgabe bewältigen müssen.»[22] Sollte wider Erwarten der Wunsch von Andrea Nahles in Erfüllung gehen, hätte die deutsche Sozialdebatte an Qualität gewonnen.

14.
Stückwerk für eine Sozialpolitik der Befähigung

Teilhabe als Verfassungsrecht

Teilhabe hat in einem demokratischen Sozialstaat Verfassungsrang. Das gilt, so das Bundesverfassungsgericht, auch für die Politik der Armutsbekämpfung. Es reicht nicht, wenn der Sozialstaat die physische Existenz armer Bürger garantiert, er muss ihnen auch diejenigen materiellen Voraussetzungen zusichern, die für ein Mindestmaß an Teilhabe am gesellschaftlichen, kulturellen und politischen Leben unerlässlich sind.[1] Dennoch können diejenigen, die dauerhaft auf Grundsicherungsniveau leben, an vielem, was unsere Gesellschaft prägt, nicht oder nur sehr eingeschränkt teilnehmen. Das Bundesverfassungsgericht spricht nur von einem «Mindestmaß» an Teilhabe, das Gericht bürdet dem Grundsicherungssystem nicht die Aufgabe auf, gleiche Teilhabechancen in allen Lebensbereichen herzustellen. Das kann ein Grundsicherungssystem nicht leisten.

Der Diskurs über Gerechtigkeit hat sich in den letzten Dekaden geweitet. Es gerät vermehrt in den Blick, dass, so der Sozialethiker Gerhard Kruip, wirklich gerecht nur «Gerechtigkeiten» sind, dass wir also unterschiedliche Gerechtigkeitskonzepte benötigen, die in unterschiedlichen Kontexten ihre Bedeutung haben. Bei den demokratischen Bürgerrechten wie dem Wahlrecht müssen wir uns strikt am Prinzip der Gleichheit orientieren, bei Marktprozessen orientieren wir uns an der Tauschgerechtigkeit und damit an der Vergleichbarkeit der Werte der getauschten Güter. Bei der Entlohnung akzeptieren wir Ungleichheit, die gleiche Entlohnung unterschiedlicher Leistung widerspräche dem Prinzip der Leistungsgerechtigkeit. Die Legitimität dieses Prinzips hängt aber davon ab, dass die Chancen dazu, Leistungen erbringen zu können, einigermaßen fair verteilt sind. Das Prinzip der Chancengerechtigkeit ist eklatant verletzt, wenn Chancen von politischen Beziehungen abhängen oder in unvertretbarer Weise von der sozialen Herkunft.[2] Die Umverteilung von Einkommen, um Diskrepanzen nicht zu groß werden zu lassen, wird mit dem Prinzip der Verteilungsgerechtigkeit begründet.

Keine Gerechtigkeit ohne Befähigung

Wie aber kommen Menschen überhaupt in die Lage, Chancen wahrnehmen zu können? Ein Sozialstaat, der sich nicht selbst im Weg stehen will, muss sich dieser Frage stellen. Der Katalog der Gerechtigkeiten ist ohne Befähigungsgerechtigkeit nicht vollständig. Das Konzept der Befähigung geht wesentlich auf den indisch-amerikanischen Ökonomen und Philosophen Amartya Sen zurück.[3] Sen, der durch seine Jugend im heutigen Bangladesch stark geprägt wurde, versteht Entwicklung als einen Prozess der Erweiterung realer Freiheiten. Armut bedeutet für ihn einen Mangel an Verwirklichungschancen. Der Zugang zu Ressourcen und Einkommen ist eine Grundlage für Handlungsoptionen, aber Menschen benötigen darüber hinaus Fähigkeiten (capabilities), um Handlungsoptionen wahrnehmen zu können. Diese Fähigkeiten sind in sehr unterschiedlicher Weise verteilt. Der Befähigungsansatz fokussiert auf die Erweiterung individueller Verwirklichungschancen, auf die Erschließung von Freiheits- und Teilhabespielräumen. Verwirklichungschancen sind Ausdrucksformen der Freiheit, unterschiedliche Lebensstile zu realisieren. Der Befähigungsansatz stellt die Potentiale jedes Menschen in den Mittelpunkt und betont, dass jeder zur Entfaltung und Verwirklichung seiner Fähigkeiten auf bestimmte Grundbedingungen angewiesen ist, die er nicht selbst sicherstellen kann. Sie zu entwickeln, obliegt nicht allein seiner Selbstsorge. Nicht allein individuelle Fähigkeiten bestimmen, wieweit Handlungsoptionen wahrgenommen werden können, sondern auch soziale Faktoren wie das Rechtssystem oder die politische Struktur sowie umweltspezifische Faktoren.

Mit dem Prinzip der Befähigungsgerechtigkeit wird ein Kriterium formuliert, auf das bei der Beurteilung der Leistungsfähigkeit staatlicher Sozialpolitik nicht verzichtet werden kann. Soziale Transferleistungen allein reichen bei weitem nicht aus, um der Erfüllung des Anspruchs sozialer Gerechtigkeit genügend nahezukommen, selbst dann nicht, wenn sie großzügiger bemessen wären als heute. Das Handeln sozialstaatlicher Instanzen ist auf die Befähigung des Individuums zu einem eigenverantwortlichen und solidarischen Leben auszurichten. Wenn, wie am Beispiel der Hilfen für Jugendliche aus prekären Milieus dargestellt, die Räder des Hilfesystems nicht ineinandergreifen, so ist dies nicht einfach nur ärgerlich, weil die knappen Mittel des Sozialstaats nicht effizient eingesetzt werden. Wir verletzen das Prinzip der Befähigungsgerechtigkeit, weil wir unter unseren Möglichkeiten bleiben, Bedingungen zu schaffen, in denen auch diese Jugendlichen ihre Potentiale entfalten können. Wenn die Regeln zu einem Instrument der aktiven Arbeitsmarktpolitik – wie in Kapitel 11 dargestellt – dazu führen, dass Menschen in praxisfernen Parallelwelten verharren, so werden Möglichkeiten zu ihrer Befähigung vertan. Wenn die Chancen auf einen Schulabschluss vom Wohnort abhängen, dann ist auch dies mit dem Prinzip der Befähigungsgerechtigkeit nicht vereinbar. Diese Beispiele zeigen, dass der Befähigungsansatz höchst fruchtbar ist, der Sozialpolitik Orientierung zu geben, auch in Deutschland.

Der Befähigungsansatz steht heftig in der Kritik. Seine Kritiker unterstellen, er individualisiere soziale Probleme und sei gegen den solidarischen Ausgleich gerichtet. So etwa der Soziologe Richard Münch: «Je mehr auf die Inklusion des Individuums durch dessen Befähigung zur Selbstbehauptung gesetzt wird, umso mehr schwinden die kollektiven, Ungleichheit in engen Grenzen haltenden Kräfte der sozialen Integration.»[4] Auch der Umstand, dass quer durch alle Parteien verstärkt auf mehr und bessere Bildung gesetzt werde, führe «zur Durchsetzung einer liberalen Ordnung mit einem liberalen Gerechtigkeitsverständnis und damit zu mehr sozialer Ungleichheit und erheblichen Desintegrationserscheinungen».[5] Befähigung und die oft in einem Atemzug genannte Aktivierung stehen unter dem Verdacht, Menschen auf die Belange des Marktes auszurichten.[6] Bisweilen wird Befähigung auch schlicht dem «neoliberalen Neusprech» zugeschlagen.[7]

Dieser tiefsitzende Vorbehalt gegen den Befähigungsansatz gerade bei einem Teil derer, die eine gute sozialstaatliche Sicherung in Deutschland erhalten wollen, dürfte einer der Gründe sein, warum in der Armutsdebatte die Hemmnisse, die einer gelingenden Qualifizierung entgegenstehen und die Vererbung von Armut befördern, nicht deutlich mehr Gewicht haben. Weil das so ist, bleibt die Debatte folgenlos. Besonders steil stehen die Nackenhaare, wenn das Wort «Selbstverantwortung» ins Spiel kommt. Auch dieses Wort wird ohne viel Federlesen dem «Falschwörterbuch des Neoliberalismus» zugeschlagen, wie sich die Nationale Armutskonferenz, ein Zusammenschluss zahlreicher Sozialverbände, 2010 äußerte.[8]

Aber Befähigungsgerechtigkeit bedeutet keine Abkehr von anderen Gerechtigkeitskonzepten, etwa dem der Verteilungsgerechtigkeit.[9] Sie soll die herkömmliche Politik der Einkommenssicherung für Bürger, deren eigenes Einkommen und Vermögen nicht ausreicht, um ein menschenwürdiges Leben zu gewährleisten, nicht ersetzen. Armutsprävention und die Linderung von Armut und Einkommensunsicherheit gehören zu den Voraussetzungen für eine gelingende Befähigung. Wer mit Befähigung argumentiert, um Grundsicherungsleistungen einzuschränken, missbraucht den Befähigungsansatz.

Versuche eines solchen Missbrauchs werden immer wieder unternommen. Dies geschieht beispielsweise dann, wenn in der Debatte zum Umfang sozialer Sicherung «mehr Eigenverantwortung» eingefordert wird, aber unklar bleibt, welche sozialstaatlichen Leistungen denn durch mehr Eigenverantwortung der hilfeberechtigten Bürger oder ihres Umfelds ersetzt werden können. Wenn Sicherungssysteme an Grenzen stoßen – was in einer Welt endlicher Ressourcen unvermeidbar ist –, wäre es ehrlicher, notwendige Einschnitte genau damit transparent zu begründen, statt den untauglichen Versuch zu unternehmen, dies zu bemänteln.

Ein Missbrauch findet auch statt, wenn Eigenverantwortung eingefordert wird, ohne sich dem Problem zu stellen, wie Menschen in die Lage kommen können, eigenverantwortlich zu handeln. Wer sich werktags gegen die Absicherung der Schulsozialarbeit sträubt, sollte darauf verzichten, in seinen Sonntagsreden die Eigenverantwortung zu preisen. Der Befähigungsansatz erlaubt es nicht, sich aus der Verantwortung zu stehlen, sondern zwingt zur Überlegung, was getan werden muss, damit Menschen ihre Potentiale entfalten können. In diesem Verständnis Selbstverantwortung zu fördern und gegebenenfalls auch einzufordern, bedeutet gerade nicht, Notlagen zu individualisieren. Auch dieser Vorwurf wird oft erhoben.

Der Befähigungsansatz entspricht einem freiheitlichen Menschenbild. Freiheit und Verantwortung sind untrennbar mit der Vorstellung des Menschen als einem moralfähigen Wesen verbunden und damit sowohl Basis für Freiheitsrechte als auch für Solidaritätsverpflichtungen. Ohne Solidarität gäbe es kein System sozialer Sicherung, ohne Befähigung und Eigenverantwortung würde dieses System die Freiheitsspielräume des Einzelnen in unzulässiger Weise einschränken. Ein System sozialer Sicherung, das nicht auf Eigenverantwortung setzt, erzeugt eine Fülle falscher Anreize, die zur Ausbeutung der Solidarität der anderen führen und damit dazu beitragen, die Solidaritätsbereitschaft zu untergraben.

Auch ist eine leistungsfähige Marktökonomie, die überhaupt erst die materiellen Voraussetzungen für soziale Sicherung auf dem heute gegebenen Niveau schafft, ohne eigenverantwortlich handelnde und befähigte Akteure, seien sie Unternehmer, Mitarbeitende oder Konsumenten, nicht möglich. Gleichzeitig braucht dieses offene System Solidarität. Sozial gestaltete Märkte[10] ermöglichen die Kooperation der Gesellschaftsmitglieder unter Rechtssicherheit, und dies ist die Voraussetzung für Wohlstand. Aber die Märkte bergen zugleich erhebliche Risiken für den Einzelnen wie Arbeitslosigkeit oder den Verlust des investierten Eigentums aufgrund von nicht vorhergesehenen oder nicht vorhersehbaren Markteinbrüchen. Wer Risiken übernehmen soll, braucht deshalb auch eine Absicherung für den Fall, dass er scheitert. Dieser Schutz ist Voraussetzung dafür, dass in demokratischen Systemen die für eine Wettbewerbsordnung konstitutiven Regeln zustimmungsfähig sind.

Der Leistungswettbewerb, der die materiellen Grundlagen für den Sozialstaat ermöglicht, setzt die Leistungs- und Wettbewerbsfähigkeit der Marktteilnehmer voraus, die der Markt selbst nicht schaffen kann.[11] Zur Befähigung gehört auch und ganz wesentlich die Befähigung für den Markt. Gegenüber einer solchen Aussage fremdeln viele Menschen, die für die soziale Situation anderer sensibel sind, weil sie einen antagonistischen Widerspruch zwischen «dem Sozialen» und «dem Markt» sehen. Daran ist richtig, dass der Markt für die Interessen derjenigen blind ist, die nicht im Sinne der ökonomischen Logik produktiv sein können. Der Markt allein kann Inklusion nur für diejenigen sichern, die in seinem Sinne produktiv sind und ein eigenständiges Einkommen erzielen können, das es ihnen ermöglicht, ein nach ihren Vorstellungen angemessenes Leben zu führen. Daher muss eine Marktökonomie sozial eingehegt werden und mit einem starken Sozialstaat verbunden werden. Aber wer potentiell in der Lage ist, ein selbstbestimmtes Leben auf der Basis eigener Leistung zu führen, wenn also nicht Alter, Krankheit oder Behinderung dem entgegenstehen, sollte dabei nicht aufgrund verpasster oder verweigerter Befähigung scheitern. Teil gelingender Befähigung ist damit auch eine Befähigung dazu, auf Märkten, für die meisten Menschen auf dem Arbeitsmarkt, Leistungen anbieten zu können.

Gerade dieser Aspekt des Befähigungsansatzes steht unter dem Verdacht, Teil eines «neoliberalen» Diskurses zu sein, den Fokus zu verschieben «von der Regulierung und Zähmung der Märkte zur Aktivierung und Befähigung der Bürger»[12] für die Märkte. Befähigung, auch Befähigung für den Markt, heißt aber nicht Abrichtung für den Markt. Ein Bildungssystem, das auf ökonomische Verwertbarkeit eingeengt ist und nicht auf die Bildung verantwortlicher Persönlichkeiten zielt, wäre auch ungeeignet, Menschen für die verantwortungsvollen Aufgaben zu qualifizieren, die in unserer arbeitsteiligen und komplexen Arbeitswelt zu bewältigen sind. Zudem: Marktregulierung und Befähigung sind ein Scheinwiderspruch. Märkte müssen geordnet sein, um leistungsfähig und nachhaltig zu Wohlstand beitragen zu können. Aber auch der Markt mit den besten Regeln ist auf Bürger angewiesen, die befähigt sind, auf diesen Märkten eigenverantwortlich zu agieren.

Gerade diejenigen, denen es am Herzen liegt, dass Solidarität sich in einer guten sozialstaatlichen Sicherung niederschlägt, sollten ihr Fremdeln gegenüber dem Befähigungsansatz aufgeben. Befähigung ist nicht deswegen geboten, weil sie ökonomisch vorteilhaft ist, sie ist – ganz unabhängig von ökonomischen Überlegungen – unverzichtbar, weil Befähigung zu einem freiheitlichen Menschenbild gehört. Aber sie hat auch eine instrumentelle Dimension. Je mehr Menschen ihre Potentiale nicht entfalten können und daher gesellschaftliche Teilhabe verpassen oder diese ihnen verweigert wird, desto stärker wird das soziale Netz belastet. Und gleichzeitig sinkt die Zahl derer, die durch ihre wirtschaftliche Produktivität die Grundlagen eines leistungsfähigen Sozialstaats bewahren können. Wird Befähigung massenhaft verpasst, dann ist es eine schiere Illusion zu glauben, man könne sich dem Trend zu wachsender Ungleichheit durch mehr Umverteilung entgegenstemmen. Ohne Befähigungsgerechtigkeit ist Verteilungsgerechtigkeit nicht dauerhaft zu sichern.

Befähigung: Stückwerk der reformerischen Alltagsarbeit

Die Sozialpolitik stärker am Grundsatz der Befähigung auszurichten, ist mühsames Stückwerk des reformerischen Alltags. Dazu gehören zähe kleine Schritte, aber ohne diese Schritte ist das große Ziel nicht zu erreichen. Den Begriff des Stückwerks bzw. der Stückwerk-Technik hat der Philosoph Karl Popper geprägt. Popper bezieht sich auf die Herausforderung, «soziale Institutionen zu entwerfen, umzugestalten und die schon bestehenden in Funktion zu halten».[13] Die meisten sozialen Institutionen sind nicht bewusst geplant worden, sondern als ungeplantes Ergebnis menschlichen Handelns gewachsen. Das gilt auch für das komplexe System des deutschen Sozialstaats. Viele Elemente dieses Systems sind bewusst politisch gestaltet worden, aber niemand, der hierfür Verantwortung trug, war in der Lage, das Gesamtsystem sozialstaatlicher Interventionen zu überschauen, alle wichtigen Wirkungen und Rückwirkungen vorauszusehen und Widersprüche zwischen den Teilen zu vermeiden. Das ist für komplexe soziale Systeme ebenso normal wie unvermeidlich.

Eine Politik des Stückwerks erkennt dies an. Der Stückwerk-Politiker[14] weiß um die Begrenzungen seines Wissens und verzichtet auf den Versuch, das ganze System neu aufzustellen. «Deshalb», so Popper, «wird er nur Schritt für Schritt vorgehen und die erwarteten Resultate stets sorgfältig mit den tatsächlich erreichten vergleichen, immer auf der Hut vor den bei jeder Reform unweigerlich auftretenden unerwünschten Nebenwirkungen. Er wird sich auch davor hüten, Reformen von solcher

Komplexität und Tragweite zu unternehmen, daß es ihm unmöglich wird, Ursachen und Wirkung zu entwirren und zu wissen, was er eigentlich tut.»[15]

Eine erfolgreiche Politik des Stückwerks fußt auf der Bereitschaft, aus Versuch und Irrtum zu lernen, Fehler nicht nur zu erwarten, sondern ihre Entdeckung bewusst zu betreiben. Popper hat damit sehr früh das Ideal einer wissenschaftlich fundierten Politik formuliert: «Wissenschaftliche Methode in der Politik bedeutet: Wir ersetzen die große Kunst, uns selbst zu überreden, daß wir keine Fehler begangen haben, sie zu ignorieren, sie zu verbergen und sie anderen in die Schuhe zu schieben, durch die noch größere Kunst, die Verantwortung für diese Fehler auf uns zu nehmen, möglichst aus ihnen zu lernen und das Gelernte so anzuwenden, daß wir sie in Zukunft vermeiden.»[16]

Dabei bedeutet die Stückwerk-Politik, die im Wechselspiel von Versuch und Irrtum überschaubare Schritte geht, nicht, dass diese nur eng begrenzte Ziele verfolgen kann. Stückwerk-Politiker können, ja müssen anspruchsvolle Ziele im Blick haben, aber sie werden versuchen, sich diesen in überschaubaren reformerischen Schritten zu nähern.[17] Eine wirksamere Armutsprävention durch eine stärkere Orientierung der Sozialpolitik am Leitbild der Befähigung wäre durchaus ein anspruchsvolles Ziel, das den Mühen der reformerischen Alltagsarbeit Orientierung geben kann.

Leider wird der Ansatz der Stückwerk-Technik in der Sozialdebatte häufig als Klein-Klein diskreditiert. Die Politik «springe zu kurz», habe kein «Gesamtkonzept» etc. gehört zu den beliebtesten Floskeln von Sozialverbänden. Hinter dieser Rhetorik steckt oft selbst kein weiterreichendes Konzept, sondern sie hilft denjenigen, die sie äußern, sich der Debatte zu den komplexen Wirkungen und den Grenzen politischen Handelns zu entziehen (ob ihnen dies nun bewusst ist oder nicht). Zumindest subtil wird damit ein Anspruch formuliert, an dem Politiker nur scheitern können. Denn die Rhetorik des «Gesamtkonzepts» fordert von den politischen Akteuren etwas, was diese nicht leisten können und was auch andere gesellschaftliche Systeme wie die Wissenschaft oder die Wohlfahrtspflege nicht zu leisten in der Lage sind. Niemand kann einen Adlerblick über die Gesellschaft einnehmen, über eine mittlere Reichweite hinaus gesellschaftliche Entwicklungen antizipieren und die Politik aus den Begrenzungen herausführen, die ein Leben im Stückwerk kennzeichnen.

Politiker, die ihre Gestaltungsmacht wahrnehmen und an den Wirkungen ihrer Taten gemessen werden können, haben gar keine andere Wahl, als zu versuchen, das System des Sozialstaats in überschaubaren Reformschritten weiterzuentwickeln. Denn dieses System ist unvermeidlich komplex. Es ist schwer einzuschätzen, wie sozialpolitische Interventionen auf unterschiedliche Gruppen wirken. Diese Komplexität ist anzuerkennen. Auch wenn es in Teilen durchaus wünschenswert wäre, die Systeme einfacher und übersichtlicher zu gestalten: Es gibt hier keine einfachen Wege. Denn es besteht häufig ein Zielkonflikt sowohl zwischen Einfachheit der Systeme und Gerechtigkeit als auch zwischen Einfachheit und fiskalischer Tragfähigkeit. Nicht intendierte und oft schwer abschätzbare Reaktionen unterschiedlicher Akteure erhöhen die Komplexität zusätzlich.

Daher ist es auch kein Ausdruck einer schlechten Sozialpolitik, wenn Regelungen immer wieder angepasst werden müssen. Die mit den Hartz-Reformen erfolgte Zusammenlegung von Arbeitslosenhilfe und Sozialhilfe war ein Riesenschritt des reformerischen Stückwerks, den keiner der Verantwortlichen (ebenso wie die Kritiker) damals in all seinen Konsequenzen überblicken konnte. Zudem war er belastet durch politische Kompromisse zwischen Bund und Ländern bzw. den politischen Lagern, die aber im Alltag einer auf Machtteilung beruhenden föderalen Demokratie nicht vermeidbar sind. Auch ist es höchst anerkennenswert, dass sich die Arbeitsmarktpolitik der systematischen wissenschaftlichen Evaluierung ihrer Instrumente geöffnet hat. Damit wurde anerkannt, dass ihre Schritte Teil eines Prozesses von Versuch und Irrtum sind, ganz im Sinne des Politikideals von Karl Popper. Dass die Grundsicherung für Arbeitsuchende innerhalb von zehn Jahren mehrfach novelliert wurde, sollte man also nicht als Folge von Politikerversagen sehen, so als hätten wirklich fähige Politiker bei Beginn der Reform das Wissen haben können, das im Prozess der Umsetzung erst erzeugt wurde. Die mehrfache Novellierung ist bei komplexen Reformen eher der Normalfall, dem wir im Stückwerk des reformerischen Alltags nicht entkommen können.

Die Diskreditierung, die der Stückwerk-Ansatz in der Sozialdebatte häufig erfährt, dürfte auch mitverantwortlich dafür sein, dass es für Politiker nicht sehr attraktiv ist, sich auf dem Feld der Sozialpolitik zu profilieren. Sozialpolitiker zu sein war höchst attraktiv zu Zeiten, in denen es noch möglich war, die Sozialleistungsquote, den Anteil des Sozialbudgets am Bruttoinlandsprodukt, in deutlichen Sprüngen anzuheben (von 18% 1960 auf fast 29% 1996)[18] und neue Leistungen einzuführen oder sie stark auszuweiten. Vorbei ist die Zeit der Versprechen, man könne alle Probleme lösen. Heute geht es um den Umbau und die Konsolidierung des Systems, um Verbesserung einzelner Leistungen und um mehr Prävention. Dass Sozialpolitiker bei denjenigen, die den deutschen Sozialstaat ohnehin für aufgeblasen halten, keine Zustimmung finden können, ist unvermeidlich. Aber sie sollten doch Unterstützung bei jenen finden, denen am Erhalt einer guten sozialstaatlichen Sicherung viel liegt. Wir sind dringend auf Politiker angewiesen, die, um die Formulierung Max Webers aufzugreifen, mit Leidenschaft und Augenmaß dicke Bretter bohren, die den Einsatz der Mittel des Sozialstaats effektiver und effizienter gestalten wollen, die das Versagen bei der Prävention in den der Sicherung vorgelagerten Regelsystemen nicht kalt lässt. Nebenbei und gegen das beliebte Politiker-Bashing sei es gesagt: Politiker dieses Typs gibt es auch heute, und in der Zusammenarbeit mit ihnen ist es immer wieder möglich, konkrete Lösungen auf den Weg zu bringen, die Hilfen wirksamer machen.

Was aber, wenn jeder Schritt des reformerischen Alltags auch von Unterstützern einer guten sozialstaatlichen Sicherung als Klein-Klein diskreditiert wird? Was, wenn auch ein Schritt, für den Sozialpolitiker in zäher Arbeit, durch das Schmieden von

Bündnissen und im Wettbewerb mit anderen durchaus ebenso legitimen Anliegen, sagen wir, 500 Millionen Euro lockergemacht haben, für diejenigen, auf deren politische Unterstützung sie angewiesen sind, nicht mehr ist als ein «Tropfen auf den heißen Stein»? Dann tun engagierte Nachwuchspolitiker gut daran, sich ein Feld der Betätigung zu suchen, in dem für sie noch etwas zu gewinnen ist.

Trotz aller Kritik an der Sozialdebatte, wie sie derzeit in Deutschland geführt wird: Kritik ist ein unverzichtbarer Bestandteil des reformerischen Alltags. Aber die Kritiker müssen sich in dessen Niederungen begeben. Und sie sollten einige ethische Prinzipien beachten.[19] Die Kritik muss sich der Komplexität des Themas stellen und muss es vermeiden, vermeintlich einfache Lösungen zu propagieren, weil es diese einfachen Lösungen in aller Regel nicht gibt. Und zumindest die Kritiker, die beanspruchen, eine ernstzunehmende gesellschaftliche Kraft zu repräsentieren, beispielsweise Kritiker aus den Sozialverbänden, sollten Verantwortung übernehmen für ihre Forderungen und Vorschläge. Das heißt intellektuell einzustehen für die Folgen, die bei ihrer Erfüllung einträten. In der Komplexität sozialstaatlicher Wirklichkeit erfordert dies eine Einschätzung über Wirkungsketten, die mit Unsicherheiten behaftet ist. Verantwortliches Handeln heißt hier, diese Wirkungsketten in intellektueller Redlichkeit erfassen zu wollen und sich nicht damit zu begnügen, eine auf den ersten Blick plausible Begründung zu besitzen, das politisch Erwünschte zeitige auch gute Wirkungen. Wer die Komplexität sozialstaatlicher Interventionen anerkennt, wird seine Vorschläge weniger rechthaberisch vertreten und auch tastende Schritte der Politik wertschätzen, wenn sie in der Absicht unternommen werden, bei der Erkundung besserer Wege Erfahrung zu sammeln.

Eine Sozialstaatskritik, die sich dieser ethischen Verantwortung nicht stellt, kann Folgen zeitigen, die die Kritiker selbst nicht wünschen können. Wenn der deutsche Sozialstaat, um Formulierungen des Kölner Politikwissenschaftlers Christoph Butterwegge aufzugreifen, «amerikanisiert» und zum «Suppenküchen-sozialstaat» verkommen wäre, trotz einer weitgehend konstanten Sozialleistungsquote von fast 30%, dann wäre doch daraus der Schluss zu ziehen, dass der Sozialstaat nicht wirkt. Wie reagiert darauf die Mittelschicht, die die Kosten des Sozialstaats trägt und dies in der Differenz zwischen den Brutto- und Nettoeinkommen wahrnimmt? Breite Unterstützung für einen Ausbau sozialstaatlicher Sicherung muss keineswegs die zwingende Reaktion sein. Wenn der Sozialstaat so wenig wirkt, wie in der skandalisierenden Zuspitzung behauptet wird, dann – so ein mindestens ebenso plausibler Schluss – wären ja vielleicht die Verhältnisse mit weniger Sozialstaat auch nicht so viel schlimmer als heute. Die Skandalisierung kann auch eine Position befördern, die ebenso Gift ist für solidarische Systeme: Steuern und Sozialabgaben seien ein Einkommensverlust, dem keine Gegenleistungen entsprechen würden.

Die Empörungskultur kann Entsolidarisierungstendenzen der Mittelschicht in die Hände spielen, die sich ohnehin in Abstiegsgefahr wähnt, was wiederum von Nachteil für die Akzeptanz von Randgruppen ist. Damit kann eine Kritik sozialer Zustände, die sich selbst als politisch «links» versteht, sich aber von den Fakten löst, rechtspopulistische Mobilisierung befördern. Populistische Parteien richten sich an diejenigen, die abstiegsgefährdet sind oder sich in dieser Gefahr wähnen. Es ist daher kein Zufall, dass sie eine soziale Agenda haben, ohne damit allerdings eine praktikable Sozialpolitik zu verbinden. Auch die Diskreditierung der Politik des Stückwerks und die Beförderung von Erwartungen, die Politiker beim besten Willen nicht erfüllen können, bereitet das Feld für den Populismus. Denn konstanter Teil populistischer Mobilisierung ist der vergiftete Vorwurf, die Politiker der «Altparteien» seien unfähig zur Problemlösung.

Eine Sozialpolitik der Befähigung braucht einen lösungsorientierten Dialog als Grundlage einer Politik des Stückwerks. Daran fehlt es. Auch das ist ein Feld, wo wir dringend handeln müssen.

15.
Es gibt unendlich viel zu tun

Grundsicherung weiterentwickeln, vorgelagerte Sicherung stärken

Lässt man sich auf die zähe Arbeit des reformerischen Alltags ein, gibt es unendlich viel zu tun. Kann Armut nicht vermieden werden, muss als letztes Auffangnetz die Grundsicherung greifen. Die Hilfe muss so bemessen sein, dass sie das durch die Verfassung gebotene Mindestmaß an sozialer Teilhabe sichert. Ihre Höhe darf nicht willkürlich bestimmt werden, aber sie ist Ergebnis politischer Aushandlung. Arme sind angewiesen auf die Solidaritätsbereitschaft der Mitte der Gesellschaft. Der Erhalt des breiten Konsenses für eine sozialstaatliche Sicherung, die die Armen einbezieht, ist selbst ein zentrales sozialpolitisches Ziel. Eine faire Berechnung der Grundsicherung würde, wie gezeigt, zu einem deutlichen Anstieg des Regelbedarfs führen. Dies würde Grundsicherungsempfängern mehr Flexibilität in ihrer Lebensführung geben, Armut würde besser bekämpft. Politisch hat diese Erhöhung nur eine Chance, wenn in der Debatte zu Armut so viel Sachverstand Raum gewönne, dass der dann unvermeidliche Anstieg der Zahl der Hilfeempfänger den Politikern nicht erneut als Indiz ihres Versagens um die Ohren gehauen würde.

Es gibt weiterhin verdeckt Arme, Personen also, die Anspruch auf ergänzende Transferleistungen haben, diese aber nicht beantragen, sei es aus Scham oder Unwissenheit. Das betrifft insbesondere ältere Menschen mit geringen Renten, die auf ergänzende Grundsicherung im Alter verzichten. Damit sollten wir uns nicht abfinden, der Sozialstaat muss in der gebotenen Weise über soziale Rechte informieren und aufklären. Wenn er hierbei erfolgreich ist, steigt die Zahl der Hilfeempfänger, aber nicht weil die Not größer würde, sondern weil das Hilfesystem verlässlicher greift. Auch hier täte es not, dass der Januscharakter der Sozialdaten breiter verstanden würde.

Die Grundsicherung stellt das unterste soziale Netz dar. Wie oft es in Anspruch genommen werden muss, hängt auch davon ab, wie straff die ihr vorgelagerten Sicherungsnetze gespannt sind. Wer im Niedriglohnsektor arbeitet und seinen eigenen Lebensunterhalt sichert, sollte nicht deswegen zum Jobcenter müssen, weil er Kinder hat. Um das zu verhindern, gibt es den Kinderzuschlag, aber dieses sinnvolle Instrument hat Konstruktionsmängel. Er sollte zu einer verlässlichen einkommensabhängigen Kindergrundsicherung weiterentwickelt werden, die auch Alleinerziehende einbezieht.

Notwendig ist auch, dass das Wohngeld nach einem Regelmechanismus den steigenden Mieten angepasst wird. Denn sonst wird es schleichend entwertet und es wächst die Zahl derer, die ergänzend auf Hartz IV angewiesen sind.

Niemand, der privat für sein Alter vorsorgt, sollte der Dumme sein, der lange gespart hat, ohne seine Situation verbessern zu können. Damit auch Menschen, die nur eine Rente unterhalb oder in Nähe der Grundsicherung im Alter erwarten können, privat für ihr Alter vorsorgen und dabei von staatlicher Förderung profitieren können, darf ihnen nicht alles, was sie sich mühsam für das Alter erspart haben, durch die Anrechnung bei der Berechnung der Grundsicherung wieder abgenommen werden. Abhilfe kann eine Freibetragsregelung schaffen, wie wir sie heute bereits bei Hartz IV kennen. Sonst hilft die Riesterförderung genau denen nicht, die am dringendsten auf sie angewiesen sind.

Wie finanzieren wir die Armutsbekämpfung?

Armutspolitik erfordert einen handlungsfähigen Staat. Armutspolitik kostet Geld. Die Erhöhung der Regelleistungen, der Ausbau
des Kinderzuschlags zu einer einkommensabhängigen Kindergrundsicherung und eine Freibetragsregelung bei der Grundsicherung im Alter führen zu höheren Transferleistungen. Damit
würde die Umverteilung zielgerichtet für Bezieher niedriger Einkommen gestärkt. Auch eine stärkere Ausrichtung der Sozialpolitik auf Prävention und Befähigung wird zumindest anfänglich zu
zusätzlichen Ausgaben führen. Wann sich der Ertrag der Prävention in niedrigeren Ausgaben für Grundsicherung oder Hilfen
zur Erziehung auszahlen wird, ist nicht sicher zu kalkulieren.

Armutspolitik kann die Grenzen staatlicher Leistungsfähigkeit
nicht ignorieren. Aber wo liegen sie? Vielen, die sich für eine gute
soziale Sicherung engagieren, sind Haushaltskonsolidierung und
Schuldenbremse ein Gräuel. Denn sie begrenzen die Option,
Sozialpolitik über Verschuldung zu finanzieren. Die in der Verfassung verankerte Schuldenbremse setzt hier sehr enge Grenzen.
Sie soll verhindern, dass Deutschland das Schicksal anderer Länder teilt, die vom Verschuldungsstaat zum Konsolidierungsstaat
wurden. Das ist gerade aus sozialen Gründen zu vermeiden. Denn
wenn erst einmal der Zustand erreicht wird, bei dem eine harte
Konsolidierungspolitik unausweichlich wird, sind Einschnitte
nicht zu vermeiden, die soziale Verwerfungen verursachen.

Bessere Armutsbekämpfung erfordert eine nachhaltige Finanzierung. Denkbar wären auch weitere Umverteilungselemente in
den umlagefinanzierten Sozialversicherungssystemen. Dann aber
werden allein die Einkommen der sozialversicherungspflichtig
Beschäftigten belastet, und auch diese nur bis zur Beitragsbemessungsgrenze. Die Belastung erfolgt dann sehr einseitig. Daher
sollte Armutsbekämpfung als gesamtgesellschaftliche Aufgabe
verstanden und vorrangig durch Steuern finanziert werden.

Steuerfinanzierung bedeutet, die politischen Konflikte jetzt auszufechten, statt über weitere Verschuldung «Zeit zu kaufen» und die Belastungen in die Zukunft zu verschieben. Potential für Mehreinnahmen gibt es bei der Erbschaftssteuer. Ertragreich ist auch die Abschaffung von Steuervergünstigungen wie dem Dienstwagenprivileg. Bei der Einkommensteuer ist ein höherer Spitzensteuersatz denkbar, dies ist aber mit erheblichen Konflikten verbunden. Eine erhöhte Grundsteuer ist zwar leicht durchzusetzen, belastet aber über die Nebenkostenabrechnung die Mieter und zudem Familien, die in einem selbstgenutzten Eigenheim wohnen. Nachdem nun die internationale Zusammenarbeit gegen Steuerhinterziehung deutlich verbessert wurde, ist es auch nicht mehr erforderlich, über die Abgeltungssteuer Zinserträge gegenüber den Einkommen aus Arbeit zu privilegieren. Damit würden Vermögenserträge stärker zur Erfüllung staatlicher Aufgaben herangezogen. Eine starke Besteuerung des Vermögensbestands birgt dagegen die Gefahr massiver Ausweichreaktionen. Angesichts derzeit niedriger bzw. negativer Realzinsen birgt sie auch verfassungsrechtliche Risiken. Mit einem weiteren Ausbau der internationalen Zusammenarbeit könnte es gelingen, Lücken bei der Unternehmensbesteuerung zu verkleinern. Allerdings sind die internationalen Verhandlungen hierzu sehr zäh, da für einen Teil der Verhandlungspartner der Steuerwettbewerb zwischen den Nationalstaaten höchst lukrativ ist. Man kann Ermäßigungen bei der Mehrwertsteuer zurückfahren; eine generelle Erhöhung der Umsatzsteuer allerdings belastet untere Einkommen relativ stärker als höhere Einkommen und sollte daher als Finanzierung für eine bessere Armutsbekämpfung ausscheiden. Mindestens so wichtig wie die Frage, ob und wo Steuersätze erhöht werden, ist die Durchsetzung der Besteuerung, damit der Ehrliche nicht der Dumme ist. Da ist aber in jüngster Vergangenheit immerhin einiges in Bewegung gekommen.

Es gibt also durchaus Möglichkeiten, die finanzielle Basis staatlichen Handelns auch ohne Verschuldung auszuweiten. Aber in der Debatte herrschen illusionäre Vorstellungen über die Dimensionen vor. Werden Ausweichreaktionen und verfassungsrechtliche Grenzen berücksichtigt, ergibt sich grob geschätzt ein realistisches Potential an Mehreinnahmen zwischen 20 und 40 Milliarden Euro pro Jahr.[1] Vorausgesetzt, alle genannten Vorhaben können durchgesetzt werden. Berücksichtigt man die zu erwartenden und für jede Parteienkonstellation riskanten Widerstände, erscheint der untere Wert mit 20 Milliarden realistischer als der obere Wert.

20 Milliarden Euro wären sehr viel Geld für eine Politik der gesellschaftlichen Teilhabe oder für andere ebenso legitime und dringende Aufgaben. Auch die Akteure anderer Politikfelder – Bildung, Forschung, Umwelt, Infrastruktur – fordern ein höheres staatliches Engagement. Aber angesichts des Gesamtvolumens staatlicher Ausgaben einschließlich der Sozialversicherungen von mehr als 1200 Milliarden Euro bewegten wir uns bei Mehreinnahmen von 20 Milliarden oder auch 40 Milliarden Euro nicht in völlig anderen Dimensionen als heute. Man erzeugt Illusionen, wenn man so tut, als seien alle sozialpolitischen Wünsche finanzierbar, als wären alle höchst umstrittenen Reformschritte, wie die Rente mit 67, vermeidbar gewesen, hätten wir nur die Reichen mehr besteuert. Wer diese Illusion verbreitet, weckt zuerst falsche Hoffnungen und erzeugt dann politischen Frust. Wer deutlich mehr will, muss die Mitte belasten, die bereits heute einen hohen Anteil ihres Einkommens für Steuern und Sozialabgaben abführt. Die Robin-Hood-Rhetorik bringt uns in der Sache also nicht weiter. Es hilft nichts, wir müssen uns auf Stückwerk des reformerischen Alltags einlassen und dabei auch die Mittel wirksamer einsetzen, über die wir heute bereits verfügen.

Befähigende Bildungs- und Sozialpolitik

Die größte Herausforderung für die Armutspolitik ist es, den Sozialstaat auf Befähigung auszurichten. Es gibt in Deutschland einen starken Sozialstaat, ein ausgebautes Bildungssystem, vielfältige Angebote der Kinder- und Jugendhilfe, differenzierte Beratungsdienste, ein gutes medizinisches System, eine aktive Arbeitsmarktpolitik. Es gibt somit ein ausgebautes Netz, das Menschen beisteht, wenn sie Unterstützung brauchen. Dieser Sozialstaat kann sich weiterhin auf einen breiten gesellschaftlichen Konsens stützen.

Aber diese umfangreiche Struktur staatlicher und frei-gemeinnütziger Akteure ist nur ungenügend auf die Prävention sozialer Notlagen und die Befähigung der Bürgerinnen und Bürger ausgerichtet. Der Sozialstaat steht sich selbst im Weg. Aufgesplitterte Zuständigkeiten verhindern die Hilfe aus einer Hand. Unterschiedliche Fachlogiken erschweren die Kooperation. Konflikte über die Finanzierungsverantwortung verhindern neue Ansätze, auch wenn alle von ihrer Wirksamkeit überzeugt sind und wenn ihre direkten Mehrkosten gering sind und sie mittelfristig sogar zu Einsparungen führten.

Ein Bildungssystem, das den engen Zusammenhang von sozialer Herkunft und Bildungserfolg nicht überwindet, ist nicht zukunftstauglich. Wieviel Potential hier verschenkt wird, zeigen die großen Unterschiede zwischen den Regionen. Eine deutliche Senkung der Zahl der Kinder, die in der Schule scheitern, ist keine Utopie. Sie wäre bereits erreicht, wenn überall in Deutschland das Maß an Bildungserfolgen gelänge, das sich in einem Teil der Städte und Kreise schon als machbar erwiesen hat. Wie die Erfahrungen nach dem PISA-Schock zeigen, sind auch deutliche Qualitätsverbesserungen in der Schule möglich. Wir müssen uns nicht damit abfinden, dass jeder siebte Jugendliche (und fast jeder zweite Hauptschüler) die Schule mit nur geringer Lesekompetenz verlässt. Dies ist ein Treibsatz für Armut und sozialen Ausschluss.

Die insgesamt erfolgreiche Arbeitsmarktpolitik hat es bisher nicht vermocht, diejenigen zu erreichen, die den verfestigten Kern der Langzeitarbeitslosigkeit bilden. So wichtig die Qualifizierung und Vermittlung für den regulären Arbeitsmarkt ist, dies darf nicht die einzige Zielorientierung sein. Die Sicherung der

Teilhabe muss als eigenständiges Ziel der Arbeitsmarktpolitik gesetzlich verankert werden. Denn wer viele Jahre außerhalb des Arbeitsmarktes stand, hat es auch mit bester Förderung schwer, auf dem ersten Arbeitsmarkt Fuß zu fassen, er braucht Angebote in einem sozialen Arbeitsmarkt, die sich an bescheideneren Zielen orientieren. Dringend zu verhindern ist, dass erneut große Gruppen in den verhärteten Kern der Langzeitarbeitslosigkeit hineinwachsen. Eine Bildungspolitik, die die Potentiale aller Kinder und Jugendlichen erschließt, eine bessere Kooperation zwischen Schule und Ausbildungssystem, eine stärker präventive Ausrichtung der Kinder- und Jugendhilfe können dem vorbeugen. Nur dann werden wir erreichen, dass bei einer guten Beschäftigungssituation alle gewinnen können.

An dem irritierenden Befund, dass Menschen mit niedrigen Einkommen im Durchschnitt einen schlechteren Gesundheitszustand haben und deutlich früher sterben, werden Aufklärungskampagnen wenig ändern. Auch hier sind die Zugänge zu Bildung, Arbeit und mehr Teilhabe Bedingung für Erfolge. Dann werden auch Menschen, die sich bisher wenig gesundheitsbewusst verhalten, ihr Interesse an der Selbstsorge entdecken.

Die stärkere Ausrichtung unserer Bildungs- und Sozialpolitik an der Befähigung muss Kern der Armutspolitik sein. Die Aufnahme einer großen Zahl von Flüchtlingen erhöht noch einmal die Dringlichkeit, mit der zu handeln ist. Im komplexen System des föderal gegliederten deutschen Sozialstaats kann es nicht den einen großen Befreiungsschlag geben, etwa die Schaffung eines allzuständigen Bundessozialamts oder die konsequente Kommunalisierung aller sozialen Leistungen. Gerade hier ist die Bereitschaft zum Stückwerk des reformerischen Alltags gefordert, ohne aber das große Ziel aus den Augen zu verlieren: integrierte Hilfe zu leisten, die den hilfesuchenden Bürger in der Ganzheitlichkeit seiner Person sieht, Menschen zu befähigen und besser als heute Notlagen zu vermeiden.

Öffentliche Verantwortung für eine Teilhabe fördernde Infrastruktur

Die Marktökonomie sichert wirtschaftliche Prosperität und damit auch die ökonomischen Grundlagen eines starken Sozialstaats. Sie benötigt als Gegengewicht einen handlungsfähigen Staat. Er muss den Marktakteuren einen ordnungsrechtlichen Rahmen vorgeben, der wirtschaftliche Handlungsfreiheit sichert, Machtballungen möglichst verhindert und Konsumenten, Beschäftigte und die Umwelt ausreichend schützt. Aus Sicht der Armutsprävention muss der Staat zudem Verantwortung für eine Infrastruktur übernehmen, die Teilhabe sichert.

So sinnvoll es ist, auch die Versorgung mit Wohnraum dezentral über Märkte zu sichern und nicht behördlich über ein allein staatliches Angebot: Ohne eine flankierende staatliche Wohnraumpolitik wird der Wohnungsmarkt den Bedürfnissen armer Menschen nicht gerecht. Dies gilt insbesondere für die Ballungsräume. Hohe Mieten sind wesentlich dafür verantwortlich, dass die kaufkraftbereinigte Armutsrisikoquote in den Städten deutlich höher ist als auf dem Land. Der Mangel an Wohnraum für einkommensschwache Haushalte ist kein Schicksal, sondern Ausdruck eines politischen Versäumnisses. Die Wohnraumpolitik muss zentraler Teil einer Politik der Armutsprävention werden. Das erfordert nicht nur staatliche Handlungsbereitschaft, sondern auch eine Überwindung eines Abschottungsegoismus von Bürgern, die nach dem Sankt-Floriansprinzip den Bau neuer Wohnungen in ihrer Nähe zu verhindern suchen. Zumindest brauchen wir eine Auseinandersetzung, bei der soziale Belange gegenüber umweltpolitischen und städtepolitischen Anforderungen nicht zurückstecken müssen. Wer Wohnungsbau verhindert, darf sich nicht auch noch darin sonnen dürfen, auf der Seite des Guten zu stehen.

Wieviel Teilhabe armen Menschen und den Beziehern niedriger Einkommen möglich ist, wird aber auch durch den Zugang zu öffentlichen Angeboten bestimmt. Bedeutet für Arme die Teilhabe am kulturellen Leben oder an Freizeitangeboten stets eine unüberwindliche Belastung? Kostenlose öffentliche Angebote stehen oft in keinem guten Ruf. Aus einer wirtschaftsliberalen Sichtweise sind sie ein paternalistischer Eingriff des Staates in die Präferenzen der Bürger. Denn über die Steuern entzieht der Staat diesen erst einmal Kaufkraft, um sie dann mit einem vermeintlich für sie kostenlosen Angebot zu beglücken. Besser wäre es aus dieser Sicht, den Bürgern Kaufkraft und Entscheidungshoheit zu überlassen. Konsequent zu Ende gedacht hieße dies: weniger Steuern, dafür keine öffentlich subventionierten Schwimmbäder, Tierparks oder Theater. Selbst wenn nicht nur die Steuern sinken, sondern auch die Armen ein wenig mehr Geld erhielten: Der volle kostendeckende Preis für ein Schwimmbad, beispielsweise, würde dazu führen, dass für Kinder aus armen Familien der Schwimmbadbesuch zum seltenen Luxus würde. Er würde regelmäßig gegenüber den dringenden Bedürfnissen des Alltags zurückstehen müssen.

So wichtig und effizient die Bereitstellung von Gütern über den Markt ist: Wir brauchen Orte und Angebote, wo nicht das Prinzip gilt, dass der, der nicht zahlen will oder kann, das Gut auch nicht erhält. Ohne dieses sogenannte Ausschlussprinzip können Märkte nicht funktionieren. Wenn wir aber Orte wollen, wo sich Menschen unterschiedlicher Schichten, mit unterschiedlich hohen Einkommen begegnen können, brauchen wir öffentlich subventionierte Schwimmbäder und Museen oder Tierparks ohne Gebührenerhebung.

Der amerikanische Philosoph Michael Sandel hat in seinem Buch über die «moralischen Grenzen des Marktes» auf den Verlust dieser Orte am Beispiel der VIP-Logen in Sportarenen hingewiesen. «Tatsächlich waren Stadien fast während des gesamten 20. Jahrhunderts Orte, wo Führungskräfte Seite an Seite mit einfachen Arbeitern saßen, wo alle in der gleichen Schlange anstanden, um Hotdogs oder Bier zu kaufen, und wo Reiche wie Arme gleichermaßen nass wurden, wenn es regnete. … Das Aufkommen von VIP-Logen hoch über dem Spielfeld hat eine Trennungslinie zwischen den Begüterten und Privilegierten und dem gemeinen Volk auf den Rängen darunter eingezogen.»[2]

Nun sollte man sich davor hüten, die gemeinschaftsbildende Wirkung der Orte schichtübergreifenden Aufenthalts zu überhöhen. Aber wenn jeder Aufenthalt an öffentlichen Orten zu einem Akt des Konsums wird, dann werden diese für Arme unwirtliche Orte. Wenn dagegen beispielsweise der Tierpark ohne Eintritt zugänglich ist, dann gibt es dort auch für Familien, die von Hartz IV leben, einen Ort der Normalität, bei dem sie nicht mit der Situation ihrer knappen Ressourcen konfrontiert sind. Solche Orte können vermeiden helfen, dass gemeinsame Aktivitäten mit anderen Familien abgebrochen werden müssen, wenn eine Familie in den Transferbezug fällt. Jedenfalls ist es nicht gerecht, wenn der Tierpark mit hohen Eintrittsgebühren arme Familien faktisch ausschließt, Oper und Theater, kulturelle Angebote für die gehobene bürgerliche Mitte, aber hochsubventioniert sind.

Was aber, wenn die Mitte sich unbedingt nach unten abschotten will? Wenn es beispielsweise Usus wird, das Abitur nicht mehr in der Schulaula zu feiern, sondern mit einem teuren Abschlussball mit kommerzieller Unterhaltung, dessen Kosten mittels hoher Eintrittspreise umgelegt werden? Was, wenn das Ganze zudem in eine Konkurrenz um die besten Roben ausartet? Dann werden die fehlen, die nicht mithalten können, oder sie werden sich finanziell übernehmen, um nicht außen vor zu bleiben. Oder wenn die Klassenreise in der Oberstufe nicht mehr in ein Jugendhotel nach Berlin oder Prag führt, sondern gutbürgerliche Eltern auf dem Elternabend eine Dynamik entfalten, in der niemand mehr wagt, dem Vorschlag einer Reise zu widersprechen, die die Hälfte der Eltern überfordert? Selbst wenn das Jobcenter, was teilweise geschieht, die Kosten der Klassenreise nach Kanada übernimmt, gekniffen sind die Eltern mit einem Einkommen von einigen hundert Euro über dem Hartz-IV-Bezug. Hier kommt der Sozialstaat beim Versuch, Teilhabe zu sichern, an seine Grenzen, er kann bei dieser Aufrüstung der Erwartungen nicht mithalten. Die Schule als öffentliche Institution und die in ihr handelnden Eltern und Lehrer haben auch eine Eigenverantwortung, Teilhabe zu sichern. In der Elternversammlung fallen Entscheidungen, die den sozialen Zusammenhalt fördern oder schädigen.

Recht haben und Recht bekommen

Die sozialen Rechte gelten für alle Bürger. Aber das für alle gleiche Recht schafft nicht für alle den gleichen Zugang. Um Recht zu bekommen, muss man seine Rechte kennen. Zur Rechtsdurchsetzung gehört der Rechtsweg. Auch wenn es in Deutschland ein System der Prozesskostenhilfe gibt, sind die Hürden für arme Menschen, den Rechtsweg zu beschreiten, höher. Zu einer wirksamen Armutspolitik gehört ein ausreichendes Netz von niederschwelligen Beratungsstellen. Grundsätzlich gibt es dieses Beratungsnetz, Schuldnerberatungsstellen, Verbraucherzentralen, das Jugendamt. Es gibt unentgeltliche Beratungsangebote von Wohlfahrtsverbänden und Anwaltsvereinen. Auch Behörden beraten im Rahmen ihrer Zuständigkeit.

Dieses Netz muss sich darum bemühen, niederschwelliger zu werden. Lange Wartelisten bei den Schuldnerberatungsstellen, beispielsweise, sind für diejenigen eine hohe Hürde, denen es ohnehin schwerfällt, ihren Alltag zu organisieren. Wie dicht das Netz hier geknüpft ist, hängt neben dem politischen Willen vor Ort auch von der Finanzsituation der Kommunen ab. Das Prinzip gleichwertiger Lebensverhältnisse ist dadurch gerade in einem Bereich verletzt, der für die Chancen armer und von Armut bedrohter Menschen essentiell ist. Es ist kein Zufall, dass die sozialen Bedürfnisse, die die breite Mehrheit der Gesellschaft betreffen wie Krankenbehandlung oder Altersvorsorge, über individuelle Rechtsansprüche eindeutig abgesichert sind, dies aber nicht in gleichem Maße für den Bedarf der Menschen gilt, die auf die schiefe Bahn gekommen sind. Die rechtliche Stellung dieser Leistungen und damit auch ihre institutionelle und finanzielle Absicherung zu verbessern, wäre ebenfalls eine dringende Aufgabe der Armutspolitik.

Eine freie Gesellschaft, zu der unverzichtbar die Vertragsfreiheit gehört, kann Menschen überfordern, wenn sie Entscheidungen treffen, die für sie höchst nachteilig sind. Daraus ist kein Plädoyer für paternalistische Bevormundung abzuleiten, wohl aber für Aufklärung und einen angemessenen Verbraucherschutz. Die Wahlfreiheit zwischen unterschiedlichen Optionen bietet jedem große Chancen, der gut informiert ist, seine Rechte kennt und das genügende Maß an Selbstsorge aufbringen kann, um sich vor gefährlichen Verlockungen oder gut verpackten ausbeuterischen Angeboten zu schützen. Praktiker der Jugendhilfe berichten, dass es an Finanz- und Konsumkompetenz bei Jugendlichen erheblich mangelt. Dies fängt beim Handy-Vertrag an. Das ist für die besonders nachteilig, die nichts zu verschenken haben. Es gibt eine Reihe von Angeboten von Wohlfahrtsverbänden und Vereinen, die die Finanz- und Konsumkompetenz von Schülern fördern. Aber es sollte auch ohne externe Hilfe zu den Pflichtaufgaben aller Schulen gehören, als Teil des Regelunterrichts alle Schüler mit den erforderlichen Kompetenzen auszustatten. Mangelnde Finanzkompetenz erzeugt oder verfestigt Armutslagen.

Menschen am äußersten Rand der Gesellschaft

Dass das für alle gleiche Recht nicht für alle den gleichen Zugang schafft, gilt für Menschen am äußersten Rand der Gesellschaft in besonderem Maße. Wie steht es mit Menschen, die auf der Straße leben und damit in einem Zustand harter Entbehrung? Auch sie haben Anspruch auf Krankenversicherung. Dies ist in Deutschland sozialrechtlich eigentlich gut geregelt. Aber in einer normalen Arztpraxis sind sie Fremde aus einer anderen Welt. Sie fürchten die Zurückweisung seitens des Praxispersonals und der anderen Patienten. Ihr Recht auf Behandlung geht so häufig ins Leere. Der Sozialstaat kann sich nicht damit begnügen, die notwendigen Dienste formalrechtlich korrekt für alle anzubieten. Er muss handeln, wenn Hilfebedürftige nicht in der Lage sind, ihre Rechte durchzusetzen, oder Beteiligte im Hilfesystem bewusst oder unbewusst, offen oder latent, so agieren, dass die Inanspruchnahme unterbleibt oder für den Hilfesuchenden sogar unzumutbar wird. Daher ist es notwendig, wohnungslosen Menschen in Spezialambulanzen einen niederschwelligen Zugang zu medizinischen Diensten zu eröffnen und sie von dort, falls nötig, zum Facharzt oder einem Krankenhaus zu vermitteln. Dies mag auf den ersten Blick dem Prinzip der Teilhabe widersprechen. Als Bürgerinnen und Bürger sollten auch wohnungslose Menschen alle öffentlich zugänglichen Einrichtungen diskriminierungsfrei nutzen können und nicht auf Spezialdienste angewiesen sein. Aber Teilhabe als abstrakter Anspruch löst nicht die im faktischen Vollzug gegebenen Zugangsprobleme für Menschen in äußerst prekären Lebenslagen. Allerdings darf der Anspruch nicht aufgegeben werden, dass sie auch das Recht auf Zugang zu den Regelangeboten haben.

Ausgeschlossen von vielen existenziellen Diensten sind auch Menschen in der aufenthaltsrechtlichen Illegalität. Der Staat hat im Rahmen der Verfassung und der internationalen Verpflichtungen das Recht, den Aufenthalt von Ausländern in Deutschland zu regeln und auch zu untersagen. Aber dennoch dürfen Menschen ohne Papiere aus humanitären Gründen nicht ohne soziale Rechte sein. Immerhin konnte nach zähem politischen Ringen erreicht werden,[3] dass Kinder in der aufenthaltsrechtlichen Illegalität regulär zur Schule gehen dürfen und die Schule ihre Identität nicht den Ausländerbehörden preisgeben muss. Der Schulbesuch selbst soll nicht zu einem zusätzlichen Entdeckungsrisiko werden. Aber auch vier Jahre nach der rechtlichen

Klarstellung kennen, wie eine Untersuchung der Universität Bremen zeigt, zwei Drittel der Schulen und die Hälfte der Schulbehörden die Rechtslage nicht oder nur ungenügend und eröffnen bei Anfrage keinen gangbaren Weg für die Schulanmeldung «papierloser» Kinder.[4] Dadurch perpetuiert sich ihr Ausschluss von Bildung, der in der Biographie dieser Kinder tiefe Spuren hinterlässt.

Eine Armutspolitik, die diesen Namen verdient, muss die Menschen am äußersten Rand im Blick haben. Um sie ist es sonderbar still in der Armutsdebatte, obwohl hier Besserung mit bescheidenen Mitteln möglich wäre, die unsere Solidaritätsbereitschaft nur in geringem Maße forderten. Wohnungslose Menschen, obwohl Bürger dieses Landes mit gleichen Rechten, kommen in den gängigen Datensätzen zur sozialen Lage in Deutschland (aus methodisch nachvollziehbaren Gründen) gar nicht vor. Wir wissen somit über den Umfang und die Entwicklung dieser extremen Form des sozialen Ausschlusses sehr wenig. Ihre Lage muss wenigstens in öffentlicher Verantwortung erfasst werden, als erste Grundlage für bessere Hilfen.

Soziale Spaltung der Wahlbeteiligung

Die Wahlbeteiligung in Deutschland sinkt. Bei der Bundestagswahl, der Wahl mit der höchsten Wahlbeteiligung, von über 90% in den Jahren 1972 und 1976 auf 72% 2013. Bei den Landtagswahlen ist die Beteiligung im Durchschnitt noch niedriger. Bei einer Reihe von Landtagswahlen der letzten Jahre hat nur noch jeder Zweite von seinem Wahlrecht Gebrauch gemacht. Zwischen der Wahlbeteiligung der Einkommensgruppen und der sozialen Milieus klafft ein großer Unterschied.[5] Während fast 90% des liberal-intellektuellen Milieus und über 80% der Konservativ-Etablierten der oberen Mittelschicht zur Wahl gehen, sind es unter den sogenannten Prekären und Hedonisten, zwei

Milieus, die der Unterschicht und unteren Mittelschicht zugeordnet werden, nur knapp 60% bzw. unter 50%. Die Abgrenzung
der Milieus mag im Detail problematisch sein, aber unbestreitbar
ist, dass sich bei der Wahlbeteiligung eine soziale Spaltung auftut
und die Wahlergebnisse nicht mehr sozial repräsentativ sind.[6]

Hier hat niemand eine einfache Lösung. Zur freien Wahl gehört auch die Freiheit, nicht zu wählen. Nicht jeder Nichtwähler
muss unzufrieden sein, es gibt auch selbstverschuldetes Desinter-
esse, bar jeden Bewusstseins dafür, dass man ein Recht ungenutzt
lässt, das in einer opfervollen Geschichte erkämpft wurde und für
das Menschen in anderen Ländern auch heute ihr Leben riskieren. Aber die schwindende soziale Repräsentanz der Wahlergebnisse kann sich zu einem Legitimitätsproblem der Demokratie
entwickeln, möglicherweise ist dieser Punkt bereits erreicht.

Nichtwähler begründen ihre Wahlabstinenz nicht mit der Ab-
lehnung des demokratischen Systems, sondern einer ausgeprägten Politik(er)verdrossenheit. Parteien und Politikern fehle die
Glaubwürdigkeit, sie seien abgehoben und wenig überzeugend.[7]
Solche Begründungen sind ernst zu nehmen, auch wenn sie
dazu dienen können, die eigene Verweigerung demokratischer
Teilnahme zu legitimieren, oder Erwartungen an die Politik
widerspiegeln, die nicht erfüllbar sind. Hinter dem Vorwurf
mangelnder Glaubwürdigkeit steht zumindest in Teilen ein de-
mokratieferner Vorbehalt gegen Kompromisse, ohne die ein par-
lamentarisches System nicht funktionieren kann. Aber Teil der
Wahrheit sind auch politische Versäumnisse, man denke beispielsweise an die lange vernachlässigte Wohnungspolitik oder
die weiterhin hohe soziale Selektivität des Bildungssystems.

Wer die Debatten über den Sozialstaat mitprägt, sollte zumindest gelegentlich im stillen Kämmerlein die selbstkritische Frage
zulassen, ob er nicht eher Teil des Problems statt der Lösung ist,
wenn er den Boden seriöser Argumentation verlässt und in em-
pirieferner Weise skandalisiert. Oder wenn er die Politik des
Stückwerks als «Klein-Klein» diskreditiert. Ein sich anwaltschaftlich oder links gerierender Sozialpopulismus kann ungewollt

dazu beitragen, dem politischen Populismus den Boden zu bereiten. Er befeuert die ohnehin grassierende pauschale Abwertung von Politikern, denen Politikverdrossene wenig oder nichts zutrauen. Die Abwertung der politisch Verantwortlichen gefährdet die Akzeptanz des demokratischen Systems. Eine solche Stimmung kann, wie das Beispiel der zum Hohn so genannten «Alternative für Deutschland» zeigt, Parteien befördern, die bei Licht besehen keine Agenda haben, die soziale Gerechtigkeit fördert. Wenn bereits die Herausforderung der Aufnahme vieler Flüchtlinge in einer Situation wirtschaftlicher Stabilität ihnen hohe Wahlerfolge beschert, was wäre dann zu befürchten, wenn Deutschland in eine schwere Rezession geriete? Die Kräfte in Politik, Medien und Zivilgesellschaft, die die politischen Debatten in starker Weise prägen, tragen Verantwortung für den Erhalt der politischen Kultur. Diesem Anspruch gerecht zu werden, ist angesichts der harten Konkurrenz um öffentliche Aufmerksamkeit schwer geworden.

Zu hoffen wäre, dass eine glaubwürdig und hartnäckig verfolgte Politik des Stückwerks, die in konkreten Schritten die Teilhabechancen armer und von Armut bedrohter Menschen zu verbessern und den Sozialstaat stärker auf Befähigungsgerechtigkeit auszurichten vermag, der Tendenz zur Selbstexklusion durch Wahlverweigerung etwas entgegensetzen kann. Jedenfalls wird sie dazu mehr beitragen als Debatten, die in folgenloser Empörung verharren.

Willkommen für die Unterschicht

Auch wenn die Räder der unterschiedlichen Systeme deutlich besser ineinandergriffen als heute: Wie Kinder ins Leben starten, welche Chancen sie haben, hängt ganz wesentlich davon ab, welche Unterstützung sie in ihrem Elternhaus und ihrem unmittelbaren Umfeld erfahren, welche Anregungen sie erhalten, welche persönlichen Haltungen vermittelt werden, ob sie vertrauensvolle Beziehungen aufbauen können und Wirkmächtigkeit erfahren. Der Aufbau von Vertrauen braucht stabile Beziehungen. Das kann staatlicherseits nicht verordnet werden. Aber dennoch müssen solche Unterschiede der familiären Sozialisationsbedingungen nicht einfach hingenommen werden. Mentoringprogramme, in denen Mentoren ehrenamtlich Zeit und Interesse schenken, zeigen erstaunliche Wirkungen. Eine Forschergruppe um den Verhaltensökonomen Armin Falk hat die Wirkungen des Patenschaftsprogramms «Balu und Du» aufwendig empirisch untersucht. Etwa ein Jahr begleiten Mentoren, überwiegend Studierende, Grundschulkinder und verbringen Zeit mit ihnen; sie gehen in den Zoo, kochen gemeinsam, lesen oder erkunden die Umgebung. Das Programm zielt nicht auf unmittelbare Lernerfolge und bessere Schulnoten, sondern auf eine Stärkung der Persönlichkeit. Am Ende des Programms zeigten Kinder aus prekären Milieus ein deutlich höheres Grundvertrauen, mehr Teamfähigkeit und eine höhere Bereitschaft, anderen in ihrer Klasse zu helfen.[8] Im Vergleich zu den Kindern, die nicht am Programm teilgenommen haben, hatten sie eine um 11 Prozentpunkte höhere Wahrscheinlichkeit, aufs Gymnasium zu wechseln. Dazu Achim Falk: «Das heißt, man kann durch geringe Veränderungen in der sozialen Umgebung die Verhaltens- oder Entwicklungsdefizite aufgrund von ungleichen Startbedingungen ausgleichen. … Wir wissen aus weiteren Studien, dass Offenheit gegenüber anderen Menschen in der Arbeitswelt zur Kernkompetenz geworden ist und die Fähigkeit zu Empathie und Kooperation auch den Lebenserfolg begünstigt.»[9] Auch eine qualitative Auswertung eines ähnlichen Mentoringprogramms, SALAM in Freiburg, zeigt die großen Chancen, Kinder auf diese Weise nachhaltig zu unterstützen.[10] Der Ansatz ist nicht auf die Schule beschränkt. Ehrenamtliche Paten begleiten etwa auch Auszubildende mit Benachteiligungen dabei, ihre Ausbildung durchzuhalten.

Patenschaften sind ein Feld für zivilgesellschaftliches Engagement. Die Schule und das berufliche Hilfesystem allein sind nicht in der Lage, Beziehungen in dieser Intensität aufzubauen. In der Vermittlung von Vertrauen und prosozialem Verhalten dürfte auch gerade die Freiwilligkeit der Beziehung und ihr unentgeltlicher Charakter ein förderliches Element sein. Die Mentoren geben ein Beispiel und sind ein Vorbild. Auch bei der Verbesserung der Lesekompetenz nach dem PISA-Schock hat die Arbeit ehrenamtlicher Lesepaten eine wichtige Rolle gespielt. Solches ehrenamtliche Engagement wird viel gelobt, steht jedoch auch unter Generalverdacht, einem vermeintlichen Rückzug des Staates Vorschub zu leisten. Das aber ist eine fruchtlose Debatte. Patenschaften sind kein Ersatz für ein inklusives, leistungsfähiges Schulsystem, sondern eine partnerschaftliche Ergänzung, die helfen kann, den engen Zusammenhang von Herkunft und Bildungserfolg aufzubrechen. Mentoringprogramme wie «Balu und Du» sind darauf angewiesen, dass es eine empathisch handelnde Bürgerschaft gibt, die sich nicht damit abfinden will, dass die Chancen der Kinder, ihre Potentiale zu entfalten, in so krasser Weise vom Zufall der Geburt abhängen. Auf diese Weise kann viel bewirkt werden. Im Sommer 2015 hat eine überwältigende Zahl von Bürgern den vielen Schutzsuchenden, die aus der Fremde zu uns kamen, ihr Willkommen entgegengerufen. Auf ihre Weise fremd für die Mitte ist auch die Unterschicht im eigenen Land. Ihr halten die Bürger, die sich in Patenschaftsprogrammen engagieren, Willkommensplakate entgegen. Es gibt bereits viele Ansätze hierzu. Auch das ist Teil einer Politik gegen die Armut.

Aber ist das nicht alles Klein-Klein?

Und wenn dies alles umgesetzt würde, reicht das? Ist das nicht alles Klein-Klein? Auch wenn wir den Spielraum für mehr Steuern nutzen, die staatliche Handlungsfähigkeit sichern und den Sozialstaat stärker auf Prävention ausrichten, wird es Menschen mit einem Einkommen unterhalb der 60%-Schwelle geben. Es wird also Menschen im Armutsrisiko und, wenn man dieses mit Armut gleichsetzt, Arme geben. Bei Studierenden und Auszubildenden wird dies auch weiterhin nicht wirklich ein Problem sein. Aber diejenigen, die dauerhaft an der Armutsrisikogrenze leben, werden bei vielem, was in unserer Gesellschaft normal geworden ist, nicht mithalten können.

Wenn wir die Grundsicherungsleistungen verbessern, wird es erst einmal mehr Empfänger geben. Es wird weiterhin Menschen geben, die so wenig über die Zusammenhänge wissen, dass sie dies für einen Ausdruck wachsender sozialer Kälte halten. Und andere, die in ihrer Propaganda so verantwortungslos sind, sie darin zu bestärken.

Klein-Klein sind alle in diesem Buch erörterten Ansätze, wenn sie verglichen werden mit den Blaupausen großer Luftschlösser, die eine völlig andere Welt zeichnen, aber nicht die Wege skizzieren, um sie zu erreichen. Klein-Klein sind diese Ansätze, wenn man ausblendet, dass wir nur im Stückwerk hartnäckig verfolgter reformerischer Schritte weiterkommen können. In der Summe werden die skizzierten Schritte Wirkung entfalten. Die stärkere Ausrichtung des Bildungssystems und der Sozialpolitik am Prinzip der Befähigung kann dazu beitragen, die Ungleichheit der Erwerbseinkommen zu reduzieren. Dann kann auch der Anteil der Menschen im Armutsrisiko wieder zurückgehen, vielleicht sogar um einige Prozentpunkte. Es kann gelingen, dass die Gruppe der Menschen in verhärteter Langzeitarbeitslosigkeit nicht immer wieder neuen Zulauf erhält, sondern kleiner wird. Eine Neubelebung der Wohnungspolitik kann der Armut in Ballungszentren entgegenwirken. Öffentliche Infrastruktur kann Orte schaffen, die wirtlich für alle sind, weil kein Eintrittsgeld verlangt wird und man dort nicht konsumieren muss. Eine achtsame Zivilgesellschaft kann sich dafür einsetzen, dass der Zufall der Geburt auf die Lebenschancen nicht so prägend ist wie heute. Erfolge auf jedem dieser Felder werden zeigen, dass der Sozialstaat wirkt.

Dies wird die breite Mitte motivieren, sich zu unserem Sozialstaat zu bekennen. Ohne die Solidaritätsbereitschaft der Mitte ist
den Armen nicht zu helfen. Eine Debatte, die sich zum Stückwerk der Armutspolitik bekennt und auslotet, wie wir wirksam
handeln können, hilft den Armen. Ritualisierte Empörung tut
dies nicht.

Danksagung

Ohne den Austausch mit vielen Menschen hätte ich dieses Buch nicht schreiben können. Ich danke vielen beruflichen und ehrenamtlichen Mitarbeitenden in der verbandlichen Caritas, an deren Erfahrungen ich teilhaben konnte. Sie haben meine Vorstellungen zu einer präventiven und befähigenden Ausrichtung der Sozialpolitik geprägt.

Mein Dank gilt denen, die das Manuskript in unterschiedlichen Stadien kommentiert haben: Thomas Becker, Michael Berger, Franz-Josef Brüggemeier, Felix Cremer, Birgit Fix und Helmut Hartmann. Auch danke ich den Fachleuten, die mich bei einzelnen Kapiteln durch Kritik und fachlichen Rat unterstützt haben: Katrin Gerdsmeier, Karin Kramer, Gerhard Kruip, Verena Liessem, Judith Niehues, Rolf Rosenbrock, Alexander Spermann, Martin Werding, Gerhard Wienandts und Theresia Wunderlich. Dem Lektor des Verlages, Sebastian Ullrich, danke ich für seine Unterstützung und die sehr sorgfältige Bearbeitung des Manuskripts. Alle genannten haben mich herausgefordert, meine Argumente weiterzuentwickeln. Ihre Ermutigung und Kritik waren mir eine große Hilfe. Verbliebene Unzulänglichkeiten sind selbstverständlich allein mir zuzuschreiben.

Meiner Frau Hildegard Wenzler-Cremer danke ich für viele abendliche Diskussionen und ihre Ermutigung.

Anmerkungen

2. Was bedeutet Armut in Deutschland?

1 13 afrikanische Länder, Tadschikistan, Nepal, kaufkraftbereinigte Werte. Vgl. Ravallion u. a. (2009), S. 174.
2 Vereinte Nationen (2015), S. 4, 14 ff.
3 World Bank (2015 a), S. 39.
4 Smith (1789/1983), S. 747.
5 Marshall (1890/1905), S. 115.
6 Rat der Europäischen Gemeinschaften (1985).
7 Braun (2015), S. 100–102.
8 Sen (1983), S. 155 ff., 168.
9 Sen (1999), S. 110 ff.; Sen (2010), S. 282–285.
10 Sen (1983), S. 162.
11 Sen (2010), S. 283.
12 Vgl. etwa Statistisches Bundesamt, WZB (2016), S. 171. Die angegebenen Bedarfsgewichte entsprechen der modifizierten OECD-Skala. Sie wird heute bei allen relevanten Datenquellen zugrunde gelegt.
13 Statistische Ämter des Bundes und der Länder (2013).
14 Wagner u. a. (2008).
15 Statistisches Bundesamt (2012 a).
16 European Union Statistics on Income and Living Conditions.
17 Statisches Bundesamt (2014 a).
18 Beispielsweise Prantl (2009), S. 8.
19 Atkinson (2015), S. 28 f.
20 Der erste Armuts- und Reichtumsbericht weist Armutsrisikoquoten vor und nach der Umstellung der OECD-Bedarfsgewichte aus. In der alten OECD-Skala hatte der erste Erwachsene ein Bedarfsgewicht von 1,0, weitere Personen ab 15 Jahren von 0,7 und Kinder unter 15 Jahren von 0,5. Mit der Umstellung sinkt die ausgewiesene Armutsrisikoquote (60% Median) von Paaren mit drei und mehr Kindern 1998 (EVS-Werte) von 19,3% auf 10,4%. Vgl. Bundesregierung (2001), S. 29, 262 f.
21 Beispielsweise Schneider (2010), S. 25 f.
22 Bezogen auf das arithmetische Mittel. Bundesregierung (2001), S. 38 ff.
23 Bundesregierung (2005), S. 45.
24 Beschluss des Europäischen Rates in Laeken, Dezember 2001.
25 Vgl. hierzu Strengmann-Kuhn u. a. (2012), S. 174.
26 Schneider (2010), S. 24 f. Schneider schrieb damals zu Recht, dass nur die wenigs-

ten Medien sachlich und sprachlich korrekt von einer «Armutsrisikoquote» sprechen würden, sondern ohne Differenzierung von Armut.

27 Der Begriff des prekären Wohlstands wurde von Hübinger (1996) in die deutsche Armutsdebatte eingeführt.

28 World Bank (2015 b), S. 11.

29 EU-SILC (2016).

3. Der eindeutige Trend: Die Einkommensungleichheit hat zugenommen

1 Corneo (2015), S. 116, 118.

2 BMAS (2016), Tab. A1; 1991–97: DIW-Wochenbericht 46/2013, S. 20.

3 Dustmann u. a. (2014 a), Dustmann u. a. (2014 b).

4 IAW/Universität Tübingen (2011), S. 127 ff.

5 Süddeutsche Zeitung, 27.12.2014.

6 Paritätischer Gesamtverband (2014), S. 6.

7 Fitzenberger (2012), S. 18.

8 Der Mikrozensus zeigt einen moderaten Anstieg um 0,7 Prozentpunkte zwischen 2005 und 2014. Dagegen zeigen die Werte des Sozio-oekonomischen Panels bis 2012 einen mit Schwankungen stabilen Verlauf um etwa 14,5%. Das SOEP hat durch eine zusätzliche Migrationsstichprobe ab 2013 die Erfassung der Zuwanderer deutlich verbessert. Die SOEP-Wissenschaftler weisen darauf hin, dass sich dadurch die im SOEP ausgewiesene Armutsrisikoquote erhöhen wird, da die Zuwanderer unterdurchschnittliche Einkommen aufweisen (Goebel u. a. 2015, S. 582 f.). EU-SILC zeigt bis 2012 einen mit dem Mikrozensus parallelen Verlauf, dann aber bei dem letztverfügbaren Wert (2013) noch mal einen Anstieg um weitere 0,6 Prozentpunkte. Die EU-Daten beruhen auf einer kleineren Teilstichprobe des Mikrozensus mit freiwilliger Teilnahme und weisen damit höhere Unsicherheiten als der Mikrozensus auf.

9 Wagner (2012).

10 BMAS (2016), Tab. A9, SOEP.

11 Wert für 2014; Statistisches Bundesamt (2015), S. 120, 132.

12 BMAS (2016), Tab. A1.

13 Lenze (2014), S. 17 f., 51 ff.

14 Vereinfachend wird angenommen, dass das verfügbare Einkommen konstant bleibt.

15 Daten für 1996 u. 2014; Statistisches Bundesamt (2015 b), S. 120.

16 Daten des Mikrozensus 2005 – 2013, EU-SILC und SOEP weisen etwas niedrigere Werte aus. BMAS (2016), Tab. A1.

17 Wert für 2008. Grabka, Frick (2010), S. 7.

18 Bertram (2008), S. 5 f., 25.

19 Mikrozensus 2014. Statistisches Bundesamt; WZB (2016), S. 234.

20 SOEP-Daten 2013. Statistisches Bundesamt; WZB (2016), S. 234.

21 Mikrozensus 2012. Institut der Deutschen Wirtschaft (2014), S. 8.

22 Paritätischer Gesamtverband (2015), S. 1, 20.

23 Hüther (2014), S. 5; Institut der Deutschen Wirtschaft (2014), S. 9. Diese Berechnung wird im Armutsbericht 2016 des Paritätischen Wohlfahrtsverbandes (2016, S. 13) als methodisch nicht valide angegriffen. Dort wird die Relevanz regionaler Preisunterschiede für von Armut bedrohte Menschen generell in Frage gestellt.

Nicht nachvollziehbar ist auch die Aussage, für sie seien regionale Unterschiede des Mietpreisniveaus nicht relevant.

24 Institut der Deutschen Wirtschaft (2014), S. 8.
25 Art. 72 (2) GG.
26 Deckl (2013), S. 900 ff.
27 Von 11,6% 2010 auf 21,5% 2014. EU-SILC (2015).
28 Daten für 2014, EU-SILC (2016).
29 Erst ab 2008 ist bei den EU-SILC-Werten für Deutschland die volle zeitliche Vergleichbarkeit gegeben. Vgl. Statistisches Bundesamt (2014 a), S. 7.
30 Werte für 2014. EU-SILC (2016).
31 Goebel u. a. (2015), S. 573.
32 Fratzscher (2016), S. 106.
33 EU-SILC (2016).
34 Die Frage bezieht sich jeweils auf Ausgaben in Höhe der Armutsrisikoschwelle (2008: 916 Euro, 2014: 987 Euro).

4. Armut in einem reichen Land – Ein Skandal?

1 Datenquellen in der Reihenfolge der Nennung: Mikrozensus 2014, EU-SILC 2013, SOEP 2012, EVS 2008. Vgl. BMAS (2016), Tab. A1.
2 Rat der Europäischen Gemeinschaften (1985).
3 Süddeutsche Zeitung, 27.03.2015, S. 22.
4 Ulrich Schneider in einem Interview im SWR Fernsehen 16.03.2016.
5 Vergleich 1960/2009, Institut der Deutschen Wirtschaft (2010); Schröder (2010).
6 Etwa zwei Drittel der sog. Normalstudierenden, d. h. Vollzeitstudierende im Erststudium, die nicht bei ihren Eltern wohnen, haben ein Einkommen unterhalb der Armutsrisikoschwelle. Angabe für 2012. Vgl. Middendorf u. a. (2013), S. 196, 202.
7 Martenstein (2015) in Reaktion auf Paritätischer Wohlfahrtsverband (2015) und Cremer (2015 a).
8 Bundesinstitut für Berufsbildung 2013, zit. nach FAZ 23./24.02.2013, S. C3.
9 BMAS (2016), Tab. A1.
10 Grabka u. a. (2012), S. 10 f.
11 Bundesregierung (2013 a), S. 150.
12 Butterwegge (2012), S. 22.
13 Butterwegge (2012), S. 14 f.
14 World Bank (2016).
15 Daten im Folgenden für 2013 (Berichtsjahr) nach EU-SILC (2016).
16 EU-SILC 2012: 24,4%; SOEP 2010: 22,0%; BMAS (2016), Tab. Q7.
17 Hauser (2012 b), S. 619; vgl. dort auch Fußn. 24, S. 608 f.
18 EU-SILC (2016), Werte für Erhebungsjahr 2014.
19 Das Berechnungsergebnis unterscheidet sich nach Datenlage und der Art der Berücksichtigung des mit dem Vermögensverzehr rückläufigen Kapitaleinkommens. Niehues u. a. (2012), S. 14 f.

5. Hartz IV – Armut per Gesetz?

1 Bundessozialhilfegesetz (BSHG), § 1 (2), heute in § 1 SGB XII.
2 BSHG, § 1 (2).

3 Lampert u. a. (2004), S. 333.
4 Hinzuzurechnen sind zudem die eingeräumten Freibeträge für Zuverdienste von erwerbstätigen Arbeitslosengeld-II-Beziehern. Dies wird im nächsten Kapitel erörtert.
5 Hauser u. a. (1992), S. 238–245.
6 Antwort der Kohl-Regierung auf eine große Anfrage der Grünen 1984, Bundesregierung (1986), S. 12.
7 Stern, 24.07.1986, S. 6.
8 Hartmann (1981).
9 Bundesregierung (1986), S. 9.
10 Hauser u.a (1993), S. 111 f.
11 Hauser (2012 a), S. 135 f.
12 Sen (1983), S. 158.
13 Ich greife im Folgenden zurück auf Cremer, Goldschmidt, Höfer (2013), S. 53 ff.
14 Vanberg (2008), S. 726.
15 Sen (2010), S. 253 ff.
16 Goldschmidt u. a. (2011).
17 Nussbaum (2010), S. 141 f.
18 BVerfG (2010).
19 BVerfG (2010), Rz. 220.
20 April 2016, Angabe der Bundesagentur für Arbeit.
21 Dezember 2015, Angabe des Statistischen Bundesamtes.
22 Krämer (2000), S. 58.
23 I. Becker u. a. (2014), S. 7.
24 BVerfG (2010), Rz. 133.
25 Vgl. hierzu Deutscher Caritasverband (2015 a), S. 5 ff.
26 Wert für 2013. Deutscher Caritasverband (2015 a), S. 9.
27 Verg. BVerfG (2014), Rz. 91 im Rückgriff auf Bundesregierung (2008 b), S. 3.
28 BVerfG (2014), Rz 86.
29 BVerfG (2010), Rz. 169.
30 IAB (2013), Variante 4 bei strenger Einkommens- und Vermögensanrechnung. Vgl. dort S. 18, 90. Die Einkommensobergrenze der Referenzgruppe (Alleinstehende) würde nach Herausnahme der verdeckt Armen um 5% steigen. Vgl. ebd. S. 27.
31 Dies wird im Detail im nächsten Kapitel behandelt.
32 Feil u. a. (2008), S. 3. Die Berechnung bezieht sich auf die Verhältnisse 2008. Angesichts des Rückgangs der Zahl der Arbeitslosen, der allerdings weit stärker Bezieher von Leistungen der Arbeitslosenversicherung (SGB III) betrifft, dürfte der Anstieg der Zahl der ALG-II-Empfänger bei einer Regelsatzerhöhung um 70 Euro heute etwas niedriger sein.

6. Hartz IV – Arm trotz Arbeit?

1 Bundesagentur für Arbeit (2014 a), Tab. 1.1, Tab. 2.1.2.
2 Statistisches Bundesamt (2003), S. 7.
3 Lampert u. a. (2004), S. 325 f.
4 Arntz u. a. (2007), S. 19 f.
5 Sachverständigenrat (2004), S. 227.
6 Hartmann (2013), S. 8 ff.

7 Beschluss des Zentralvorstands des DCV, dokumentiert in Hauser u. a. (1993), S. 36.

8 Koch u. a. (2009), S. 39 ff.; Arntz (2007), S. 65 ff.

9 Von ca. 35 auf 40 Milliarden Euro unter Einschluss der in der Sozialhilfe deutlich umfangreicher ausgestatteten einmaligen Leistungen, vgl. Goecke u. a. (2014), S. 8.

10 Koch u. a. (2009), S. 50.

11 Als Überblick siehe Sperber u. a. (2015).

12 Sperber u. a. (2015), S. 586.

13 Sperber u. a. (2015), S. 586.

14 Weber (2016), Möller (2016).

15 Dörre (2015), S. 223.

16 Erfasst sind hier voll- und teilzeiterwerbstätige (ab 18 Stunden pro Woche) Arbeitnehmer einschließlich Beamte, Soloselbständige, Auszubildende und Arbeitnehmer in Mutterschutz und Erziehungsurlaub. Arnold u. a. (2015), S. 4.

17 SOEP-Daten, Arnold u. a. (2015), S. 37.

18 Gesetz zur Verlängerung des Versicherungsschutzes bei Arbeitslosigkeit und Kurzarbeit, 1987.

19 Dustmann u. a. (2014 a).

20 Möller u. a. (2009); Dietz u. a. (2013), S. 229 ff.

21 Bundesrat (2004).

22 § 8 SGB II.

23 BMWA (2005), S. 10.

24 § 11 b SGB II, (2) und (3).

25 Siehe hierzu Cremer, Kruip (2009).

26 Siehe z. B. Sinn u. a. (2002).

27 Sinn (2003), S. 180–184.

28 Schröder (2003), S. 2485.

29 So beispielsweise der Wirtschaftsethiker Emunds (2007), S. 163 f.

30 Für das erste und zweite Kind; für das dritte Kind 196 Euro, ab dem vierten Kind 221 Euro.

31 Diese sog. Bemessungsgrenze wird berechnet nach den Regeln des SGB II und schließt den den Eltern zurechenbaren Anteil an den angemessenen Wohnkosten mit ein.

32 Bemessungsgrenze plus Gesamtkinderzuschlag.

33 Deutscher Caritasverband (2014).

34 Paritätischer Gesamtverband (2014), These 3.

35 Die Daten in diesem Abschnitt nach Bundesagentur für Arbeit (2014 b), Tab. 5.

36 Die Differenz zu 210 000 ergibt sich aufgrund nicht zuordenbarer Bedarfsgemeinschaften.

37 Zudem gibt es 127 000 Selbständige, die so geringe Einkünfte haben, dass sie beim Jobcenter ergänzende Hilfe beantragen müssen. Die Daten geben keine Auskunft, in welchem Umfang sie ihre Tätigkeit ausüben.

38 Bude (2014), S. 83–90.

39 Bude (2014), S. 85.

7. Zerfällt die Mittelschicht?

1 Borchert (2013), S. 17. Borchert war Vorsitzender Richter am Hessischen Landes-sozialgericht. Er hatte durch einen Aussetzungs- und Vorlagebeschluss an das Bundesverfassungsgericht Anteil an dem bahnbrechenden Urteil des Bundesver-fassungsgerichts von 2010 zur Gewährleistung eines menschenwürdigen Existenz-minimums.

2 Nolte, Hilpert (2007), S. 14.

3 Vgl. Grabka u. a. (2008), Goebel u. a. (2010).

4 Niehues (2016 a).

5 Niehues (2015), S. 140 f.

6 Niehues (2016 a) und die mir von der Autorin zur Verfügung gestellten Grundda-ten.

7 Grabka u. a. (2016), S. 399 f.

8 Niehues (2015), S. 145 weist darauf hin, dass sich in den künftigen SOEP-Daten wieder eine etwas stärkere Spreizung zeigen dürfte, da ab der SOEP-Erhebung im Jahr 2013 die Bevölkerung mit Migrationshintergrund deutlich besser erfasst wird. Auf diesen Bruch in den Daten war bereits bei der Entwicklung der Ar-mutsrisikoquote (Kapitel 3) hingewiesen worden.

9 Vgl. hierzu Nolte, Hilpert (2007), S. 20 ff.

10 SOEP-Daten. Niehues (2016 a), S. 145 und die von der Autorin zur Verfügung gestellten Daten.

11 Schmoller (1870), S. 662, 677.

12 Nolte, Hilpert (2007), S. 26 f., 48.

13 Schelsky (1953), 327 f.

14 Braun (1989).

15 Burkhardt u. a. (2013), S. 47 ff, insb. S. 57., vgl. auch ISG (2011).

16 Dustmann u. a. (2014 b), S. 170 ff.

17 Niehues u. a. (2013), S. 33 f.; Niehues (2016 a), S. 146.

18 Angabe für 2014. EU-SILC (2016).

19 Von 35 m² 1991 auf 46 m² pro Person 2014. Statistisches Bundesamt (2015), S. 5 ff.

20 Bude (2014), S. 71.

21 Bude (2011), S. 98.

22 Hierzu in einem kritischen Ton Nachtwey (2016), 112 f.; 151 f.

23 Werding, Müller (2007), S. 128 ff.

24 Niehues (2016 b), S. 15.

25 Niehhues (2014), S. 4 (ISSP-Befragung 2009).

26 Lengfeld, Hirschle (2009), S. 380, 393.

27 Schöneck u. a. (2011).

28 Schöneck u. a. (2011), S. 9.

29 SOEP-Werte, Erhebungsjahr 2010. Schaubild aus Burkhardt u. a. (2013), S. 18. Abdruck mit freundlicher Genehmigung der Bertelsmann Stiftung.

30 Bude (2014), S. 80.

31 Bude (2011), S. 128 f.

32 Schöneck u. a. (2011), S. 12.

33 Nachtwey (2016), S. 158, 162. Zum statistischen Befund von Auf- und Abstiegen siehe Statistisches Bundesamt, WZB (2016), S. 213 ff.

34 Fünfjahresbetrachtung auf Grundlage von SOEP-Einkommensdaten. Niehues (2015), S. 141 ff.

35 Burkhardt u. a. (2013), S. 31.
36 Voswinkel (2013), S. 9 f., 31 ff., 37.

8. Altersarmut

1 BMAS (2016), Tab. A.1
2 Hauser (2009), S. 248 f.
3 Abelshauser (2011), S. 194.
4 Hilpert (2012), S. 55–62, 133–137.
5 Goebel u. a. (2011), S. 6.
6 Bundesregierung (2013 a), S. 297 f.
7 Statistisches Bundesamt, Pressemeldung 280/15 (korrigierte Fassung) vom 12.08. 2015.
8 BMWi-Beirat (2012), S. 7 f.
9 Deutsche Rentenversicherung Bund (2015), S. 124 f.
10 Börsch-Supan u. a. (2010), S. 3 f.; Börsch-Supan u. a. (2013), S. 24.
11 Börsch-Supan u. a. (2010), S. 2.
12 Deutscher Bundestag, 6. Legislaturperiode, 198. Sitzung, 21.09.1972, S. 11 703.
13 Börsch-Supan (2015), S. 17; siehe auch Hilpert (2012), S. 166 ff.
14 Börsch-Supan (2015), S. 16.
15 Z. B. Butterwegge (2006), S. 289 ff.
16 Werding (2013), S. 46 f.
17 Bundeshaushalt 2016, Einzelplan 1102 (ohne Grundsicherung im Alter und Beschäftigte in den Werkstätten für Menschen mit Behinderung). 12,5 Mrd. Euro sind Beitragszahlungen für Kindererziehungszeiten.
18 34 Mrd. Euro. Bundeshaushalt 2016, Einzelplan 14.
19 Werding (2007), Abb. 2 und 3. Die Abschätzung beruht auf den damaligen demografischen Projektionen und gesamtwirtschaftlichen Szenarien, ist aber im Trend weiterhin zutreffend.
20 Rürup (2011), S. 57.
21 Rürup (2011), S. 57 f.
22 Vgl. etwa Joebges u. a. (2012), S. 16.
23 Cremer (i. E.).
24 § 27 a Abs. 4 s. 1 SGB XII.
25 § 82 Abs. 3 SGB XII.
26 § 1 Verordnung zur Durchführung des § 90 Abs. 2 Nr. 9 des SGB XII.
27 Statistisches Bundesamt, Pressemeldung 280/15 v. 12.08.2015 (Korrekturfassung).
28 Paritätischer Gesamtverband (2015), S. 19.
29 Nach § 43, Abs. 3 SGB XII bleibt das Einkommen jedes der Kinder bis 100 000 Euro unberücksichtigt. In aller Regel unterbleibt eine Einkommensüberprüfung der Kinder.
30 I. Becker (2012), S. 126.
31 Dokumentiert in Hauser u. a. (1993), S. 26, 37.
32 I. Becker (2012), S. 137 ff.
33 Grundsicherungsgesetz (GSiG), § 5, 7.
34 Börsch-Supan (2015), S. 19.
35 Loose u. a. (2013), S. 166 f.
36 Börsch-Supan u. a. (2010), S. 6.
37 Beispielsweise Butterwegge (2015 a), S. 83.

38 Vier und mehr Kinder: Wert für 2008. Grabka u. a. (2010), S. 7.

39 Ob dieser Satz wörtlich so gefallen ist, ist strittig. Borchert (2013), S. 42 gibt an, der Nestor der katholischen Soziallehre, Oswald von Nell-Breuning, ein zur Zeit der Reform einflussreicher Berater, habe diesen Satz ihm gegenüber als authentisch bestätigt.

40 Hierzu Werding (2014).

41 Beide Zitate aus dem Urteil BVerfGE 87, 1 vom 7. Juli 1992, inoffiziell als Trümmerfrauenurteil oder Mütterrentenurteil bezeichnet.

42 Werding (2014).

9. Armut macht krank

1 Unter diesem Motto hat der DCV 2012 seine Jahreskampagne durchgeführt. Vgl. http://www.caritas.de/kampagne2012/fakten/fakten.aspx (Zugriff: 09.07.2016).

2 Für ausländische Staatsangehörige gilt die Versicherungspflicht nicht in Gänze, vgl. Deutscher Caritasverband (2012 b), S. 7 ff.

3 § 5 SGB V, § 193 VVG.

4 Lampert u. a. (2014), S. 8 ff.

5 Als Überblick siehe Lampert u. a. (2014).

6 Robert Koch-Institut u. a. (2008), S. 11.

7 Lampert u. a. (2013).

8 Lampert u. a. (2015).

9 Lampert u. a. (2010), S. 10 ff.

10 SOEP-Daten. Berechnet auf Grundlage der Periodensterbetafeln 1995–2005. Lampert u. a. (2014), S. 3.

11 Lampert u. a. (2014), S. 2.

12 Lampert u. a. (2014), S. 4.

13 Statistisches Bundesamt (2012 b), S. 121.

14 Lampert u. a. (2014), S. 7.

15 Huster (2011), S. 9 f.

16 Vgl. etwa Trabert (2011), Butterwegge (2015 b).

17 Auf die auch Trabert selbst hinweist. Trabert (2011), S. 349.

18 http://www.3sat.de/page/?source=/nano/gesellschaft/167764/index.html (Zugriff: 09.07.2016).

19 Rosenbrock u. a. (2014), S. 81, 90; Jordan u. a. (2012).

20 Rosenbrock u. a. (2014), S. 52 ff.

21 Kroll, Lampert (2012).

22 Rosenbrock (2014), S. 181.

23 Bericht der Parlamentarischen Staatssekretärin Fischbach im Bundestagsausschuss für Gesundheit vom 01.07.2015, http://www.bundestag.de/presse/hib/2015_07/-/381116 (Zugriff: 09.07.2016).

24 § 186 Abs. 11 S. 4 SGB V aF, § 256 a SGB V mWv 01.08.2013.

25 Gesetz zur Beseitigung sozialer Überforderung bei Beitragsschulden in der Krankenversicherung.

26 Geregelt ist dies im Asylbewerberleistungsgesetz.

27 Beschluss vom 18.12.2014, Niedersächsischer Landtag, Drucksache 17/2621.

28 Gerdsmeier (2011), S. 185 f.

29 1 BvL 10/10, Rz. 121.

30 Die Mehrkosten kann man überschlägig berechnen und muss dabei berücksich-

tigen, dass auch für die eingeschränkte Versorgung Kosten anfallen (neben dem hohen bürokratischen Aufwand der Einzelfallgenehmigung, der dabei nicht berücksichtigt wurde). 2012 bezogen 130 000 Menschen Grundleistungen nach dem Asylbewerberleistungsgesetz.

10. Bildungsarmut ist (kein) Schicksal

1 IAB (2015), S. 3, Werte für 2013.
2 IAB (2015), S. 6.
3 Hausner u. a. (2015), S. 6.
4 Armutsrisikoquote der Arbeitslosen: 67%, der Niedrigqualifizierten (Stufen 0 bis 2 der internationalen Standardqualifikation im Bildungswesen): 29% (EU-SILC 2014, Statistisches Bundesamt 2016). Zur Klassifikation der Bildungsstufen vgl. Bohlinger (2012), S. 3.
5 Statistisches Bundesamt; WZB (2016), S. 86 f.
6 WZB, IAB (2011).
7 Bundesregierung (2013 a), S. 66 f.; WZB, IAB (2011), S. 226 ff., insb. Abb. 102.
8 R. Becker (2009), S. 566 ff.
9 Goltz u. a. (2008), S. 36 ff.
10 Deutscher Caritasverband (2012); Tamm (2012); Liessem u. a. (2013).
11 Aktualisierung auf der Datengrundlage 2014, vgl. www.caritas.de/bildungschancen.
12 Multivariate Regressionsanalyse, durchgeführt vom Rheinischen Institut für Wirtschaftsforschung, Essen (RWI) auf Grundlage der Kreisdaten von 2009. Vgl. Tamm (2012).
13 Als Näherung für den statistisch nicht erfassten Anteil der Schüler mit Migrationshintergrund.
14 Bei der Bewertung der Schulpolitik auf Kreisebene muss man auch berücksichtigen, ob Förderschulen in hohem Maße Kinder aus Nachbarkreisen aufnehmen.
15 Zum Folgenden Deutscher Caritasverband (2012 a), S. 17 ff.
16 Goltz u. a. (2008), S. 35.
17 Projekt «Lichtblick Hasenbergl» der Katholischen Jugendfürsorge der Erzdiözese München.
18 Hohn u. a. (2013), S. 230, 237. Zu den Kompetenzstufen Naumann u. a. (2010), S. 26 ff.
19 Naumann u. a. (2010), S. 43.
20 Bundesregierung (2013 a), S. 253.
21 BMWi-Beirat (2016), S. 9 ff.
22 Naumann u. a. (2010), S. 43, 46.
23 Hohn u. a. (2013), S. 217 ff.
24 K. Müller u. a. (2013), S. 246, 268.
25 Werte nach PISA 2009. Naumann u. a. (2010), S. 47 f.
26 Bude (2011), S. 18, 21.

11. Menschen am Rande: Chancen auf Arbeit?

1 Rifkin (1995).
2 Beck (2005), S. 36.
3 Beck (2005), S. 34.

4 Abgedruckt in Goettle (2014), S. 81.

5 Streeck (2013). Ich teile allerdings nicht Streecks Sicht, dies sei Ausdruck einer «neoliberalen Revolution» (Streeck 2013, S. 76) und «einer säkularen Implosion des Gesellschaftsvertrags der kapitalistischen Demokratie im Übergang zu einem auf fiskalische Disziplin verpflichteten internationalen Konsolidierungsstaat» (Streeck 2013, S. 164). Zur Auseinandersetzung mit Streeck siehe Plumpe (2014).

6 Zur Auseinandersetzung mit dem Begriff vgl. Solga (2006), S. 121–125.

7 Landmann u. a. (1999), S. 275 ff.

8 Auch die USA haben Arbeitsmarktprobleme, die sich nicht in der offiziellen Arbeitslosenquote niederschlagen, wie unfreiwillige Teilzeitarbeit, vgl. Bureau of Labor Statistics http://www.bls.gov/news.release/empsit.t15.htm (Zugriff 10.07. 2016). Dies gilt aber mehr oder weniger auch für die europäischen Länder.

9 Sen (1999), S. 119.

10 Stiglitz (2012).

11 Zitiert nach Gersemann (2004), S. 152.

12 Bundesagentur für Arbeit (2016), S. 11.

13 Spermann (2014), S. 4 f.; Bundesagentur für Arbeit (2016), S. 23.

14 Bundesagentur für Arbeit (2016), S. 11.

15 Dietz u. a. (2013), S. 232.

16 Spermann (2014), S. 6 ff., 15 ff.

17 § 16 a SGB II.

18 Dietz u. a. (2013), S. 97 ff.

19 Dietz u. a. (2013), S. 108.

20 Kaltenborn u. a. (2012), S. 108.

21 COMPASS (2006) u. a., S. 143.

22 IAB (2011), S. 25 f.

23 Arbeitsgelegenheiten nach § 16 d SGB II.

24 § 16 d SGB II a. F. (gültig bis 31.03.2012).

25 Christoph u. a. (2015), S. 3.

26 Wolff u. a. (2010), S. 15 f. Als Überblick über die Wirkungsforschung vgl. Dietz u. a. (2013), S. 147 ff., 173 ff.

27 Dietz u. a. (2013), S. 183.

28 So der Vorschlag einer Zielgruppenumgrenzung 2006 seitens des Deutschen Caritasverbandes in der Debatte zum sozialen Arbeitsmarkt. Deutscher Caritasverband (2006), S. 2 f.

29 Cremer (2007).

30 Christoph u. a. (2012), Pohlmann (2007), Pohlmann (2010).

31 Deutscher Caritasverband (2015 d).

12. Wie der Sozialstaat sich selbst im Weg steht

1 Hierzu ausführlicher Cremer (2013), S. 26 ff., Cremer (2015 b).

2 Art. 6, Abs. 2 Grundgesetz.

3 Bundesverfassungsgericht, 19. November 2014, 1 BvR 1178/14, Rz. 29, 38.

4 Art. 84, Abs. 1, Satz 7 Grundgesetz.

5 Bundesregierung (2013 b), S. 256.

6 Statistisches Bundesamt, vgl. Bundesregierung (2013 b), S. 480. Vgl. auch Macsenaere (2014), S. 47.

7 Bundesregierung (2013 b), S. 306.
8 Ministerium für Familie, Kinder, Jugend, Kultur und Sport des Landes Nord-rhein-Westfalen (2013).
9 http://www.hzemonitor.akjstat.tu-dortmund.de/5-ausgaben/   (Zugriff: 09.07. 2016).
10 Statistisches Bundesamt (2014 b), S. 33 f.
11 Art. 109, 143 d Grundgesetz.
12 § 41 SGB VIII.
13 Mögling u. a. (2015), S. 6 ff.
14 Dietz u. a. (2013), S. 91 ff. Die Forschungslage ist insgesamt ungenügend.
15 § 22, 4 SGB II.
16 § 13, 2 SGB VIII. Vgl. Grube (2015), Rz. 17, 22.
17 Koalitionsvertrag 2013, Abschnitt 2.1.
18 Deutscher Caritasverband (2015 b).

13. Flüchtlinge: Armut droht, wenn die Integration scheitert

1 Focus Money, Nr. 44 (21.10.2015).
2 Fratzscher u. a. (2015).
3 Sachverständigenrat (2015), S. 241–249.
4 Bundesbauministerin Hendricks; Pressemeldung 09.09.2015.
5 Dabei ist unterstellt, dass in den Folgejahren jährlich 600 000 Menschen, insbe-sondere EU-Bürger und Schutzsuchende, zuwandern. Institut der Deutschen Wirtschaft (2015), S. 11, 14, 16. Wiedergegeben ist hier Szenario 4.
6 Statistisches Bundesamt https://www.destatis.de/DE/ZahlenFakten/Wirtschafts-bereiche/Bauen/Bautaetigkeit/Tabellen/Baufertigstellungen.html   (Zugriff: 10.07.2016).
7 Hierzu ausführlich Deutscher Caritasverband (2015 c).
8 Angabe des Bundesbauministeriums.
9 Art. 143 c, Abs. 3, Satz 2 Grundgesetz.
10 Brücker u. a. (2015 a), S. 8 f.
11 Brücker u. a. (2015 b), S. 4.
12 Worbs u. a. (2016), S. 4.
13 Wößmann (2016), S. 22.
14 Brücker u. a. (2015 b), S. 8; Sachverständigenrat (2015), S. 243 f.
15 Fitzenberger (2008), S. 23.
16 § 45 SGB III.
17 Bundesagentur für Arbeit (2015).
18 BA-Vorstand Becker in Süddeutsche Zeitung, 11.01.2016.
19 Siehe zudem Deutscher Caritasverband (2016 a), Deutscher Caritasverband (2016 b).
20 Deutscher Caritasverband, In Via (2011).
21 Brücker (2015 b), S. 4 f., 9 f.
22 Deutscher Bundestag, Plenarprotokoll 18/121 vom 10.09.2015, S. 11 753.

14. Stückwerk für eine Sozialpolitik der Befähigung

1 BVerfG (2010), Leitsatz 1.
2 Kruip (2007).

3 Vgl. hierzu Sen (1999), S. 13 f., 95 ff., 110–116; Sen (2010), S. 281–288. Zur Einführung in den Ansatz vgl. Neuhäuser (2013), S. 54–80, Kostka (2005).
4 Münch (2015), S. 67.
5 Münch (2015), S. 65.
6 Urban (2004), S. 468.
7 So Schneider, Vorwort, in Schneider (2015), S. 7.
8 Nationale Armutskonferenz (2010), S. 13.
9 Vgl. zum Folgenden den von dem Sozialethiker Gerhard Kruip und mir verfassten Beitrag: Cremer u. a. (2010).
10 Olson (2000), S. 166 ff.
11 Ockenfels (2004), S. 43.
12 Urban (2004), S. 468.
13 Popper (1960/2003), S. 57.
14 Popper spricht vom Sozialingenieur oder Stückwerk-Sozialtechniker.
15 Popper (1960/2003), S. 59.
16 Popper (1960/2003), S. 79.
17 Hierzu Popper (1960/2003), S. 60 f.
18 BMAS (2015), S. 8.
19 Hierzu ausführlich Cremer (i. E.).

15. Es gibt unendlich viel zu tun

1 Schätzung der finanzpolitischen Kommission der Heinrich-Böll-Stiftung (Heinrich-Böll-Stiftung Hg./2014), S. 85–96. Hier nicht berücksichtigt wurde der Vorschlag höherer Energiesteuern. Dagegen wurde für den Mehrertrag aus der Erbschaftssteuer der höhere Wert nach Bach (2015) angesetzt.
2 Sandel (2012), S. 215.
3 Klarstellung durch eine Änderung des Aufenthaltsrechts 2011.
4 Funck u. a. (2015), S. 5, 28 ff.
5 Bohne (2010), S. 256, Vehrkamp (2015).
6 Vehrkamp (2015).
7 Bohne (2010), S. 257 ff.
8 Kosse u. a. (2016).
9 Interview in Die Zeit, 03.03.2016, S. 22 f.
10 Wenzler-Cremer (2016).

Literaturverzeichnis

Das Literaturverzeichnis mit Angabe der Internetquellen der online verfügbaren Literatur (ov) kann unter www.chbeck.de/go/Cremer_Armut abgerufen werden.

Abelshauser, Werner (2011): Deutsche Wirtschaftsgeschichte. Von 1945 bis zur Gegenwart. 2. Aufl., München: C.H.Beck.

Arnold, Michael; Mattes, Anselm; Wagner, Gert. G. (2015): Zur anhaltend prägenden Rolle des Normalarbeitsverhältnisses auf dem deutschen Arbeitsmarkt. DIW Econ GmbH. Expertise für die IG BCE (ov).

Arntz, Melanie u. a. (2007): Arbeitsangebotseffekte und Verteilungswirkungen der Hartz-IV-Reform. IAB Forschungsbericht 10/2007.

Atkinson, Anthony B. (2015): Inequality. What can be done? Cambridge MA & London: Harvard University Press.

Bach, Stefan (2015): Erbschaftssteuer: Firmenprivilegien begrenzen, Steuerbelastungen strecken. In: In: DIW Wochenbericht, 7/2015, S. 111–121 (ov).

Beck, Ulrich (2005): Was zur Wahl steht. Frankfurt a. M.: Suhrkamp.

Becker, Irene (2012): Finanzielle Mindestsicherung und Bedürftigkeit im Alter. In: Zeitschrift für Sozialreform, Heft 2, S. 123–148.

Becker, Irene; Schüssler, Reinhard (2014): Das Grundsicherungsniveau: Ergebnis der Verteilungsentwicklung und normativer Setzungen. Eine Empirische Analyse auf Basis der EVS 2003 und 2008. Arbeitspapier 298. Hans Böckler Stiftung (ov).

Becker, Rolf (2009): Wie können «bildungsferne» Gruppen für ein Hochschulstudium gewonnen werden? In: Kölner Zeitschrift für Soziologie und Sozialpsychologie Jg. 61, H. 4, S. 563–593.

Bertram, Hans (2008): Die Mehrkinderfamilie in Deutschland. Zur demographischen Bedeutung der Familie mit drei und mehr Kindern und zu ihrer ökonomischen Situation. Bundesministerium für Familie, Senioren, Frauen und Jugend (ov).

[BMAS] Bundesministerium für Arbeit und Sozialordnung (2015): Sozialbudget 2014. (ov).

[BMAS] Bundesministerium für Arbeit und Sozialordnung (2016): Armuts- und Reichtumsbericht. Open Data http://www.armuts-und-reichtumsbericht.de/DE/Service/Open-Data/opendata.html (Zugriff: 02.07.2015).

[BMWA] Bundesministerium für Wirtschaft und Arbeit (2005): Vorrang für die Anständigen – Gegen Missbrauch, «Abzocke» und Selbstbedienung im Sozialstaat. Ein Report vom Arbeitsmarkt im Sommer 2005. (ov).

[BMWi-Beirat] Wissenschaftlicher Beirat beim Bundesministerium für Wirtschaft und Technologie (2012) Altersarmut. (ov).

[BMWi-Beirat] Wissenschaftlicher Beirat beim Bundesministerium für Wirtschaft und Technologie (2016): Mehr Transparenz in der Bildungspolitik (ov).

Bohlinger, Sandra (2012): Internationale Standardklassifikation im Bildungswesen. In: BWP Berufsbildung in Wissenschaft und Praxis, 4/2012, S. 16–19.

Bohne, Maik (2010): Nichtwähler in Deutschland – Analyse und Perspektiven. In: Zeitschrift für Politikberatung 2/2010, S. 253–265.

Borchert, Jürgen (2013): Sozialstaatsdämmerung. München: Riemann.

Börsch-Supan, Axel (2015): Lehren aus der Rentenreform seit 1972. In: Wirtschafts-dienst, Heft 13, S. 16–21 (ov).

Börsch-Supan, Axel; Gasche, Martin (2010): Zunehmende Altersarmut in Deutsch-land – Vermeidbar oder unvermeidbar? Mannheim Research Institute for the Eco-nomics of Aging. policy brief 04/2010 (ov).

Börsch-Supan, Axel; Gasche, Martin; Lamla, Bettina (2013): Anmerkungen zur Diskussion über Altersarmut. In: Aus Politik und Zeitgeschichte 4–5/2013, S. 23–29.

Braun, Hans (1989): Helmut Schelskys Konzept der «nivellierten Mittelstandsgesell-schaft» und die Bundesrepublik der 50er Jahre. In: Archiv für Sozialgeschichte, Band 29, S. 199–223.

Braun, Hans (2015): Wege aus der Katastrophe. Die ersten Jahre Nachkriegsdeutsch-lands. In: Die Neue Ordnung, 2/2015, S. 97–108.

Brücker, Herbert; Hauptmann, Andreas; Trübswetter, Parvati (2015a): Asyl- und Flüchtlingsmigration in die EU und nach Deutschland, IAB Aktuelle Berichte 8/2015 (ov).

Brücker, Herbert; Hauptmann, Andreas; Vallizadeh, Ehsan (2015b): Flüchtlinge und andere Migranten am deutschen Arbeitsmarkt: Der Stand im September 2015. IAB Aktuelle Berichte 14/2015 (ov).

Bude, Heinz (2011): Bildungspanik. Was unsere Gesellschaft spaltet. München: Carl Hanser.

Bude, Heinz (2014): Gesellschaft der Angst. Hamburg: Hamburger Edition.

Bundesagentur für Arbeit (2014a): Arbeitslosigkeit im Zeitverlauf. August 2014. Nürnberg.

Bundesagentur für Arbeit (2014b): Arbeitsmarkt in Zahlen. Erwerbstätige Arbeits-losengeld II-Bezieher. September 2014. Nürnberg.

Bundesagentur für Arbeit (2015): «Praktika» und betriebliche Tätigkeiten für Asyl-bewerber und geduldete Personen. Stand Dezember 2015 (ov).

Bundesagentur für Arbeit (2016): Die Arbeitsmarktsituation von langzeitarbeitslosen Menschen 2015. Nürnberg (ov).

[BVerfG] Bundesverfassungsgericht (2010): Urteil vom 9. Februar 2010, 1 BvL 1/09 (ov).

[BVerfG] Bundesverfassungsgericht (2014): Beschluss vom 23. Juli 2014, 1 BvL 10/12 (ov).

Bundesrat (2004): Gesetz zur optionalen Trägerschaft von Kommunen nach dem Zweiten Buch Sozialgesetzbuch (Kommunales Optionsgesetz) Anrufung des Ver-mittlungsausschusses. Deutscher Bundestag, Drucksache 15/3161 (ov).

Bundesregierung (1986): Antwort der Bundesregierung auf die Großen Anfragen der Fraktion DIE GRÜNEN – Armut und Sozialhilfe in der Bundesrepublik Deutsch-land. Deutscher Bundestag, Drucksache 10/6055 (ov).

Bundesregierung (2001): Lebenslagen in Deutschland. Erster Armuts- und Reichtumsbericht. Deutscher Bundestag, Drucksache 14/5990 (ov).

Bundesregierung (2005): Lebenslagen in Deutschland. Zweiter Armuts- und Reichtumsbericht der Bundesregierung. Deutscher Bundestag, Drucksache 15/5015 (ov).

Bundesregierung (2008a): Lebenslagen in Deutschland. Dritter Armuts- und Reichtumsbericht der Bundesregierung. Deutscher Bundestag, Drucksache 16/9915 (ov).

Bundesregierung (2008b): Bericht über die Höhe des Existenzminimums von Erwachsenen und Kindern für das Jahr 2010 (Siebenter Existenzminimumbericht). Deutscher Bundestag, Drucksache 16/11065 (ov).

Bundesregierung (2013a): Lebenslagen in Deutschland. Vierter Armuts- und Reichtumsbericht der Bundesregierung. Deutscher Bundestag, Drucksache 17/12650 (ov).

Bundesregierung (2013b): Bericht über die Lebenssituation junger Menschen und die Leistungen der Kinder- und Jugendhilfe in Deutschland – 14. Kinder und Jugendbericht. Deutscher Bundestag, Drucksache 17/12200 (ov).

Burkhardt, Christoph u.a. (2013): Mittelschicht unter Druck? Gütersloh: Verlag Bertelsmann Stiftung.

Butterwegge, Christoph (2006): Krise und Zukunft des Sozialstaats. 3. Aufl., Wiesbaden: VS Verlag.

Butterwegge, Christoph (2012): Armut in einem reichen Land. Wie das Problem verharmlost und verdrängt wird. 3. Aufl. Frankfurt a. M.: Campus.

Butterwegge, Christoph (2015a): Armut – sozialpolitischer Kampfbegriff oder ideologisches Minenfeld? Verdrängungsmechanismen, Beschönigungsversuche, Entsorgungstechniken. In: Schneider, Ulrich (Hg.): Kampf um die Armut. Von echten Nöten und neoliberalen Mythen. Frankfurt a. M.: Westend, S. 51–83.

Butterwegge, Christoph (2015b): Armut und Gesundheit in der Hartz-IV-Gesellschaft. In: Sozialmagazin 7–8/2015, S. 6–13.

Christoph, Bernhard u.a. (2015): Mehr soziale Teilhabe durch geförderte Beschäftigung? IAB-Kurzbericht 3/2015 (ov).

Christoph, Bernhard; Hoymeyer, Katrin (2012): Ein-Euro-Jobs aus Sicht der Betroffenen: Zur Binnenwahrnehmung eines kontroversen Instruments. In: Sozialer Fortschritt 6/2012, S. 118–126.

COMPASS Gesellschaft für Informationsmanagement und Projektentwicklung u.a. (2006): Evaluation der Maßnahmen zur Umsetzung der Vorschläge der Hartz-Kommission–Arbeitspaket 1: Wirksamkeit der Instrumente, Modul 1c: Arbeitsbeschaffungsmaßnahmen – Endbericht. Berlin u.a. (ov).

Corneo, Giacomo (2015): Kreuz und quer durch die deutsche Einkommensverteilung. In: Perspektiven der Wirtschaftspolitik, 16 (2), S. 109–126.

Cremer, Georg (2007): «Sozialer Arbeitsmarkt»: Sinnvoll bei enger Zielgruppendefinition. In: ifo Schnelldienst, Nr. 10/2007, 27–32.

Cremer, Georg (2013): Was hilft gegen Armut? Ein Essay. Berlin: Deutscher Verein für öffentliche und private Fürsorge.

Cremer, Georg (2015a): Die tief zerklüftete Republik. Warum irreführende Armutspolemik niemanden weiterbringt. In: Frankfurter Allgemeine Zeitung, Die Gegenwart, 27.04.2015, S. 6.

Cremer, Georg (2015b): Kinder und Jugendliche am Rande der Gesellschaft: Können unsere Hilfesysteme wirksamer werden? In: Fazekas, Réka (Hg./2015): 25 Jahre

SGB VIII. Paradigmenwechsel und Dauerbaustelle. Berlin: Verlag des Deutschen Vereins, S. 59–76.

Cremer, Georg (i. E.): Ethische Verantwortung im sozialpolitischen Lobbying. In: Böllert, Karin; Karic, Senka (Hg.): Soziale Arbeit und Ethik. Theoretische und praktische Verortungen. Wiesbaden: Springer VS.

Cremer, Georg; Goldschmidt, Nils; Höfer, Sven (2013): Soziale Dienstleistungen. Ökonomie, Recht, Politik. Tübingen: Mohr Siebeck/UTB.

Cremer, Georg; Kruip, Gerhard (2009): Reich der Freiheit oder Hartz IV für alle? Sozialethische und ökonomische Überlegungen zum bedingungslosen Grundeinkommen. In: Stimmen der Zeit, 6/2009, S. 415–425.

Cremer, Georg; Kruip, Gerhard (2010): Solidarität fördern – zur Eigenverantwortung ermutigen. Für eine Sozialpolitik der Befähigung. In: Stimmen der Zeit, 10/2010, S. 699–711.

Deckl, Silvia (2013): Armut und soziale Ausgrenzung in Deutschland und der Europäischen Union. Ergebnisse aus LEBEN IN EUROPA (EU-SILC) 2012. Wirtschaft und Statistik, S. 893–906.

Deutsche Rentenversicherung Bund (2015): Rentenversicherung in Zeitreihen. DRV-Schriften Band 22. Berlin: DRV Bund (ov).

Deutscher Caritasverband (2006): Stellungnahme des Deutschen Caritasverbandes zur Anhörung der «AG Arbeitsmarkt» zum Thema «dritter Arbeitsmarkt». Berlin. 18. Oktober.

Deutscher Caritasverband (2012a): Was wirklich zählt. Studie zu Bildungschancen. Neue Caritas Spezial 1/2012 (ov).

Deutscher Caritasverband (2012b): Orientierungshilfe für die Beraterinnen und Berater im Deutschen Caritasverband und seinen Fachverbänden zum Krankenversicherungsschutz für Personen ohne ausreichende Absicherung im Krankheitsfall (ov).

Deutscher Caritasverband (2014): Souveränität von Familien mit geringem Einkommen stärken. Position des Deutschen Caritasverbandes zu einer einkommensabhängigen Kindergrundsicherung. In: Neue Caritas 22/2014, S. I–XI (ov).

Deutscher Caritasverband (2015a): Position des Deutschen Caritasverbandes zur Bemessung der Regelbedarfe von Erwachsenen und Kindern (ov).

Deutscher Caritasverband (2015b): Berufliche Integration junger Menschen verbessern – Schnittstellenproblematik der Sozialgesetzbücher II, III, VIII und XII (ov).

Deutscher Caritasverband (2015c): Position zur Erhöhung des Wohnungsangebots auf angespannten Wohnungsmärkten für Menschen mit geringem Einkommen (ov).

Deutscher Caritasverband (2015d): Arbeitsgelegenheiten weiterentwickeln. In: Neue Caritas 7/2015, S. 37 f.

Deutscher Caritasverband (2016a): Integration von Flüchtlingen in Ausbildung und Arbeit optimieren (ov).

Deutscher Caritasverband (2016b): Herausforderungen der Flüchtlingsfrage für die Sozialpolitik in Deutschland (ov).

Deutscher Caritasverband, IN VIA (2011): CariVia-Qualifizierungsprojekt. Benachteiligte junge Menschen in der Altenhilfe. Neue Caritas Spezial 2/2011.

Dietz, Martin; Kupka, Peter; Lobato, Philipp R. (2013): Acht Jahre Grundsicherung für Arbeitsuchende. Strukturen – Prozesse – Wirkungen. IAB Bibliothek 347. Bielefeld: Bertelsmann.

Dörre, Klaus (2015): Unterklassen. Plädoyer für die analytische Verwendung eines zwiespältigen Begriffs. In: Bundeszentrale für politische Bildung (Hg.): Oben – Mitte – Unten. Zur Vermessung der Gesellschaft. Bonn: BPB, S. 218–231.

Dustmann, Christian u. a. (2014 a): Vom kranken Mann Europas zum ökonomischen Superstar: Die Verbesserung der wirtschaftlichen Situation in Deutschland und die Lehren für Europa. In: Ökonomenstimme (ov).

Dustmann, Christian u. a. (2014 b): From Sick Man of Europe to Economic Superstar: Germany's Resurgent Economy. In: Journal of Economic Perspectives, 28 (1), S. 167–188 (ov).

Emunds, Bernhard (2007). Arbeitsmarkt und Mindestsicherung. In: Dabrowski, Martin; Wolf, Judith (Hg.): Aufgaben und Grenzen des Sozialstaates. Paderborn: Schöningh, S. 151–179.

[EU-SILC] European Commission. Eurostat. (2016) Income and Living Conditions http://ec.europa.eu/eurostat/web/income-and-living-conditions/data/database (Zugriff: 02.07.2016).

Feil, Michael; Wiemers, Jürgen (2008): Höheres ALG II und Kindergrundsicherung: Teure Vorschläge mit erheblichen Nebenwirkungen. IAB-Kurzbericht 11/2008 (ov).

Fitzenberger, Bernd (2008): Anmerkungen zur Mindestlohndebatte: Elastizitäten, Strukturparameter und Topfschlagen. In: ifo Schnelldienst, 11/2008, S. 21–28 (ov).

Fitzenberger, Bernd (2012): Expertise zur Entwicklung der Lohnungleichheit in Deutschland. Sachverständigenrat zur Begutachtung der gesamtwirtschaftlichen Entwicklung. Arbeitspapier 04/2012, November 2012 (ov).

Fratzscher, Marcel (2016): Verteilungskampf. Warum Deutschland immer ungleicher wird. München: Hanser.

Fratzscher, Marcel; Junker, Simon (2015): Integration von Flüchtlingen – eine langfristig lohnende Investition. In: DIW Wochenbericht, S. 1083–1088 (ov).

Funck, Barbara J.; Karakaşoğlu, Yasemin; Vogel Dita (2015): «Es darf nicht an den Papieren scheitern». Theorie und Praxis der Einschulung von papierlosen Kindern in Grundschulen. [Studie der Universität Bremen] Frankfurt: GEW.

Gerdsmeier, Katrin (2011): Gesundheitsversorgung statusloser Ausländer. In: Barwig, Klaus u. a. (Hg.): Hohenheimer Tage zum Ausländerrecht 2010. Baden-Baden: Nomos, S. 163–186.

Gersemann, Olaf (2003): Amerikanische Verhältnisse. Die falsche Angst der Deutschen vor dem Cowboy-Kapitalismus. München: Finanzbuchverlag.

Goebel, Jan; Gornig, Martin; Häußermann, Hartmut (2010): Polarisierung der Einkommen: Die Mittelschicht verliert. In: DIW Wochenbericht 24/2010, S. 2–8 (ov).

Goebel, Jan; Grabka, Markus M. (2011): Zur Entwicklung der Altersarmut in Deutschland. In: DIW Wochenbericht 25/2011, S. 3–16 (ov).

Goebel, Jan; Grabka, Markus M.; Schröder, Carsten (2015): Einkommensungleichheit in Deutschland bleibt weiterhin hoch (Korrigierte Version). In: DIW Wochenbericht 25/2015, S. 571–585 (ov).

Goecke, Henry; Niehues, Judith (2014): Verteilungswirkungen der Agenda 2010. Eine Mikrosimulationsanalyse der Hartz-IV-Reformen. Köln: Institut der Deutschen Wirtschaft (ov).

Goettle, Gabriele (2014): Haupt- und Nebenwirkungen. Zur Katastrophe des Ge-
sundheits- und Sozialsystems. München: Kunstmann.

Goldschmidt, Nils; Lenger, Alexander (2011): Teilhabe und Befähigung als Schlüssel-
elemente einer modernen Ordnungsethik. In: Zeitschrift für Wirtschafts- und
Unternehmensethik, 12/2, S. 295–313.

Goltz, Marianne; Christe, Gerhard; Bohlen, Elise (2008): Chancen für Jugendliche
ohne Berufsausbildung. Freiburg: Lambertus.

Grabka, Markus; Frick, Joachim (2008): Schrumpfende Mittelschicht – Anzeichen
einer dauerhaften Polarisierung der verfügbaren Einkommen? In: DIW Wochenbericht 10/2008, S. 101–108 (ov).

Grabka, Markus; Frick, Joachim (2010): Weiterhin hohes Armutsrisiko in Deutschland: Kinder und junge Erwachsene sind besonders betroffen. In: DIW Wochenbericht 7/2010, S. 2–11 (ov).

Grabka, Markus; Goebel, Jan; Schupp, Jürgen (2012): Höhepunkt der Einkommensungleichheit in Deutschland überschritten? DIW Wochenbericht 43/2012, S. 3–15
(ov).

Grabka, Markus u.a. (2016): Schrumpfender Anteil an BezieherInnen mittlerer Einkommen in den USA und Deutschland. DIW Wochenbericht 18/2016, S. 391–402
(ov).

Grube, Christian (2015): § 13, in: Hauck, Karl; Noftz, Wolfgang (2015): Sozialgesetzbuch SGB VIII. Kinder- und Jugendhilfe. Kommentar, Berlin: Erich Schmidt
Verlag.

Hartmann, Helmut (1981): Sozialhilfebedürftigkeit und «Dunkelziffer der Armut».
Schriftenreihe des Bundesministers für Jugend, Familie und Gesundheit. Band 98:
Stuttgart. Kohlhammer.

Hartmann, Helmut (2013): Hartz IV: Jobwunder oder Armut per Gesetz? Eine Bilanz. Berlin: Deutscher Verein für öffentliche und private Fürsorge.

Hauser, Richard (2009): Neue Armut im Alter. In: Wirtschaftsdienst, Heft 4, S. 248–
256.

Hauser, Richard (2012 a): Das Maß der Armut: Armutsgrenzen im sozialstaatlichen
Kontext – Der sozialstatistische Diskurs. In: Huster, Ernst-Ulrich; Boeckh, Jürgen;
Mogge-Grotjahn, Hildegard (Hg.): Handbuch Armut und Soziale Ausgrenzung.
2. Aufl., Wiesbaden: Springer VS, S. 122–146.

Hauser, Richard (2012 b): Überwindung von Armut und sozialer Ausgrenzung – eine
Illusion? In: Huster, Ernst-Ulrich; Boeckh, Jürgen; Mogge-Grotjahn, Hildegard
(Hg.): Handbuch Armut und Soziale Ausgrenzung. 2. Aufl., Wiesbaden: Springer
VS, S. 607–623.

Hauser, Richard; Hübinger, Werner (1993): Arme unter uns. Teil 1. Ergebnisse und
Konsequenzen der Caritas-Armutsuntersuchung. Hg. vom Deutschen Caritasverband. Freiburg: Lambertus.

Hauser, Richard; Neumann, Udo (1992): Armut in der Bundesrepublik Deutschland. Die sozialwissenschaftliche Thematisierung nach dem Zweiten Weltkrieg.
In: Leibfried, Stephan; Voges, Wolfgang: Armut im modernen Wohlfahrtsstaat.
Sonderheft 32. Kölner Zeitschrift für Soziologie und Sozialpsychologie, S. 237–
271.

Hausner, Karl-Heinz u.a. (2015): Qualifikation und Arbeitsmarkt. Bessere Chancen
mit mehr Bildung. IAB-Kurzbericht 11/2015 (ov).

Heinrich-Böll-Stiftung (Hg./2014): Nachhaltig aus der Schuldenkrise – für eine finanzpolitische Zeitenwende. Bericht der finanzpolitischen Kommission der Heinrich-Böll-Stiftung, Berlin.

Hilpert, Dagmar (2012): Wohlfahrtsstaat der Mittelschichten? Sozialpolitik und gesellschaftlicher Wandel in der Bundesrepublik Deutschland (1949–1975). Göttingen: Vandenhoeck & Ruprecht.

Hohn, Katharina u. a. (2013): Lesekompetenz in PISA 2012: Veränderungen und Perspektiven. In: Prenzel, Manfred u. a. (Hg.): PISA 2012. Fortschritte und Herausforderungen in Deutschland. Münster: Waxmann, S. 217–244.

Hübinger, Werner (1996): Prekärer Wohlstand. Neue Befunde zu Armut und sozialer Ungleichheit. Freiburg: Lambertus.

Huster, Stefan (2011): Soziale Gesundheitsgerechtigkeit. Sparen, umverteilen, vorsorgen? Berlin: Wagenbach.

Hüther, Michael (2014): Einkommensarmut in Deutschland aus regionaler Sicht. Statement. Pressekonferenz 24.08.2014. Institut der Deutschen Wirtschaft (ov).

[IAB] Institut für Arbeitsmarkt- und Berufsforschung (2011): Sachstandsbericht der Evaluation der Instrumente. 2. Februar 2011 (ov).

[IAB] Institut für Arbeitsmarkt- und Berufsforschung (2013): Mikroanalytische Untersuchung zur Abgrenzung und Struktur von Referenzgruppen für die Ermittlung von Regelbedarfen auf Basis der Einkommens- und Verbrauchsstichprobe 2008. Simulationsrechnungen für das Bundesministerium für Arbeit und Soziales. Endbericht. 17. Juni 2013 (ov).

[IAB] Institut für Arbeitsmarkt- und Berufsforschung (2015): Qualifikationsspezifische Arbeitslosenquoten. Aktuelle Daten und Informationen. 16. Juni 2015 (ov).

[IAW/Universität Tübingen] Institut für Angewandte Wirtschaftsforschung e. V. (IAW); Universität Tübingen, Wirtschafts- und Sozialwirtschaftliche Fakultät (2011): Aktualisierung der Berichterstattung über die Verteilung von Einkommen und Vermögen in Deutschland. Endbericht an das Bundesministerium für Arbeit und Soziales. Tübingen (ov).

Institut der Deutschen Wirtschaft (2010): Acht Minuten für zehn Eier. iwd Informationsdienst 20/2010, S. 2.

Institut der Deutschen Wirtschaft (2014): Einkommensarmut in Deutschland aus regionaler Sicht. Materialien. Pressekonferenz 24.08.2014 (ov).

Institut der Deutschen Wirtschaft (2015): Auswirkungen der erhöhten Zuwanderung auf demographische Prognosen und die Folgen für den Wohnraumbedarf in Deutschland (ov).

[ISG] ISG Institut für Sozialforschung und Gesellschaftspolitik (2011): Überprüfung der These einer «schrumpfenden Mittelschicht» in Deutschland. Forschungsprojekt (Armuts- und Reichtumsberichterstattung der Bundesregierung). Bonn: BMAS (ov).

Joebges, Heike u. a. (2012): Auf dem Weg in die Altersarmut – Bilanz der Einführung der kapitalgedeckten Riester-Rente. IMK Report, No. 73 (ov).

Jordan, Susanne; von der Lippe, Elena (2012): Angebote der Prävention – Wer nimmt teil? GBE kompakt 3/2012. Berlin: RKI (ov).

Kaltenborn, Bruno; Kaps, Petra (2012): Einbeziehung der kommunalen Leistungen in die Zielsteuerung des SGB II, Bericht an das Bundesministerium für Arbeit und Soziales, BMAS Forschungsbericht 434 (ov).

Koch, Susanne; Kupka, Peter; Steinke, Joß (2009): Aktivierung, Erwerbstätigkeit und Teilhabe. Vier Jahre Grundsicherung für Arbeitsuchende. IAB Bibliothek 315. Bielefeld: Bertelsmann.

Kosse, Fabian u. a. (2016): The Formation of Prosociality: Causal Evidence on the Role of Social Environment. Discussion Paper No. 9861. Bonn: Institut Zukunft der Arbeit (ov).

Kostka, Ulrike (2005): Jeder Mensch hat Talente, er muss sie nur entfalten können. In: Neue Caritas 21/2005, S. 16–20.

Krämer, Walter (2000): Armut in der Bundesrepublik. Zur Theorie und Praxis eines überforderten Begriffs. Frankfurt a. M.: Campus.

Kroll, Lars E.; Lampert, Thomas (2012): Arbeitslosigkeit, prekäre Beschäftigung und Gesundheit. GBE kompakt 1/2012. Berlin: RKI (ov).

Kruip, Gerhard (2007): Wirklich gerecht sind nur Gerechtigkeiten. In: Deutscher Caritasverband (Hg.): Caritas Jahrbuch 2008, Freiburg 2007, S. 30–66.

Lampert, Heinz; Althammer, Jörg (2004): Lehrbuch der Sozialpolitik. 7. Aufl., Berlin u. a.: Springer.

Lampert, Thomas; Hagen, Christine, Heizmann; Boris (2010): Gesundheitliche Ungleichheit bei Kindern und Jugendlichen in Deutschland. Beiträge zur Gesundheitsberichterstattung des Bundes. Robert Koch Institut, Berlin (ov).

Lampert, Thomas; Kuntz, Benjamin (2015): Gesund aufwachsen – Welche Bedeutung kommt dem sozialen Status zu? Berlin. GBE kompakt 1/2015. Berlin: RKI (ov).

Lampert, Thomas u. a. (2013): Sozioökonomischer Status und Gesundheit. Ergebnisse der Studie zur Gesundheit Erwachsener in Deutschland (GEGS1), in: Bundesgesundheitsblatt 5–6/2013, S. 814–821.

Lampert, Thomas; Kroll, Lars E. (2014) Soziale Unterschiede in der Mortalität und Lebenserwartung. GBE kompakt 2/2014. Berlin: RKI (ov).

Landmann, Oliver; Jerger, Jürgen (1999): Beschäftigungstheorie. Berlin, Heidelberg u. a.: Springer.

Lengfeld, Holger; Hirschle, Jochen (2009): Die Angst der Mittelschicht vor dem sozialen Abstieg. Eine Längsschnittanalyse 1984–2007. In: Zeitschrift für Soziologie, Jg. 38, Heft 5, S. 379–398 (ov).

Lenze, Anne (2014): Alleinerziehende unter Druck. Rechtliche Rahmenbedingungen, finanzielle Lage und Reformbedarf. Gütersloh: Bertelsmann Stiftung.

Liessem, Verena; Tamm, Marcus (2013): Regionale Disparitäten im Schulabgang ohne Hauptschulabschluss. Manuskript.

Loose, Brigitte L.; Thiede, Reinhold (2013): Trägt die Riester-Rente zur Vermeidung von Altersarmut bei? In: Vogel, Claudia; Motel-Klingebiel, Andreas (Hg.): Altern im sozialen Wandel: Die Rückkehr der Altersarmut? Wiesbaden: Springer VS, S. 161–174.

Macsenaere, Michael (2014): Jugendliche in Hilfen in Erziehung. Ein empirischer Überblick. In: Sozialmagazin Heft 9/10, S. 46–51.

Marshall, Alfred (1890/1905): Handbuch der Volkswirtschaftslehre. Erster Band. [Principles of Economics 1890] Stuttgart: Cotta'sche Buchh. Nachf.

Martenstein, Harald (2015): Über Armutsforschung und Nesthocker. Zeitmagazin 20/2015, S. 8 (ov).

Middendorff, Elke u. a. (2013): Die wirtschaftliche und soziale Lage der Studierenden in Deutschland 2012. 20. Sozialerhebung des Deutschen Studentenwerks. Berlin: Bundesministerium für Bildung und Forschung (ov).

Ministerium für Familie, Kinder, Jugend, Kultur und Sport des Landes Nordrhein-Westfalen (2013): Neue Wege – Familienzentren in Nordrhein-Westfalen. Eine Handreichung für die Praxis, Düsseldorf (ov).

Mögling, Tatjana; Tillmann, Frank; Reißig, Birgit (2015): Entkoppelt vom System. Jugendliche am Übergang ins junge Erwachsenenalter und Herausforderungen für Jugendhilfestrukturen. Eine Studie des Deutschen Jugendinstituts im Auftrag der Vodafone-Stiftung Deutschland (ov).

Möller, Joachim (2016): Lohnungleichheit – Gibt es eine Trendwende? IAB-Diskussion Paper 9/2016. Nürnberg (ov).

Möller, Joachim u. a. (2009): Fünf Jahre SGB II: Eine IAB-Bilanz. Der Arbeitsmarkt hat profitiert. IAB-Kurzbericht 29/2009 (ov).

Müller, Katharina; Ehmke, Timo (2013): Soziale Herkunft als Bedingung der Kompetenzentwicklung. In: Prenzel, Manfred u. a. (Hg.): PISA 2012. Fortschritte und Herausforderungen in Deutschland. Münster: Waxmann, S. 245–272.

Münch, Richard (2015): Mehr Bildung, größere Ungleichheit. Ein Dilemma der Aktivierungspolitik. In: Mau, Steffen; Schöneck, Nadine M. (Hg.): (Un-)Gerechte (Un-)Gleichheiten. Berlin: Suhrkamp, S. 65–73.

Nachtwey, Oliver (2016): Die Abstiegsgesellschaft. Über das Aufbegehren in der regressiven Moderne. Frankfurt: Suhrkamp.

Nationale Armutskonferenz (2010): Armut und Ausgrenzung überwinden – in Gerechtigkeit investieren. Berlin: NAK.

Naumann, Johannes u. a. (2010): Lesekompetenz von PISA 2000 bis PISA 2009. In: Klieme, Eckhard u. a. (Hg.): PISA 2009. Bilanz nach einem Jahrzehnt. Münster: Waxmann, S. 23–71.

Neuhäuser, Christian (2013): Amartya Sen zur Einführung. Hamburg: Junius.

Niehues, Judith (2014): Subjektive Ungleichheitswahrnehmung und Umverteilungspräferenzen – ein internationaler Vergleich. In: IW-Trends – Vierteljahresschrift zur empirischen Wirtschaftsforschung 2/2014, S. 1–17 (ov).

Niehues, Judith (2015): Die Mittelschicht – Stabiler als gedacht. In: Bundeszentrale für politische Bildung (Hg.): Oben – Mitte – Unten. Zur Vermessung der Gesellschaft. Bonn: BPB, S. 139–150.

Niehues, Judith (2016 a): Verunsicherte Milieus – eine Mittelschicht in Abstiegsangst. In: Bürger im Staat 2–3/2016, S. 143–149.

Niehues, Judith (2016 b): Ungleichheit: Wahrnehmung und Wirklichkeit – ein internationaler Vergleich. Wirtschaftsdienst. Sonderheft, S. 13–18.

Niehues, Judith, Schaefer, Thilo; Schröder, Christoph (2013): Arm und Reich in Deutschland: Wo bleibt die Mitte? Definition, Mythen und Fakten. IW Analysen Nr. 89. Köln: Institut der Deutschen Wirtschaft.

Niehues, Judith; Schröder, Christoph (2012): Integrierte Einkommens- und Vermögensbetrachtung. In: IW-Trends – Vierteljahresschrift zur empirischen Wirtschaftsforschung 1/2012, S. 1–17.

Nolte, Paul; Hilpert, Dagmar (2007): Wandel und Selbstbehauptung. Die gesellschaftliche Mitte in historischer Perspektive. In: Herbert-Quandt-Stiftung (Hg.): Zwischen Erosion und Erneuerung. Die gesellschaftliche Mitte in Deutschland. Frankfurt a. M.: Societäts-Verlag, S. 11–101.

Nussbaum, Martha C. (2010): Die Grenzen der Gerechtigkeit. Behinderung, Nationalität und Spezieszugehörigkeit, Berlin: Suhrkamp.

Ockenfels, Wolfgang (2004): Marktwirtschaft zwischen Solidarität und Subsidiarität. In: Goldschmidt, Nils; Wohlgemuth, Michael (Hg.): Die Zukunft der Sozialen Marktwirtschaft. Tübingen: Mohr Siebeck. S. 41–51.
Olson, Mancur (2000): Macht und Wohlstand. Kommunistischen und kapitalistischen Diktaturen entwachsen. Tübingen: Mohr Siebeck.

Paritätischer Gesamtverband (2014): 10 Thesen zu 10 Jahren Hartz IV (ov).
Paritätischer Gesamtverband (2015): Die zerklüftete Republik. Bericht zur regionalen Armutsentwicklung in Deutschland 2014. Berlin (ov).
Paritätischer Gesamtverband (2016): Zeit zu handeln. Bericht zur Armutsentwicklung in Deutschland 2016. Berlin (ov).
Plumpe, Werner (2014): Die Überdehnung des Staates und die Abhängigkeit von den Finanzmärkten. In: Zeitschrift für moderne europäische Geschichte 12 (1), S. 44–52.
Pohlmann, Markus (2007): Trotz Job kaum Chance auf eine Arbeit. In: Neue Caritas 16/2007, S. 23–25.
Pohlmann, Markus (2010): Die Job-Perspektive der Caritas hilft wieder auf die Beine. In: Neue Caritas 2/2010, S. 22–28.
Popper, Karl (1960/2003): Das Elend des Historizismus. 7. Aufl. Tübingen: Mohr-Siebeck.
Prantl, Heribert (2009): Vorwort. In: Friedrichs, Julia; Müller, Eva; Baumholt, Boris: Deutschland dritter Klasse. Leben in der Unterschicht. Hamburg: Hoffmann und Campe.

Rat der Europäischen Gemeinschaften (1985): Beschluss des Rates vom 19. Dezember 1984 über gezielte Maßnahmen zur Bekämpfung der Armut auf Gemeinschaftsebene (85/8/EWG). In: Amtsblatt der Europäischen Gemeinschaften., Nr. L 2/24 (ov).
Ravallion, Martin; Chen, Shaohua; Sangraula, Prem (2009): Dollar a Day Revisted. In: The World Bank Economic Review, 23 (2), S. 163–184.
Rifkin, Jeremy (1995): The End of Work. The Decline of the Global Labor Force and the Dawn of the Post-Market-Ara. New York: G. P. Putnam's Sons.
Robert Koch-Institut; Bundeszentrale für gesundheitliche Aufklärung (Hg./2008): Erkennen – Bewerten – Handeln: Zur Gesundheit von Kindern und Jugendlichen in Deutschland. Berlin: RKI (ov).
Rosenbrock, Rolf (2014): Prävention in Lebenswelten – Herleitung und Umrisse des Setting-Ansatzes. In: Henke, R.; Scriba, P. C.; Zepp, F. (Hg.): Prävention. Wirksamkeit und Stellenwert in der Gesundheitsversorgung. Köln: Deutscher Ärzte-Verlag, S. 179–187.
Rosenbrock, Rolf; Gerlinger, Thomas (2014): Gesundheitspolitik. Eine systematische Einführung. 3. Aufl., Bern: Huber.
Rürup, Bert (2011) : «Rente mit 67»: die überschätzte wie unterschätzte Reform. In: Vierteljahrshefte zur Wirtschaftsforschung, 2/2011, S. 53–60 (ov).

Sachverständigenrat zur Begutachtung der gesamtwirtschaftlichen Entwicklung (2004): Erfolge im Ausland – Herausforderungen im Inland. Jahresgutachten 2004/05 (ov).

Sachverständigenrat zur Begutachtung der gesamtwirtschaftlichen Entwicklung (2015): Zukunftsfähigkeit in den Mittelpunkt. Jahresgutachten 2015/16 (ov).

Sandel, Michael J. (2012): Was man für Geld nicht kaufen kann. Die moralischen Grenzen des Marktes. Berlin: Ullstein.

Schelsky, Helmut (1953/1979): Die Bedeutung des Schichtungsbegriffs für die Analyse der gegenwärtigen deutschen Gesellschaft (1953). In: Ders. (1979): Auf der Suche nach Wirklichkeit. Gesammelte Aufsätze zur Soziologie der Bundesrepublik. München: Goldmann, S. 326 – 332.

Schmoller, Gustav (1870): Zur Geschichte der deutschen Kleingewerbe im 19. Jahrhundert. Statistische und nationalökonomische Untersuchungen. Halle: Verlag der Buchhandlung des Waisenhauses (ov).

Schneider, Ulrich (2010): Armes Deutschland. Neue Perspektiven für einen anderen Wohlstand. Frankfurt a. M.: Westend.

Schneider, Ulrich (Hg./2015): Kampf um die Armut. Von echten Nöten und neoliberalen Mythen. Frankfurt a. M.: Westend.

Schöneck, Nadine M.; Mau, Steffen; Schupp, Jürgen (2011): Gefühlte Unsicherheit – Deprivationsängste und Abstiegssorgen der Bevölkerung in Deutschland. SOEPpapers on Multidisciplinary Data Research Nr. 428. DIW Berlin (ov).

Schröder, Christoph (2010): Wohlstand in Deutschland. IW Dossier 3. Mai 2010 (ov).

Schröder, Gerhard (2003): Abgabe einer Erklärung durch den Bundeskanzler. Mut zum Frieden und Mut zur Veränderung. Deutscher Bundestag. Stenografischer Bericht. 32. Sitzung. 14.03.2003 (ov).

Sen, Amartya (1983): Poor, Relatively Speaking. In: Oxford Economic Papers, Vol. 35, S. 153–169.

Sen, Amartya (1999):Ökonomie für den Menschen. München: Carl Hanser.

Sen, Amartya (2010): Die Idee der Gerechtigkeit. München: C.H.Beck.

Sinn, Hans-Werner (2003): Ist Deutschland noch zu retten? München: Econ.

Sinn, Hans-Werner u. a. (2002): Aktivierende Sozialhilfe: ein Weg zu mehr Beschäftigung und Wachstum. In: ifo Schnelldienst, Jg. 55, H. 9, 2002, S. 1–52 (ov).

Smith, Adam (1789/1983): Der Wohlstand der Nationen. Eine Untersuchung seiner Natur und seiner Ursachen. 3. Aufl., München: Deutscher Taschenbuch Verlag.

Solga, Heike (2006): Ausbildungslose und die Radikalisierung ihrer sozialen Ausgrenzung. In: Bude, Heinz; Willisch, Andreas (Hg.): Das Problem der Exklusion. Ausgegrenzte, Entbehrliche, Überflüssige. Hamburg: Hamburger Edition, S. 121–146.

Sperber, Carina; Walwei, Ulrich (2015): Trendwende am Arbeitsmarkt seit 2005: Jobboom mit Schattenseiten? In: WSI-Mitteilungen (Hans-Böckler-Stiftung) 8/2015, S. 583–592.

Spermann, Alexander (2014): Zehn Jahre Hartz IV – Was hilft Langzeitarbeitslosen wirklich? IZA Standpunkte 76. Bonn: Forschungsinstitut zur Zukunft der Arbeit (ov).

Statistische Ämter des Bundes und der Länder (2013): Informationen zum Mikrozensus. Wiesbaden 2013 (ov).

Statistisches Bundesamt (2003): Sozialhilfe in Deutschland. Entwicklung, Umfang, Strukturen. Wiesbaden (ov).

Statistisches Bundesamt (2012 a): Einkommens- und Verbrauchsstichprobe 2008. Wiesbaden (ov).

Statistisches Bundesamt (2012 b): Bevölkerung und Erwerbstätigkeit. Natürliche Bevölkerungsbewegung 2010. Fachserie 1 Reihe 1.1. Wiesbaden (ov).

Statistisches Bundesamt (2014a): Gemeinschaftsstatistik über Einkommen und Lebensbedingungen. Leben in Europa 2012. Wiesbaden (ov).

Statistisches Bundesamt (2014b): Statistiken der Kinder- und Jugendhilfe. Vorläufige Schutzmaßnahmen. Wiesbaden (ov).

Statistisches Bundesamt (2015a): Gebäude und Wohnungen. Bestand an Wohnungen und Wohngebäuden. Bauabgang von Wohnungen und Wohngebäuden. Lange Reihen ab 1969–2014. Wiesbaden (ov).

Statistisches Bundesamt (2015b): Bevölkerung und Erwerbstätigkeit. Haushalte und Familien. Ergebnisse des Mikrozensus. Fachserie 1, Reihe 3. Wiesbaden (ov).

Statistisches Bundesamt (2016): Lebensbedingungen, Armutsgefährdung. Gemeinschaftsstatistik über Einkommen und Lebensbedingungen (EU-SILC): Armutsgefährdungsquote nach Sozialleistungen in Deutschland nach dem überwiegenden Erwerbsstatus im Vorjahr und dem Bildungsstand. Wiesbaden (ov).

Statistisches Bundesamt; Wissenschaftszentrum Berlin für Sozialforschung in Zusammenarbeit mit Das Sozio-oekonomische Panel (SOEP) am Deutschen Institut für Wirtschaftsforschung (Hg./2016): Datenreport 2016. Ein Sozialbericht für die Bundesrepublik Deutschland. Bonn: Bundeszentrale für Politische Bildung (ov).

Stiglitz, Joseph E. (2012): Der Preis der Ungleichheit. Wie die Spaltung der Gesellschaft unsere Zukunft bedroht. München: Siedler.

Streeck, Wolfgang (2013): Gekaufte Zeit. Die vertagte Krise des demokratischen Kapitalismus. Berlin: Suhrkamp.

Strengmann-Kuhn, Wolfgang; Hauser, Richard (2012): International vergleichende Armutsforschung. In: Huster, Ernst-Ulrich; Boeckh, Jürgen; Mogge-Grotjahn, Hildegard (Hg.): Handbuch Armut und Soziale Ausgrenzung. 2. Aufl., Wiesbaden: Springer VS, S. 164–183.

Tamm, Marcus (2012): Berechnungen und wissenschaftliche Auswertungen im Rahmen des DCV-Projektes «Bericht über Bildungschancen vor Ort». Endbericht (Forschungsprojekt des Deutschen Caritasverbandes). Essen: Rheinisch-Westfälisches Institut für Wirtschaftsforschung (ov).

Trabert, Gerhard (2011): Armut und Gesundheit in Deutschland, in: Die Krankenversicherung, Heft 12, S. 346–351.

Urban, Hans-Jürgen (2004): Eigenverantwortung und Aktivierung – Stützpfeiler einer neuen Wohlfahrtsarchitektur. In: WSI Mitteilungen 9/2004, S. 467–473.

Vanberg, Viktor J. (2008): Konstitutionenökonomische Überlegungen zum Konzept der Wettbewerbsfreiheit. In: Goldschmidt, Nils; Wohlgemuth, Michael (Hg.): Grundtexte zur Freiburger Tradition der Ordnungsökonomik, Tübingen: Mohr Siebeck, S. 707–731.

Vehrkamp, Robert (2015): Politische Ungleichheit – neue Schätzungen zeigen die soziale Spaltung der Wahlbeteiligung. Einwurf 2/2015. Bertelsmann Stiftung (ov).

Vereinte Nationen (2015): Milleniums-Entwicklungsziele. Bericht 2015. New York (ov).

Voswinkel, Stephan (2013): Was wird aus dem «Fahrstuhleffekt»? Postwachstum und Sozialer Aufstieg. DFG-KollegforscherInnengruppe Postwachstumsgesellschaften. Working Paper 08/2013. Universität Jena (ov).

Wagner; Gert G u. a. (2008): Das Sozio-oekonomische Panel (SOEP): Multidisziplinäres Haushaltspanel und Kohortenstudie für Deutschland – Eine Einführung (für neue Datennutzer) mit einem Ausblick (für erfahrene Anwender). In: Wirtschafts- und sozialstatistisches Archiv 2/2008, S. 301–328.

Wagner, Gert G. (2012): Zur Aussagekraft von Einkommens- und Armutsstatistiken. In: DIW Wochenbericht 43/2012, S. 32 (ov).

Weber, Enzo (2016): Trendwende bei der Lohnungleichheit. In: Ökonomenstimme (ov).

Wenzler-Cremer, Hildegard (2016): Studierende und Kinder lernen voneinander – Ein Patenschaftsprogramm an Freiburger Grundschulen. Freiburg: Lambertus.

Werding, Martin (2007): Social Insurance: How to Pay for Pensions and Health Care? In: Hamm, Ingrid; Seitz, Helmut; Werding, Martin (Hg.): Demographic Chance in Germany: The Economic and Fiscal Consequences. Berlin u. a.: Springer, S. 89–128.

Werding, Martin (2013): Alterssicherung, Arbeitsmarktdynamik und neue Reformen: Wie das Rentensystem stabilisiert werden kann. Gütersloh: Bertelsmann Stiftung (ov).

Werding, Martin (2014): Familien in der gesetzlichen Rentenversicherung: Das Umlageverfahren auf dem Prüfstand. Gütersloh: Bertelsmann Stiftung (ov).

Werding, Martin; Müller, Marianne (2007): Globalisierung und gesellschaftliche Mitte. Beobachtungen aus ökonomischer Sicht. In: Herbert-Quandt-Stiftung (Hg.): Zwischen Erosion und Erneuerung. Die gesellschaftliche Mitte in Deutschland. Ein Lagebericht. Frankfurt a. M.: Societäts-Verlag, S. 103–161.

Wolff, Joachim; Popp, Sandra; Zabel, Cordula (2010): Ein-Euro-Jobs für hilfebedürftige Jugendliche: Hohe Verbreitung, geringe Integrationswirkung. In: WSI-Mit¬teilungen, Jg. 63, H. 1, 11–18.

Worbs, Susanne; Bund, Eva (2016): Asylberechtigte und aner¬kannte Flüchtlinge in Deutschland. Qualifikationsstruktur, Arbeitsmarktbeteiligung und Zukunftsorientierungen. BAMF-Kurzanalyse 1/2016. Bundesamt für Migrati¬on und Flüchtlinge, Nürnberg.

World Bank (2015 a): Ending Poverty and Sharing Prosperity. Global Monitoring Report 2014/2015. Washington D. C. (ov).

World Bank (2015 b): A Measured Approach to Ending Poverty and Boosting Shared Prosperity. Concepts, Data und the Twin Goals. Washington D. C. (ov).

World Bank (2016): World Bank Development Indicators: Distribution of Income or Consumption (ov).

Wößmann, Ludger (2016): Bildung als Schlüssel zur Integration. Nur eine realistische Flüchtlingspolitik wird Erfolg haben. In: ifo Schnelldienst, Nr. 1/2016, S. 21–24.

[WZB, IAB] Wissenschaftszentrum Berlin für Sozialforschung; Institut für Arbeitsmarkt- und Berufsforschung (2011): Soziale Mobilität, Ursachen für Auf- und Abstiege. Studie für den 4. Armuts- und Reichtumsbericht der Bundesregierung. Bonn: BMAS (ov).

Register

Namensregister